— 南京大学名家传记丛书 —

社会史家的学术春秋

蔡少卿 自述

南京大学出版社

序

我的老师，我的朋友
——记蔡少卿先生

[美]裴宜理[1]

蔡少卿教授是中国顶尖的社会史家之一，对于那些有抱负的社会科学家来说，他辉煌的学术生涯意义重大，堪称典范。因此，蔡先生孜孜不辍撰就这部信息宏富、引人入胜的回忆录，可以说是中国近代史领域的一份珍贵礼物。和蔡师的其他弟子一样，我与先生有过多年的密切交往，从中学到了太多的东西。但是今天，有了这部回忆录，那些与先生素昧平生的人也能从他的学识和经验中获得教益了。

我认识蔡少卿教授已经快36年了。第一次相识是在1979年秋，其时我刚到南京大学，做为期一年的访问学者。那是改革开放以后中美两国恢复学术交流的第一年，并且令人高兴的是，作为华盛顿大学一名年轻的助理教授，我有机会在太平天国与秘密社会的关系这一领域开展研究工作。南京大学周到地为我安排了两位博学而得力的导师：一位是蔡少卿教授，指导我研究秘密

① 裴宜理(Elizabeth J. Perry)，哈佛大学肯尼迪政府管理学院Henry Rosovsky讲座教授，哈佛燕京学社社长，美国人文与科学院(AAAS)院士。

社会；另一位是茅家琦教授，指导我研究太平天国运动。

刚到南京不久，蔡先生就成了我的良师益友。他和他的夫人潘老师，多次邀请我到他们家里，在无拘无束的聊天中渡过了许多个美妙的傍晚。那时候在中国，外国人还较少被邀请到私人家里去，因而南京大学的外国留学生和访问学者，都非常羡慕我有这种机会，能在这些愉快的场合与蔡先生及其家人进行非正式的交往。

在我们的友谊中，蔡先生当然没有忽略学术的方面。他给我介绍了许多关于中国秘密社会及其与农民运动关系的有用资料。他将自己从第一历史档案馆手抄来的资料与我分享。从中国第二历史档案馆，他为我找来了一套关于民国时期白朗起义的资料，当时这套资料还未公开出版。他还为我解释中国学者之间的一些争论，比如关于天地会的起源和性质、哥老会、白莲教，以及晚清和民国时期其他秘密结社和秘密教门。

南京大学访学一年，给我留下了许多强烈而有趣的记忆，其中最令人难忘的，恐怕还是1980年春我与蔡先生同去安徽淮北的那次田野调查。1978年我在密歇根大学通过答辩的博士论文，做的就是淮北的农民起义及其与共产主义革命的关系。但在我写博士论文的时候，美国学生还不可能访问中国大陆，因而我的研究是在台北（利用明清档案、国民党档案和调查统计局档案）和东京（东洋文库和东京大学）进行的。几年来，我一直梦想着有机会访问自己论文所关注的皖北地区。这一梦想在1980年变成了现实，因为蔡先生非常慷慨，同意陪我去淮北作一次实地调查。那次访问的地方当中，蚌埠、涡阳和蒙城还未正式对外国人开放。在蚌埠，我们访问了治淮委员会的官员，了解水利给皖北乡村带来的变迁。在蒙城和涡阳，我们访问了农民和当地的史学工作者，了解有关该地区自19世纪中叶捻军起义直至民国时期的民变传统。我们还欣赏了地方戏剧演出，以便对该地区的大众文化获得更清晰的感觉。由于当地大多数农民以前从未见过外国人，我们那次访问引起了当地人极大的兴趣。有好几次，我和蔡先生不得不从众多围观者中夺路而"逃"。

在整个行程中，蔡先生都是研究和旅行方面的极好搭档。我无法向当地人表达自己的意思时，他便接过话头，将我的意思表达得更明白。有时候，当地的被访者不愿意回答我的问题，蔡先生便鼓励他们，使他们的态度变得更友好。他尽量使我弄懂所讨论的内容，为我指点许多有趣的沿途景点。我简直想象不出，还有哪位老师比他更细心、更周到了。几年以后，蔡先生再度陪我去皖北时，这种感觉依然一样——这是一次难忘的旅行，去的是凤阳县，调查当地新近实施的农业家庭联产承包责任制。对于我来说，能够观察中国乡村的局部地区，这是非常难得的机会，因为外国人还无法轻易访问这些地区，它们也给我留下了深刻的印象。这些地区确实非常贫困，但它们非常自豪于以往的历史——作为改革开放的破晓阶段，并为自己未来的可能性而激动。

我与蔡先生的友谊基础，不仅仅是我们在中国的许多讨论和旅行，还包括他在鲁氏基金会资助下，在华盛顿大学渡过的一年时光(当时我还在该校任教)。这一年里，蔡先生选修了几门课程(包括我开设的一门关于农民政治的课程)，努力提高英语水平，借助图书馆进行研究工作。他还周游美国，在各个中国研究中心发表演讲，并且——或许也是他最难忘的——品味了一阵美国田园生活。通过这次以及随后对美国、日本、澳大利亚和欧洲的多次访问，蔡先生为他在南京大学的学生们带回来了许多信息，使他们得以了解国际学术界最新的研究方法和路径。他将中国和外国学术传统中的精华结合起来，把南京大学的社会史学科建成了著名的研究生培养基地，出版了一系列杰出的成果，在国际学术界赢得了高度声望。

蔡先生自己的研究，由于开创性地运用了原始档案和其他档案材料，视野非常开阔(跨越了几个世纪，涉及秘密社会、民间宗教、农民起义、劳工运动、土匪以及中国近代社会史上的其他许多重大问题)，分析熟练而富有新意，自然闻名于国内外。但与一些闭门造车式的学者不同，他非常乐于与别人分享自己的知识。这些年来，我自己(关于中国劳工运动和农民起义)的研究取得了很大进步，离不开他在资料和阐释上耐心而睿智的指导。蔡先生的鼓励，不断燃起我对中国社会史的研究热情。有蔡先生这样一位良师和老友，是我莫大的幸运。

我把最近出版的著作《安源:发掘中国革命之传统》,题献给于建嵘教授和蔡先生。在合作研究安源工人运动的过程中,我和于教授一道前往南京拜访蔡先生,就他本人在上世纪50年代研究安源的情况进行了访谈。那时他还是北京大学的一名学生。从我1979年第一次见到蔡先生,到这次南京之行,已过去了将近三十年,但在和他讨论中国历史的时候,我仍能感受到跟当年一样的知识亢奋和人格魅力。蔡先生异常清晰而又热情洋溢地回忆了他本人在安源煤矿进行的田野工作,以及在北京对李立三和其他安源工运参与者的访谈。

如回忆录中所说,蔡先生多年来一直鼓励我研究安源,把它作为一个发人深思的重要案例,去探讨秘密社会与工人运动之间的联系和互动。因此,有机会在这本书的献辞中向他致敬,以感谢他这么多年来对我学术生涯的巨大帮助,我感到无比荣幸。

我知道,我是在代表许许多多的学者——中国的和外国的——对蔡少卿教授多年来始终如一的谆谆教导表达由衷的谢意。蔡先生将自己作为社会史家的一生编为史册,令后世也能从他的经历和榜样中得到恩泽,这是值得我们庆贺与感激的。

目　录

第一章　早年求学之路

一、长江口的农家子弟

1933年8月14日，我出生在江苏省常熟县沙洲区合兴乡（镇）百顺圩村的一个普通农民家庭。现在，从合兴镇到沙洲区，整个都已划归张家港市。我家世代务农，祖父母就是农民，育有两男两女：大姑母蔡桂珍排行第一，父亲蔡雄南排行第二，二姑母蔡秀珍排行第三，叔父蔡鹏南排行最末。祖父是村上一位耕地的好把式，他性格倔强，对子孙要求特别严格。父亲十七八岁就跟着祖父学耕田耙地，小时候常听父亲讲，祖父如何教他驾牛，如何教他把握犁耙，耕地的深浅稍不符合要求，就会挨老头子训斥，甚至用鞭子抽打。在祖父的严格训练下，我父亲后来也成为一个耕地能手。

我的家乡原是长江潮汛作用下，江心淤沙突涨，江泓改道，逐渐形成起来的大片沙滩地，所以称为沙洲。境内土地肥沃，普遍种植水稻、棉花、三麦（大麦、小麦、元麦）、油菜等作物。上世纪二十年代，社会比较安定，在我两个姑姑出嫁前，家中劳动力多，种的稻麦尤其是棉花收成好，所以祖父手里能逐渐积蓄一些钱，用来盖房置地，还能供我叔父上学读书。因为我家祖辈缺少文化，爷爷特别希望我叔父通过读书，将来成为在社会上受人尊敬甚至能够出名的文化人。他多次为我叔父挑着行李到无锡、上海考学堂，最终我叔父考上了无锡师范，圆了家里的心愿。叔父是我父辈里唯一的文化人，对我颇有文化上的熏陶和学业上的激励,我在后面讲述自己的求学之路时再仔细谈谈。

当我叔父毕业找到教书先生的工作后,就立即回到我们村结婚成家。那时,我的两个姑妈已出嫁,我父亲也早已成家,祖父母的四个子女都羽翼丰满了,于是就决定将一个大家庭分为三个小家。我父亲是一家,因为他没有读几年书,只念过合兴小学,常年在家帮祖父耕地,所以除了多给一两亩地,还把家里的宝贝水牛留给了他,算是对长子的优待。叔父是一家,他主要靠教书为生,收入比较稳定,但也分得几亩水田。爷爷奶奶单立户口,又是一家,留有四五亩地作为生活依靠。

分家以后,我家虽然有五六亩地,还有一头水牛,算不上贫农,但处于抗日战争和国共内战的年代,社会动荡不安,生活相当困苦。我父亲除了将自己的几亩地精耕细作外,还经常要为别的人家耕田耙地,来养家糊口。母亲陶桂银大字不识一个,是纯粹的文盲。她为人勤劳慈善,待人宽厚,是村上有名的"老好人",每天除了从事农业劳动,还要养儿育女,操劳一切家务。在解放以前的三四十年代,我的父母终年劳苦,以致积劳成疾,但我家的生活还是没有多少起色,过不上好日子。

我在家里排行老二,有一个哥哥和一个妹妹。本来,哥哥上面还有一个哥哥,两三岁就夭折了,妹妹下面也有两个妹妹,同样是生病去世的。旧社会里农村缺医少药,小孩确实不易养活。我小时候也经常生病,比如疟疾、痢疾之类,长得面黄肌瘦的。我记得小学三年级的时候,因为得了痢疾,经常拉脓血,差不多一个学期没能上学,那时候感觉自己真的快要死了,后来我父亲用独轮车推我到四五里外的一个中医家治疗,总算活了下来。

我小时候七八岁就跟哥哥一起放牛割草,到十几岁的时候,使用镰刀割牛草的技术就很好了。农村里有许多土坟,上面长满了青草,我能像理发师给人剃光头那样,用锋利的镰刀很快把整个坟上的青草一扫而光。我现在八十多岁了,手指上至今还有割草留下的刀伤印痕。我的小学和初中阶段,不像现在的孩子那样全身心地投入学习,我们是放学赶快做完功课,大部分空余时间都要从事放牧劳动。有人把牧童生活描绘得自由自在,充满诗情画意,其实不然。根据我的亲身经历，夏天，在烈日炎炎之下，不仅要受汗流浃背的蒸熬，还要遭牛虻、蚊、虫的叮咬，甚至要面对毒蛇的袭击。尤其是雷雨季节，有时狂风突起，乌云滚滚，雷电交加，暴雨倾盆而下，我和哥哥要迅速把牛赶下河，让它在水里可以避免被雷击，我俩自己则穿上蓑衣，戴着斗笠，肩并肩地躲在岸边，眼前一片迷茫，吓得直打哆嗦。老奶奶在家里急得哭喊着："求雷公雷婆，保佑我的孙子！"在初春、深秋的早晨，牵着牛在布满霜露的草地上，总是双脚冻得发麻，浑身发抖。《毛泽东的青少年时代》一书记载，毛泽东当年见到牧童把自己的双脚踩到刚拉下的牛粪里，说是为了取暖。这在其他人看起来不可思议，但在我看来是十分真切的，因为我经常在天寒的早晨放牛冻得受不了。当然，在那春光明媚和秋高气爽的日子里，我们在野外放牧，也能骑在牛背上哼着小曲唱山歌，还能看到桃红柳绿、菜花金黄，以及"落霞与孤鹜齐飞，秋水共长天一色"那样的美景。但总的来说，在艰难生活的压力下，放牧是很辛苦的。

二、小学时代"大踏步向前"

1940年我七岁，开始上家乡当地的合兴小学。这所小学坐落在合兴镇的西市梢，距离我家不过两里路，是1906年废除科举以后创办的新式学堂。我的父亲也曾在这所小学上过几年学。合兴小学的建筑很漂亮，校门是向南的西式门楼。进入校门，首先映入眼帘的是一个大厅，大厅上方挂着一个铜钟，该上下课时教工就鸣钟示意，伴随着"咚——咚——咚"铜钟响起，校园里时而喧嚷，时而又复归于安静。顺着大厅再往里走，到了大厅底部是学校的布告栏，张贴各种公示、通知和报纸，以后我再说说，1945年重庆谈判的时候我就曾在布告栏的报纸上看到周恩来英俊潇洒的照片，印象深刻。从大厅侧面伸展便是教室，教室颇为宽敞，窗明几净，装上了当时少见的玻璃窗户。教室前后还有走廊，既能避雨又能蔽晒。校内有体育场，有翘翘板、滑梯等供我们玩乐的设施，每到下课，体育场上小伙伴们追逐打闹，快乐不已。在学校礼堂和校长教师办公室旁有个不大不小的花园，栽有丁香、茉莉、红白玉兰、月季花、美人蕉等多种花木。学校的师资力量也很强，老师大多是中等师范毕业生，主要来自无锡师范、洛社师范、太仓师范和吴江师范等省内的师范学校。

我性格活跃，多门功课的成绩都很好。唱歌是我最早崭露头角之处。在一二年级时候，校里两位女音乐老师是从常熟城里来的一对姐妹，名叫朱明、朱英。她们的风琴弹得很好，上课的时候朱明老师经常把我叫到风琴旁，她弹琴我唱歌，给其他同学做示范，音乐考试的成绩也总是一百分。她非常喜欢我，对我说："蔡少卿，你有一双亮月子眼睛和出色的嗓子，唱起来声音清脆、调子准确，总得一百分。"现在想起来，这与我从小跟着父兄放牛，经常在旷野里恣意放歌，练就了一副好嗓子有关。

除了唱歌，我的记忆力也很好，脑子反应很灵敏。国语课文熟读了几遍就能成篇背出来，九九乘法口诀背得滚瓜烂熟，加减乘除算术题做得又快又好。在二、三年级的时候，我同座位的是一个姓陆的同学，他家在镇上开布店，家底富庶殷实，可是读书不用功，不写家庭作业。为了抄我的算术作业，每天早晨他都要带一副大饼油条或两块方糕给我吃。我每天早上只能喝两碗粥，一个农村孩子很少吃大饼、油条、方糕这么好的东西。我们约定每天早一点到学校，他抄我昨天的算术作业，我在旁边把大饼、油条或方糕吃完。

从那时起，贫富家庭学生的生活悬殊我已见到不少。下雨天上学，有钱人家的孩子，穿着胶鞋或用桐油油漆的高帮钉鞋，手中撑着深红色或黄色的油布伞，光鲜亮丽地走进教室来；而像我这样家庭一般的农村学生，头戴一顶斗笠或草帽，穿双破布鞋，还有的甚至光着脚，雨天里一路走到学校来，裤腿上沾满黄泥，脚上全浸湿，来到学校，一副狼狈样子。有时上午突然下起大雨，中午饭点时间富人家就派佣人带雨具来接孩子，有的还将热腾腾的饭菜送到学校给孩子吃。而我家父母都忙着，无暇照顾我，我只能在学校饿一顿，默默地看着别人的家长人来人往，自己的同学大快朵颐。小小年纪，我已体会过饥饿的难受。

从小学四年级起，我的学习开始突飞猛进，在各项比赛中都能获得优异的名次。四年级那年，学校举办一次默字比赛，赛前语文老师让我和一位姓王的同学到黑板前去默字，为比赛做准备。这位同学很厉害，他父亲是北洋大学毕业，在上海任地方法院院长，因抗日战争举家回到合兴镇老家，他自身的成绩也很好，一直是我学习上的竞争对手。在这次模拟默字中，我默写的速度和准确性都超过他，老师就高兴地对我说："蔡少卿，你很有希望在全校的比赛中获奖！"在全校正式比赛那天，规定默一百个字，我默对了九十九个，全校第一。校长在全校大会上宣布了我的名次，给我发了三本练习本。在那个时代，对小学生而言这是很宝贵的奖励，也是我第一次在全校师生面前受到表扬，兴奋之情，溢于言表。

让我印象更加深刻的是六年级时参加全区的演讲比赛。抗战胜利后的1946年春天，因为蒋介石多年来一直提倡"新生活运动"，我们的常熟县沙洲区政府举办了一次全区中心小学参加的国语演讲比赛活动，主题是"爱国卫生运动"。比赛有十多所中心小学参加，每校派出两名代表。我们合兴小学在六年级学生中选中了我，在五年级选了一名钱姓的学生作为参赛代表。在比赛之前，我俩严阵以待，紧锣密鼓地准备和训练。每天早晨天刚蒙蒙亮，我就从床上跳下来，清醒清醒后就开始背诵讲演稿，并试着用普通话说出来。那时候的中小学里不像现在强制推广普通话，大家都说方言，我们苏南的方言和标准国语又差得太多，所以说这个比赛不仅是个演讲技巧的问题，还有国语标准发音的挑战。我还听说吃生鸡蛋可以润嗓子，于是每天早饭前就央求妈妈，用热水将自己家下的一个鸡蛋烫成半生不熟的状态，吃下去。自行练习了一段时间后，语文老师先让我在班上面对同学做讲演，又提出改进的意见。到正式比赛前一周，学校便要我住到姓钱同学的家里，他的父母都是金陵大学毕业的，父亲是我们小学后面大南中学的语文老师，母亲的普通话说得很好，每天上学前后由钱妈妈来指导和训练我们的讲演。

五月中旬正式竞赛的那天，校长和几位老师用自行车载着我俩从合兴镇到西港镇（西港镇是沙洲区政府的治所）区政府的礼堂。我第一次经历这么重大的活动，走进礼堂，里面已坐满了人，大多是各中心小学和西港镇当地中心小学的师生，还有区政府和各镇政府的代表，礼堂的前排坐满了打分的评判委员。上午八时，比赛正式开始，以临时抽签结果排出各校代表上台演讲的次序，每人讲演一刻钟，大约到十二点钟结束。评选结果分个人和学校两类：个人成绩我与西港小学姓张的学生并列第一，各学校总成绩是西港小学第一，我们合兴小学第二。比赛结束后，我们小学的这几位师生到镇上的一家饭店就餐，校长陶松韵特意把我叫到他们那桌的酒席上坐下，满面笑容地对我说："蔡少卿，真不错，为我们合兴小学争了光。"饭局中，校长和几个老师私下议论，西港小学在区政府所在地，校长范鸣岐是有名的老资格校长，不把他们评为第一名，面子上也说不过去。我小小年纪，不懂人情世故，也不懂这些话的个中含义，只顾得吃这顿难得的在区里饭店吃到的美味午餐。回校以后，我就成了一个"全校知名人物"。

我在小学阶段整体上是个成绩优良、遵守纪律的学生，但也不是没有例外。每年的初夏时节，江南的桑树都开始结果实，个大、肉厚、色紫红、糖分足，酸酸甜甜的味道。那时候不像现在能买各种水果吃，都是自己去找些野果子吃。有一天，我在家里吃过午饭，与另外一个同学到野外爬到一株桑树上采桑葚吃，吃得嘴唇全是紫红色，脸上、手上也被桑葚汁染出了斑斑色块。我俩忘记了上课时间，赶到教室时已经上课了，一副狼狈的样子，被老师打了掌心，犯了一次违纪错误。

作为一个农民的儿子，我从小割草、放牛，家里没有什么文化的熏陶和学习的指导，却能和那些知识分子家庭出身的同学同台去比赛默字、演讲，取得不错的名次，保持良好的学习成绩，现在回想起来是不容易的。我想，除了因为自己有些学习的天资和个人努力外，我叔父蔡鹏南对我的鼓励指导也是很重要的。我之前已经说过。叔父上世纪三十年代初从无锡师范毕业，听他说过，当年管文蔚(抗日战争和解放战争时期丹阳地区有名的"管司令"，解放后任苏南行署主任和江苏省副省长)也在无锡师范读书，与一些进步学生成天满嘴的"马克思讲，恩格斯论"。我叔父虽然没有跟他们一起投入共产革命，但也受到过一些影响。他毕业后在常熟多所小学教书，还当过中心小学校长，为人正派，教学认真，培养出不少日后成名的学生，解放后被提升为中学教师。叔父很喜欢我，每逢周末回家总要过问我的学习。三年级的时候我患痢疾，在家休养，他就帮我辅导了不少功课。有一次，他出了一个算术应用题给我做，我在家反复思考，终于把题目做出来了。他很高兴，鼓励我说："像这样的题目你能做出来，保证你能大踏步往前。"所以，我叔父应该是我孩童时代在学业上最能激励和指导我的人了。

三、抗战沦陷时期的记忆

我童年上小学的几年是在抗日战争的后半段度过的。对于日本侵略中国，我在家乡所见所闻的事，至今还有清晰的记忆。1937年，"七·七事变"和"八·一三事变"发生以后，消息很快传到了我们的农村，尤其8月13日日军武装进攻上海后，家乡不断有人高喊："东洋人(日本兵)在海岸边上岸了，快逃难吧！快逃命吧！"引起了人们的恐慌。这年深秋的一天，雨下个不停，乡村的泥路很滑，可是泥路上满是逃难的人，有的向西，有的向东，有的挑着担子，有的推着车子。这天早晨，我父亲把我们兄妹三个，用被子裹着，捆绑在独轮车的两边，推着我们向西边江阴方向逃难，走了几十里路，傍晚时才到达我的小姑奶奶家。过了三四天，因她家食宿有困难，只得返回老家。经过几天的折腾，村民们逃难多走投无路，就在各自住宅后的竹林里挖地窖，用以避难。因为我们的家乡是水网地区，地势低洼，所挖的地窖都渗满了水，徒劳无用，大家只能听天由命。这年冬天，南京失陷，日军经常派飞机从上海沿长江一线向西飞行，有时飞得很低，还用机枪向地面扫射。我家在长江南岸，一天下午，我随祖父母去麦田里施肥，突然见三架日本军用机从东方飞来，只有几百米的高度，祖父母急忙带我趴在坟地边，飞机在我的头顶轰隆掠过，使我幼小的心灵受到一次很大的惊吓。

1938年，日军占领了我的家乡，在距我家不远的合兴镇上，驻扎了大约20个鬼子兵。他们还备有马队，不时外出巡逻扫荡，为非作歹，欺压百姓。他们扫荡的主要目标是共产党、新四军，因为当时常熟各地出现了许多以新四军为主力的抗日武装，在我们家乡还成立过沙洲抗日民主政府。据老人们说，民主政府的县长叫蔡悲鸿。在我们村上还住过一支新四军的正规部队，有营连排班的编制，并有步枪、机枪等武器。这支部队叫“新四军江南抗日挺进队”，简称“江抗部队”，建立了一个“抗日民主政府”，每天早晨都要在农家打谷场上操练。他们纪律严明，帮助住家挑水扫地，把庭院打扫得干干净净，真的做到不拿群众的一针一线。有次在河边，我曾亲眼见到他们与日军、汪伪军对战的场景，我趴在河边的滩地里，眼见子弹横飞，耳闻枪声四起。1940年“皖南事变”后，共产党在南方待不下去了，“江抗部队”就撤到苏北去了，沙洲的“抗日民主政府”也就不存在了。但是，共产党的地下组织和新四军的小股零星武装仍在我们家乡活动。记得有一天，两位地下党的女同志来做抗日宣传工作，就住在我叔父的家里，教我们几个小孩唱歌。至今我还记得，这首歌的歌词是：“天上有个扫帚星，地上有个何应钦，他手下带着几万兵呀，只会欺负老百姓哟，多少鬼子不去打，反共摩擦是专家……”

在这种情况下，日本鬼子将共产党新四军作为眼中钉、肉中刺，只要听说或者发现哪儿有共产党、新四军，或者有人诬称你是新四军，他们就出动马队，带着军犬，把你抓起来，脱光衣服，放军犬将你咬死，并且烧掉你家的房子。1942年秋天，我吃过饭去合兴小学上学，突然见日本鬼子的马队由合兴镇往西飞奔过来，翻译带着军犬挥舞着大刀，在马队前用上海话高喊：“走路人让开！羊妈妈园脱（意思是把羊藏起来，因为路上常有人放着羊群走过，日军军犬见着羊群会冲过去撕咬）！”我们几个小学生站在路边吓得都浑身发抖。听说是因为日军接到汉奸的告发，距我家约有10里路的老圩埭，有新四军在活动，他们就调集合兴、中兴两地的40多个鬼子，当晚包围了老圩埭，枪杀和用军犬咬死了9位新四军同志，烧毁30多所民房。

为了搜查共产党、新四军，日本人还在我的家乡大搞“清乡运动”，推行“良民证”。他们利用汪伪政府，挨家挨户登记，凡是成年人都要填写姓名、年龄、住在何乡第几保第几甲，在证上贴着照片，凡外出探亲访友，买卖东西，经过伪军的哨卡，都要检查良民证，如果发现问题，还要追查保甲长的责任。像我家奶奶这样的老太太上街买东西,也要检查“良民证”。

我家住在长江南岸,对面就是南通如皋,日本人为了防御苏北的新四军来江南袭击,就用拉夫的方式,强迫大量民工去江边筑起几十里路长的竹篱笆,我的父亲也被拉去做了很长时间苦工。

日本鬼子还以下乡巡逻为名,常拿中国老百姓寻欢作乐。有一年冬天,我家村上一个姓何的叔叔早晨上街去买东西,路上遇到几个日本兵,他们举起枪要他只身从路边趟过河,那条河的水很深,当他过河爬上岸时,棉衣已湿透,冻得浑身瑟瑟发抖,鬼子兵乃哈哈大笑而去。

在一个夏天日子,有十多个鬼子兵从外地巡逻回来,在我家村口停下休息时,他们就在我家左邻右舍的场院里和菜园里拉屎撒尿,还要找花姑娘。那时年轻的姑娘和妇女都已躲藏起来,他们的图谋没有得逞,离开的时候,就举枪打死了距我家三四户远的曹家的一条黑狗,以此撒气而去。

这些经历,使我从小对日本侵略者产生了仇恨心理。有一次,日本兵和汪伪军在合兴镇东街城隍庙旁的场地上,举办了一场演唱京戏的活动,许多市民和附近的村民以及日伪军围着戏台观看。我见日本人带着一条宠物小狗,就钻到人群中间把他们的小狗来回踢了几脚,把小狗踢得跑到场外去了。那时我才八九岁,人小而灵活,能在人群中窜来窜去,没有被鬼子发现。

1996年,我在美国加州大学伯克利分校访问,该校东亚研究所所长魏菲德教授正在举办一次“日本占领时期的上海”学术研讨会,有一位在那里留学的上海女博士生,她提供的论文认为,在日本占领时期,上海的生活安定,市场是繁荣的。魏菲德和叶文心教授要我对此发表意见。我在讨论会上发表了两点看法:第一,我认为该论文引用的材料有问题,大多是日本统治下的报刊资料,这些报刊如果是日本人或汉奸办的,肯定会对日本占领上海歌功颂德,它们所反映的情况是不真实的;第二,从我的亲身经历来说,我的家乡在苏州地区的常熟县,距离上海不远,日本人占领上海以后,我们家乡在上海做工的许多工人都逃回来了,并听到他们讲日本人在上海施行强暴统治的一些故事,与我小时在家乡的见闻相似。因此,我认为该论文的论据和结论是站不住脚的。魏菲德教授和一些与会人员也肯定了我的看法。

四、大南中学的“试读生”

1946年7月,抗战的硝烟刚刚散去,内战的烽火又燃起。这时候,我从合兴小学毕业了。差不多也是这个时候,我们家乡附近发生牛病的瘟疫。之前讲过,我父亲是耕地能手,许多人家都请我们帮忙耕田,家里的那条水牛非常珍贵。为了防止它感染瘟疫,父亲让我和哥哥牵着牛到十多里外的外婆家,让我们兄弟俩在那里放牧了四五十天,等牛疫过了回到家里已是九月初,中小学都已开学。我哥哥怕上学,巴不得歇在家里放牛干活,但我从小喜欢上学读书。是否让我上中学,父亲有些举棋不定。叔父蔡鹏南来我家劝我爸说:“你的这个儿子很聪明,如果不让他上中学实在很可惜,让他进中学读书,将来会很有出息的。”在叔父的劝说下,第二天父亲就带我到合兴小学后面的大南中学报名。中学的教导主任说,因为学校招生考试已过,只能将我作为“试读生”插班上课,最后能否正式入读还得看我的成绩和表现。这样,我第一次踏进了中学的校门。

大南中学是一所刚开办不久的中学,但是很有背景,既有初中部也有高中部,学费昂贵,一学期大概要交纳一石米到两石米。一石米大约有一百二十斤重,当时处于战争时期,物价暴涨,多用大米作为等价物。这所中学来头不小,是抗日战争爆发后,沙洲区的一些知识精英,尤其是一些旅沪教育人士在上海发起,回到合兴镇创办起来的,于1941年2月8日正式开学。合兴镇在长江南岸,所以取意大江之南,命名为大南中学,全称是常熟县私立大南中学,1952年改名为常熟县沙洲中学。这个中学先后聘请了许多名师来校执教。在我的记忆里,高中语文老师有国学大师钱仲联(曾任中央大学文学院院长,文革后调为苏州大学终身教授、全国首批博导),无锡国专毕业的曹克明;数学老师有徐质夫(交大毕业,1951年调南通中学任教,是中科院院士杨乐的数学老师)、徐利治(西南联大毕业,清华大学助教,曾是华罗庚的学生,1946年来大南中

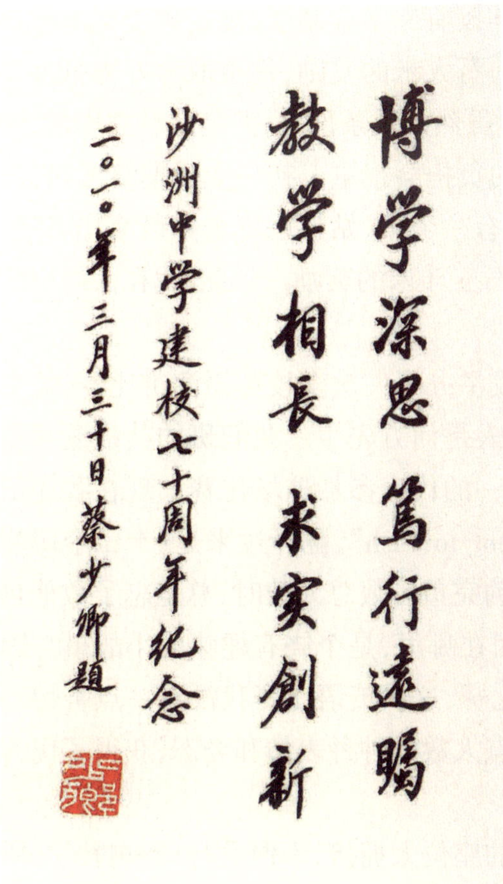

为母校沙洲中学建校70周年题词

学任教，1947年赴英国留学，后为大连理工学院数学研究所所长）；物理老师有周鹏瑞（交大毕业，后成为上海南洋模范中学特级教师）、陈桂芳（中央大学电机系毕业，曾在国民政府资源委员会工作）；史地教师有周景廉、刘沐华（均为北京大学史学系毕业）；化学老师有朱远公（解放后调到东北任一个化工国企的工程师）、杨同伦（1952年后调任皖南医学院教授）；英语老师有何方、罗洁英夫妇（何方来大南中学前曾在美国驻华大使馆新闻处任职，解放后在国家编译局工作），等等。当我进校的时候，大南已是一所具有相当规模和名气的私立中学，全校有300多学生，不仅在沙洲地区深受欢迎，而且几十里外的常熟县城、江阴，甚至隔江的南通一带，也有不少学生慕名趋身就读，所以学校里大约有三分之一是寄宿生。

学校的制度细密，老师对学生的要求也很严格。我知道作为“试读生”，如果功课跟不上就会被迫退学，所以很珍惜这个学习机会，非常用心学习各门课程。大约在入学两个月后，尤其是期中的小考之后，我就在班上初露头角了。当时的语文老师孙轶千先生是我的班主任，非常和善，体察民间疾苦，特别关心贫寒学生。他的两个儿子都是地下党员（大儿子孙刚解放初任无锡市委宣传部长，小儿子孙介人在抗美援朝中驾驶米格飞机与美军作战，立有战功）。他当时发现我的作文和周记写得很好，期中考试的成绩在班上六七十个学生中名列前茅，就主动关心我，对我说："学校有奖学金制度，规定班上期末考试前三名的学生可以得到二石、一石半、一石大米的奖励，你争取考好来抵冲学杂费，减轻家庭的负担。"确实，大南中学虽然办学条件好，但是是私立中学，学费非常贵，如果不拿学校的奖励，家里的负担会很重。初一上学期终考时，我的成绩是全班第二名，当时初一年级只有一个班，姑且也算全年级第二名吧。我的名字出现在学校的红榜上，得到一石五斗米的奖励。从此，我在大南中学里也算一个引人注目的小人物了。

1947年春，也就是初一下学期，学校举办了一次全校英语演讲比赛，每个年级都要派代表参加，主持比赛的负责人是何方先生。我们班的英语老师罗洁英先生(何方的夫人)，选定我作为初一的代表参加这场比赛。现在我还记得我讲的题目是"Twelve Wise Men Went to Fish"，翻译过来是《十二个聪明的人去钓鱼》，内容是讲，这十二个人在钓完鱼后数总人数时，总是忘了数他自己，结果发现少了一个人，却不知道原因在哪里，是个饶有趣味的小故事。因为我在小学时就参加过全区性的演讲比赛，这次英语比赛我没有一点害怕心理，上场演讲时发音准确，并做出钓鱼、点人数的种种表情和姿态，获得了优秀的成绩。

因为初一班上的人数太多，教室里的座位太拥挤，不便通行，影响教学，所以进入初二时，学校就把我们分成甲、乙两个班，我分在乙班，并担任班长。初二的班主任叫汪虎才，担任初中体育和童子军课的老师。他刚从军校毕业，抗战时曾在国民党军中担任连长以上的职务，为人正直严肃，办事认真，一丝不苟，文化素质颇高，能写一手漂亮的板书。他在童子军课上讲的行军救护、打各种绳结等知识和技能，我至今还觉得很有实用价值。他指导我当班长，班长要喊"上课、起立"、"下课、起立"的口号，要关心班上同学缺旷课、有无打斗等情况，要办壁报定期展览班里同学的文艺书画作品等。我每天下午放学后，总是先将班上缺旷课学生的登记册填好交到他的办公桌上，然后抓紧时间在教室里做完当日的作业，再回家干农活，不是放牛就是割草。

初中三年我学各门课程都不费劲，无论是初一的语文和英语，还是进入初

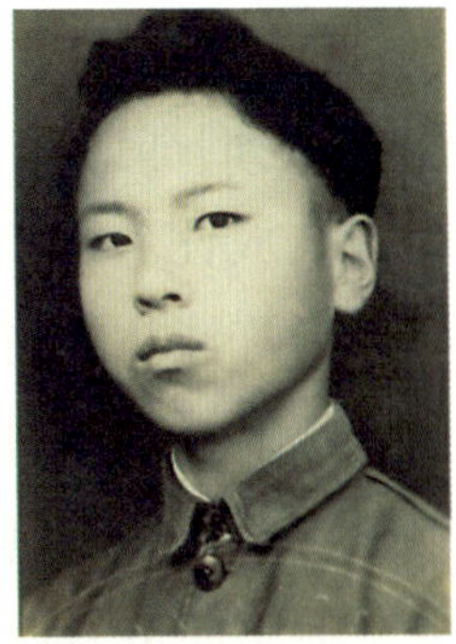
初中毕业照

二起开设的代数、几何、化学、物理等课程，我都很喜欢。数学老师是高汉清（同济大学土木系毕业，解放后调华东水利学院任教），他在我的几何、代数作业本上总是批上“优”和“超”的等级，“超”是比“优”还好的等级。英语老师罗洁英，他的丈夫何方也在我们学校教英语，一个教初中，一个教高中，我们用的英语语法教材是《英语文法ABC》的上下两册，罗洁英老师经常在课堂上向我提问，在我的作业上批的是excellent。良好的英语教学给我以后的英语打下很好的基础，虽然解放后中国逐渐对西方世界封闭，用英语的机会少了，但改革开放后我们对外交流、出国访学都能恢复用英语，不得不说这里面有我们初中英语教学的基础。语文老师钱品钰（金陵大学毕业）在我的作文和周记上总是加上好评和密圈。密圈就是老师认为你写得好的段落，给你特别圈出来。每学期期终考试我的各科成绩均在九十分以上，除了初一上学期的考试我是第二名，以后每学期都是年级第一，直到初三毕业为止。大南中学的成绩红榜上总有“蔡少卿”的名字，每个学期两石米的奖学金再也没有落下过，给家里减轻了很大的负担。

五、因为“通共”被捕

这样一个老师喜欢、同学佩服的优等生，在初三的时候却发生了一件惊动家长、老师、同学的大事——因为“通共”被捕，身陷囹圄。接下来我就讲这件事。

我读初中的三年，起于1946年下半年，止于1949年上半年，正好是国共内战的三年，虽然我那时还只是个身处农村的世事懵懂的少年，但所见所闻的许多事情，使我在战争年代对国民党政府产生了十分痛恨的情绪。

第一是政府对民脂民膏的搜刮。战乱年代里地方政府经常巧立名目征收各种税，苛捐杂税严重，乡保长们三天两头就要到农家收米、收柴、收菜，百姓怨声载道，民不聊生。

第二是土匪横行，哀鸿遍野。在我们家乡十多里方圆范围，就有八个土匪头目，他们都拥有十多条以至几十条枪，横行乡里，敲诈勒索，冲撞隳突，政府却完全放任。我清楚记得合兴镇附近的几个恶霸：我家一条河港西面的村上有个叫陈沛林的，在我家东北不到三里路远有个叫屈金宝的，在合兴镇西边的中兴镇上有个叫曹官全的，在东北的五节桥有个叫吴卓三的，在东南方向的东莱镇有个叫钱志刚的。在这些恶霸头目之上，还有一个更大的头目叫耿士廉，据说他手底下有好几百号人，势力范围囊括整个沙洲区，甚至在常熟县城也赫赫有名，有的中小学校长、商家老板、地主老财也要拜他为“先生”，以求得保护。

这些土匪在战争紧张的时候带领喽啰们外出，以“抓壮丁剿共匪”为名绑架良家子女，一个“壮丁”要以十多石甚至数十石米的代价才能从他们那里赎回来，达不到这个要求的就抓你送到国民党的部队当炮灰，或者夜里偷偷把人绑到坟场里活活勒死。我的哥哥蔡惠卿为了避免“抓壮丁”，1948年进了常熟简易师范读书。不少人家为了不让自己的子女受害，不得不缴纳赎金，倾家荡产的悲剧接二连三地发生。

这些土匪头目不仅有三妻四妾，还要在外面强奸和霸占民女。我在小学六年级的时候，班上有个十二三岁的女同学，身材修长，外貌俊俏。有一天土匪头子屈金宝跑我们教室来东看西看，看中了这个女生，准备把她霸占为自己的小妾，后来她的命运如何我也不甚知了。

1947年冬天的一个下午，陈沛林带了几个土匪，以抓新四军为名，将一个青年追逐到我叔叔家里，用枪托把这个青年打得头破血流。这个青年的模样和我相似，我婶母和我奶奶以为他们要追打的是我，连忙跪下来求饶，后来发现是一个素不相识的青年，虚惊一场。我放学回来，听说了这场惊险的事，心里十分气愤。当时，许多良家百姓，都担心恶霸们造的孽是否会降临在自己头上，实在是民愤之源。

第三点感受是国民党军队军纪松散，官兵腐败。大约1947年冬天到1948年的一段时间里，中共与国民党的军队在苏中、苏北进行拉锯战，我们大南中学所在地合兴镇与南通只有一江之隔，经常有国民党军队从江面上路过，他们退败的时候，常到我们学校的大操场上进行整编。有一次部队在整编时，师长的一个卫兵背了一支美式冲锋枪闯进我们教室，来回走动，显摆他的威风。我们正在上课，数学老师高汉清和颜悦色、彬彬有礼甚至可以说有点低头哈腰地对这个卫兵说："长官，对不起，我们在上课，请你……"众目睽睽之下，他仍然气势汹汹地在教室里四处乱逛，这种行为使我们非常气愤。另外，我们还见到国民党军队在败退途中，他们的残兵败将经常征拉民夫，载着他们的财物和家眷狼狈逃跑，一个小小的连长都带着姨太太。

这些所见所闻，实在让我难以对当时的政府产生什么好感。到1948年下半年，也就是我初三上学期的时候，国共之间的战争局势愈发明朗，中共的进军节节胜利，经过辽沈战役、平津战役、淮海战役这三大战役，国民党兵败如山倒。

政治形势急转直下之时，我们这个地处苏南农村的大南中学，也有地下党来做秘密工作，动员青年人参加共产党，参加新四军。我有个同班同学叫陈全根，住在我家前面的常家埭，他的堂兄陈志辉、陈志尚、陈友根三人都是地下党，老百姓都说常家埭西边的陈家就是共产党新四军的窝子。其中，陈志辉又名何洛，曾任大南中学地下党支部书记，解放战争初期任新四军江南办事处主任，建国初曾经担任江阴县副县长。这时，他让陈全根来动员我组织一些同学，去苏北参加新四军。陈全根的学习成绩并不好，往常我们之间的接触不多，但在1948年下半年我们初三上学期的时候，他却主动和我接触起来，经常给我讲讲国共内战的形势。

初冬的一天，我俩走在放学回家的路上，他对我说："共产党、新四军（那时候还不叫解放军）很快就会打过来了，他们在江北办了华中大学，如果你愿意，我们可以一起去上华中大学，什么费用都不要，读完后马上参加新四军，吃饭穿衣都不用愁。你在班上成绩好，大家佩服你，你可以再找几个同学一起去。"当时，国民党统治地区人心惶惶，青年人没什么出路，听到能上大学，能有工作，当然很有吸引力。当然我也是以后才知道，所谓的华中大学不是什么正宗的大学，只是革命训练营而已。他这么一说我就同意了。几天之内我先分别找了同班好友冯志祥、周正、顾官福，他们又分别找了三四个同学。除了顾官福因父亲生病不能离家，其他几个同学都愿意去。

就在我们兴冲冲地准备离家去苏北投奔新四军的时候，这件事被学校发现了。具体究竟是怎么泄露的，我至今也不知道确切的原因，听说是其中一个同学，在宿舍里和别人扯皮打架的时候随口扬言："我马上要去苏北当新四军，看我以后回来怎么收拾你！"可能就此被告发到学校的军训教官和训育主任那里了。大南中学的军训教官屠克超是国民党安插在学校里的一个军统特务，训育主任也是一个亲政府的反共人士。这件事一泄密，我和另一个同学冯志祥就上了政府逮捕的黑名单。一天晚上，常熟县里的保安大队派了四十多人包围了我家，在我家打谷场上架起两挺机枪。我父亲吓得钻到鸡棚里，我奶奶开口求饶也无用，随后就把我带走了。当时我还是一个15岁的少年，他们如临大敌、重兵包围、大张旗鼓地逮捕我，现在想起来觉得十分可笑。

被逮捕之后，当晚先是关在合兴镇的乡公所，睡在一间铺有稻草的房子的地上，只听得抓我的那些兵痞在旁边的几间屋里，饮酒打牌，寻欢作乐。我身上只有一件单薄的棉袄，没有任何垫盖的被子，又冷又饿，一直未能入睡。第二天清晨，他们把我带到东莱镇的城隍庙里，在路上有过路人见我背后还跟着一个拿着手枪的兵痞，很是惊叹，议论道："把这样的小孩抓起来，真是造孽！"这天上午，保安队的中队长就来审问我，我只是说，家里没有钱，读不起书了，听说到苏北可以上大学，不花钱，有吃穿，什么都不用愁，所以就想去。中队长狠狠地训斥道："你们这些年轻学生，千万不要受共产党的骗，共产党到一个地方就关门扫地，掘土三尺，烧杀抢掠，实行共产共妻。听说你是个聪明学生，在学校里成绩很优秀，为什么要去上当受骗？"

对这种所谓"共产共妻"的反共宣传，我已经不是初次听到了。其实，在我的脑海里，那时对共产党是很有好感的。首先是我亲见的，在我童年和小学时期，看到共产党的新四军部队驻扎在我家乡，他们军纪严明，不但不扰民，还帮老百姓做事，积极抗日打鬼子。其次是我耳闻的，我在小学四年级的时候，班主任周喻义老师曾在课堂上讲，共产党在苏联实行的社会主义制度，工人农民当家作主，大家都有饭吃有衣穿，生活很幸福，使我产生了朦胧的向往心理。在初中的语文课上，钱品钰老师给我们讲解过毛泽东的诗词《沁园春·雪》，高度称赞了这首词大气磅礴的文采。与此同时，我们还在《中央日报》上看到国共和谈时周恩来英俊潇洒、风度翩翩的照片，让人敬仰。之前讲过，合兴小学进门大厅的底部有一个报刊栏，我就是在那里看到这份报纸的。不过，当时我对保安中队长这种反共宣传的陈词滥调，不能也不敢反驳辩解，只是站在那里听着。

和我同时被捕的同学叫冯志祥，他家住在合兴北街东边的星火村，同村有个叫耿兆鹏的人，曾在大南中学读过书，另外他的胞弟耿兆鹤也是我俩的同班同学。事发时耿兆鹏在东莱镇的一家米行当经理，因与保安中队长经常一起打篮球成为朋友。他听说冯志祥和我被捕，关在保安队据点东莱镇城隍庙里，就来保释我们。大约在当天下午三四点，保安中队长、耿兆鹏、冯志祥三个人来到关押我的房间，冯志祥说："蔡少卿不仅是兆鹤的同学，而且他家的两个远房姑妈都嫁给了你们耿家，有亲戚关系。"在耿兆鹏的担保下，中队长当场就同意释放我。这里提一下，耿家在合兴镇是一个大族，势力不小，我之前提到的头号恶霸耿士廉就是这个家族的。总之，我和冯志祥都因为耿兆鹏的帮助化险为夷，被捕二十四小时内就被释放出来了，可能对他来说只是一桩小事，但对我和我的家人而言却是帮了大忙。

我被释放后，耿兆鹏带我到他米行老板的办公室，老板叶庚治在那里喝茶，听说我一天没有吃饭，就连忙差伙计到附近一家面店叫来一大碗汤面，我狼吞虎咽地把面和汤吃完了。道谢之后，我回家已经是傍晚时分，奶奶和父母告诉我，他们担惊受怕了一天，还到大南中学里求训育主任帮我，要我以后不要去闯祸了。

第二天清早，我与往常一样准时到校上课。回校以后我才知道，在这次事件中，只有我与冯志祥被捕，其他稍有政治背景的同学如某乡乡长的儿子，因与训育主任关系好，就没有被抓。当时动员我去苏北的陈全根同学也没有被捕，是因为在抓捕行动之前他们已经得到消息，陈全根、陈志辉、陈志尚、陈友根等一伙人都躲到地洞里藏起来了。以后我又了解到，我们被捕并不是一起孤立和偶然的事件，在相同的一段时间里，上海、常熟等地相继发生了几起类似的事件。在常熟县城里的中山中学，有一个高中生被地下党做了工作，要去苏北参加革命，被国民党逮捕。那时候国共内战，国民党节节败退，"剿共"杀红了眼，就把这个中学生也枪杀了。解放后，我听一位老干部说，1948 年中央曾发过指示，在解放军渡江以前，要各地党组织动员一批知识青年，主要是大中院校学生，到解放区去接受培训，为大军渡江后接收各地城市做人员准备，这就是当时的大背景。

第二章　亲历建国初的巨变

一、参与学校管理

1949年4月，解放军百万雄师过大江，苏南解放，形势急剧变化，学校和社会都处于大变革中，有的人兴奋不已，有的人惶惶不安。大南中学许多在校学生，通过各种渠道踊跃参加革命，有的直接加入解放军的队伍随军南下；有的通过帮助征粮征税，成为地方人民政府的干部；有的通过考试进入华东军政大学、华东人民革命大学、苏南公学，经过一段时间的学习培训，分配到部队或地方政府工作。我在这个迎解放军、参加革命的热潮中，也与两个要好的同学，各自背了两大块年糕作为途中的粮食，先到常熟县城，后到无锡市报考苏南公学。经多方打听，得知苏南公学还在筹办之中，何时招生还没有明确的消息，我们只得败兴而归。

你们现在看来，读完初中继续读高中是顺理成章的事情，但那时候并非如此，所以才有那么多大南中学的初中生停止学业跑去工作、参军。到底是直接投入到革命洪流里，还是静下心来继续上高中念书？我也在犹豫摇摆中。最终，我还是决定继续在大南上高中。当时有两个人的因素促使我做了这个决定。

一是解放初我在常熟县城打探苏南公学的消息时，去看望我的堂兄蔡心香（同曾祖不同祖父），他比我大八九岁，已被人民政府任命为常熟医士学校校长(后来提升为南通医学院的教务长,"文革"期间患肺癌去世)。他当时很严肃地对我说:"你从小读书成绩好,不要到处乱跑找门路,应该继续上高中,将来国家需要建设人才,会有好出路的。"他还送我一本高中代数教材,以示鼓励。

二是我家村前的地下党陈志尚同志(他是地下党负责人陈志辉的堂弟,也是之前鼓动我去苏北参加新四军的陈全根、陈友根的堂兄),曾在大南中学读过书,这时已经担任乡长,不久即任沙洲区委组织委员。有一天他特意来找我,说:"你应该留在大南上高中,党要求你在校内发挥积极作用。"陈志尚之所以特意来找我,因为他清楚地知道我有投奔新四军的"前科",学习成绩又好,要我在大南中学里"发挥积极作用",是要我协助党组织把握学校里的局势。陈志尚的这个想法并不是多虑,解放后大南中学里的情况很复杂。大南中学虽然是一所地处农村的中学,但是从创办以来,中共地下党与日伪、国民党、三青团的斗争就一天也没有中断过,当年地下党来学校里鼓动学生去苏北就是一个例子。解放军渡江后,大南中学原来的地下党员都离开了学校另有重用,到军队、政府机关工作,党组织在校内出现了一段真空期。教师中的进步力量,如大家公认的进步教师刘沐华,也离开了学校去苏州工作。另一方面,学校里聚集了国民党的残余势力,校长朱印离原任国民党常熟县参议长,是个死硬的反共人物,旧政府垮台以后,他出谋划策,在他的庇护下,安排一些旧区长等钻进学校来当"教师",想用这种办法来逃避共产党的清算,引起了县区党组织和政府的重视。在这种背景下,陈志尚才希望用我这个信得过的人驻在学校里,以便于今后工作的开展。

总之,堂兄蔡心香劝勉我坚持学业尽量拿到更高的学历,陈志尚要求我留在大南中学以便以后能协助新政府在学校开展工作,这两个人促使我决定,不像其他很多同学那样到社会上去找门路,要继续在大南中学读完高中。

我一进入高中,和初中的一个重大区别就是,除了要认真学习各门功课、保证学习成绩继续优秀外,还要积极参与党领导的各项社会、政治宣传活动,如征粮支前、办冬学、土地改革、抗美援朝、镇压反革命运动等等。下面就具体讲讲刚进高中一年级时，我经历的三件记忆深刻的事情。

第一件事是组织师生参加1949年10月1日的建国大游行。根据沙洲区委和区政府的部署，那天各级政府机关、中小学校不仅要举行庆祝中华人民共和国成立的纪念会，还要参加全区范围内举行的大游行。我们大南中学的游行队伍，有以班级为单位的方阵，还专门组织起不少人的秧歌队，以及演奏各种乐器的音乐队和歌咏队。各乡镇政府机关则出动了锣鼓、高跷、狮子、龙灯队，还有农民骑着水牛队，等等。游行队伍从区政府所在的合兴镇出发，经东莱镇，再穿过福前镇，沿途锣鼓喧天，彩旗飘扬，歌声阵阵。经过大游行，大家虽有倦意，但迎来一个新中国，师生们都精神振奋，满怀着希望。那时候我只是一个刚上高中的学生干部，却能和其他几个学生干部以及一个体育教师，一起组织起全校师生参与活动，你们现在可能不容易理解，其实原因就在于我们当时是党和政府在大南中学里的骨干力量。

第二件事是建立学生会和团支部。1949年11月我参加了常熟县首次召开的学代会，在学代会上县委宣传部长瞿之然做了政治报告，主要叙述解放军南下节节胜利的情况以及巩固政权和进行各项建设的任务，组织部长毛蔚鸾做了关于在全县中等学校建立学生会的具体要求和办法的报告。我们回校后，立即筹建起大南中学学生会，经过全校学生的民主选举，我被选为学生会主席。与此同时，学校也开始建立团的组织，当时不像现在叫共产主义青年团，而叫新民主主义青年团。我是学校第一批入团的主要骨干，介绍我入团的是沙洲区团委书记曹志才和夏禹同志。因为我已担任学生会主席的职务，就推选高二学生林南薰任首届团支部书记。

第三件事发生在高一下学期开学的时候。1950年春，苏南地区发生灾荒，百姓没有粮食，自己吃不饱肚子，征粮数额又不少，吃公粮的部队和机关人数很庞大，许多农村以至政府机关生活发生困难，上级领导发出了“生产自救”的号召。那个时候，大南仍是一所私立中学，教师的薪水以及学校的行政开支都靠学生的学杂费维持。春荒时候，学生的学费大多迟迟缴不上来，教师不但不能及时拿到薪水，他们的膳食也发生困难，这就严重地影响教学秩序，学校难以维持下去。这时苏南行署派曹督学来校慰问，热情鼓励学生克服困难。在全校大会上，我上台发言，心情十分激动，痛哭流涕地说："老师们辛苦地教育培养我们，连吃饭都有困难，我们实在过意不去，我家生活虽然也很困难，但我保证今天下午把我家仅存的三斗米拿来缴学费！"并号召同学们行动起来，尽快上缴学费，帮助学校渡过难关。数学老师徐质夫先生，他是学校的生活总辅导，当场站起来高呼"向蔡少卿学习，向蔡少卿致敬"的口号。我的发言和带头缴费的行动确实起到了积极作用，随后许多同学便纷纷设法上缴了自己的学费。由此，我在同学中的威信也大大提高了。

这里我需要强调的是，政权更替后，学校里的形势发生了很大的变化。一方面，像我这种和共产党走得近的学生干部在学校里突然就有了很大的主导权，区里面的领导安排工作都要找我，而不会去找那些旧校长、旧主任，这也是陈志尚要留我在学校里的目的。另一方面，面对共产党镇压反革命、土地改革等暴风骤雨般的清洗运动，学校的旧领导层大有山雨欲来、自身难保之感，对于怎么管理学生、管理校务，既不愿也不敢太关心。所以，很多事情要我们学生干部出来过问，我们根据上级党组织的指示精神说一，别人不会说二。在建立学生会、团支部后，我在学校里的活动更有了制度保障。

同年秋，我高二上学期的时候，学校里旧领导层的"山雨欲来"终于变成了"暴风骤雨"——校长和他包庇的两位旧区长，以及我们的教导主任，以"反革命罪"被逮捕，有的被枪毙，有的被判刑。这四个人的情况，我会在谈我参加的镇反运动时详细说，这里主要还是讲我的高中情况。

1951年任大南中学临时校委会学生代表时照片

经过酝酿和上级批准，1951年初，学校成立了临时校务委员会，一共四人，由孙居仁(原有的生物、几何、代数老师)出任临时校委会主席，校委会还有三人，杨同伦(化学老师)任教务副主任，蒋希益任总务主任，我为学生代表。师生思想情绪为之振奋。不久，苏州专员公署任命王同书、李旭初为正、副校长，孙居仁、陆厚德为正、副教导主任，并聘请名师钱仲联、陈桂芳等来校担任高中语文、数理老师。县教育局陆续向学校拨款扩建校舍、增添设备，学校规模扩大，教学质量稳中有升，大南中学的面貌乃为之一新。从1949年秋我开始上大南中学的高中，到1950年秋学校旧领导层被清洗、1951年初临时校委会成立，这段时间里我们学生干部就是管理学校的重要力量。

最后谈谈我的高中学业。高中三年是在解放初期，学校和社会都处在大变革中，由于我连任三届学生会主席，并在校外有多种兼职，比如县人代会代表、县镇反委员会委员、县抗美援朝委员会委员等等，一有什么大大小小的运动，我就得到沙洲区里、常熟县里开会，参加很多社会活动。学校距县城有七、八十里路，有时来回可乘小轮船，冬春时节，河水太浅不能通航，我就只能步行到县里，而且经常一开会就是四五天，甚至超过一周。这样长期下来，我的功课也受到影响，数学这类不能中途脱节的课，就只能考七八十分了。不过语文、史地、外语、政治这些一向是我的强项，由于经常参加社会活动，眼界开阔，有社会生活经验，经常既要动嘴，又要动笔，锻炼了我说写的能力，可以在大庭广众中即兴讲演，出口成章，这些科目的成绩没有落下来。语文老师钱仲联先生常给予我的作文以很好的评语，我写过一篇《可爱的祖国》，他批上："文章气势磅礴，如长江大河汹涌澎湃，一泻千里。"还有一次以《苏联的今天就是我们的明天》为题的作文比赛，我也荣获全校第一名。在全县高中历史观摩教学课上，老师总是指定我站起来回答问题，我从容不迫、对答如流，给历史老师长了面子。在学期考试中，即便我的数理成绩中等，但我其他课程的成绩突出，以总平均分计算，我还是全年级第一，所以教导主任陆厚德先生在给我发成绩单时，曾惊叹道："你的社会工作那么忙，还能考第一，真是不简单！"可以说，我的高中三年并没有虚度，不仅在政治上得到了很多锻炼，在学业上还以优异的成绩获得了高中毕业文凭。

二、抗美援朝运动

建国初期的三大运动，即抗美援朝、土地改革、镇压反革命，都发生在

1950年、1951年,贯穿我的高中时代。我因为受党的信任,担任大南中学的学生会主席、县人民代表会议代表等,参与这些运动较其他学生更多,所以专门谈一谈。先从抗美援朝的宣传动员说起。

1950年6月25日,中国的近邻朝鲜,发生内战。这本来是朝鲜民族的内部事务,不容外国干涉。但战争爆发之初,南朝鲜军队在北朝鲜军队的突袭猛攻下严重溃败。为挽救南朝鲜政权,美国政府鼓动联合国安理会通过决议,形成了美、英、法等16国的联合国军登陆朝鲜半岛作战,由美国远东军总司令麦克阿瑟指挥,很快推进过三八线,攻陷平壤,战火燃向中朝边境。与此同时,美国派遣第七舰队游弋在台湾海峡,威胁中华人民共和国的国家安全。朝鲜北方领导人金日成正式向中国方面提出紧急出兵援助朝鲜的请求,中共中央最终决定组织志愿军入朝参战,大概的时间是1950年10月份。

在抗美援朝运动中,我主要经历了以下几方面的工作。

第一是先后两次发动和组织同学参加军事干部学校。抗美援朝运动开展不久,为了顺应时势,中央作出加强国防建设,招收青年学生、青年工人参加军事干部学校的决定。我和大南中学的一些学生干部,首先起来响应号召,热烈报名参加军干校。在我们的带动下,1950年底第一批报名的学生有20多人,取名为“金日成战斗队”,经过体格检查和政治审查,最终录取了朱孟君、顾小松、陈顺安等六人,他们被送入海军干部学校培训。第二批报名参加军干校的是在1951年六七月份,大家受到志愿军在前线作战胜利之捷报的鼓舞,并经过爱国主义教育,情绪更加高涨,报名也更加踊跃,这次有五六十人报名,录取了袁鹤鸣、吴胜华、毛俊贤、周文才等十多人进入军干校。我们这些没有参军的同学,不仅要欢送他们离校,还要与他们保持通信联系。此外,在土地改革中分得胜利果实的青年农民也踊跃报名参军。我家村上的青年农民王汝明原来是学理发的,报名参军被录取后,有一大笔剃头账(农村里农民理发一般先欠账,到了年终结算),是我帮他挨家挨户登记理发人姓名和理发次数,交给村干部帮他收清,解除其后顾之忧。

第二是加强时事宣传,开展以仇视、鄙视、蔑视美帝国主义为中心的爱国

“金日成战斗队”的学生合影，后排右七为作者

主义教育。在抗美援朝运动中，全国各地的报刊大量刊登这方面的报道和有关材料。我们学校则用黑板报、墙报和报告会等形式，重点报道志愿军在朝鲜前线英勇作战抗击美军所取得的胜利成果，证明美帝国主义并非不可战胜，使人认清其纸老虎的虚弱本质。特别是魏巍的《谁是最可爱的人》一文发表以后，我们举办报告会、座谈会，大家以高度崇敬的心情，将志愿军指战员誉为“最可爱的人”。另外，也宣传抗美援朝与保卫国家安全的关系，认清美国是中朝人民的共同敌人，抗美援朝不仅是援助朝鲜，也是保卫我们国家自己的安全。

为了学习和了解志愿军在朝鲜前线反击侵略者的英勇事迹，抗美援朝总会还邀请“中国人民志愿军归国代表团”回国报告志愿军在前线作战的实况。1951年6月，以柴川若、窦少毅将军等三人组成的代表团分别在苏南各地巡回报告，抗美援朝常熟分会邀请了窦少毅少将在常熟县体育场作了一场报告，因为我是常熟分会的委员，不仅参加了欢迎仪式，而且在报告会的主席台前聆听了窦将军的报告。他的报告大概分为四部分。第一是讲志愿军在天寒地冻“一把炒面一把雪”这样极其艰苦的情况下与“武装到牙齿”的强敌作战，从1950年10月25日至1951年6月10日，与朝鲜人民军并肩，连续进行五大战役，五战五捷，共歼敌23万余人，把敌人从鸭绿江边赶到三八线以南。这种惊天地泣鬼神的战绩，充分显示了中国人民不畏强敌、保家卫国的英雄气概。第二是讲志愿军与朝鲜人民军和朝鲜人民结下了血肉相连的友谊。志愿军每到一处，都受到当地百姓的爱戴和照顾。他们饥饿了、受冻了、受伤了，朝鲜的

“阿妈尼”(意思是母亲)就会送来温暖和护理。“阿妈尼”成为志愿军心目中最慈善的形象。第三是讲志愿军不怕苦不怕死，即使与强敌厮杀到最后一人也不会投降，但美军士气低落，他们怕苦怕死。在朝鲜战场上，志愿军们都学会了一句英语“Hands up!”(举起手来)，只要遇到单个或小股的美军，志愿军只要这么一喊，他们往往就乖乖举起手来投降，说明美国侵略者外强中干。第四讲的是志愿军武器装备处于悬殊的劣势，特别是缺乏空军、坦克参战，大炮数量也很有限，为了消灭更多的敌人，早日取得战争的最后胜利，急盼祖国人民迅速地更多地提供飞机大炮供应前线。我之所以记得比较清楚，是因为我要负责仔细听窦少毅将军的这个报告，然后在我校全体师生大会和沙洲区全体小学教师会上作内容转达，目的是清除部分师生心目中存在的崇美、亲美、恐美的心理，激发师生抗美援朝的爱国热情，增强自尊心和自信心，争取大家都为支援抗美援朝贡献自己的力量。

第三，参加捐献飞机大炮运动。前面我已经讲过，志愿军在朝鲜作战武器装备处于劣势，缺乏飞机大炮，因此作战实际上比宣传的要困难很多。为此，中国人民抗美援朝总会于1951年6月1日发出捐献飞机大炮的号召。号召里说，志愿军的战斗力在一切方面都能压倒敌人，困难的只是飞机大炮等武器不够，为了使志愿军能够以更小的牺牲，消灭更多的敌人，早日取得战争的胜利，必须迅速以更多的飞机大炮等武器供给前线，建议全国各界爱国同胞，不分男女老幼，通过开展爱国的增加生产、增加收入的运动，用增加收入的一部或全部，购置飞机大炮等武器，捐献给志愿军。在抗美援朝总会及各级分会的行动下，捐献运动迅速在全国各地展开。就苏南地区而言，在志愿军归国代表团柴川若、窦少毅等三位将军在苏南各城市巡回报告期间，据《苏南日报》说几天之内就捐献了几架飞机。接着，各地抗美援朝分会召开会议，常熟分会会长朱英向我们传达了中央的指示，强调捐献必须以自愿为原则，使工人每月捐出几个工作日或部分奖金；农民通过副业生产等办法来捐献；工商界则捐献营业额的一部分。我向沙洲区文教界传达了窦少毅将军的报告以及常熟分会的号召后，许多中小学教师纷纷拿出部分工资来捐献，甚至有些小学生把父母给的零用钱节省下来捐献。据统计，在整个捐献飞机大炮运动中，苏南人民共认捐飞机一百多架，命名为“苏南空军师”。

三、土地改革运动

接下来我谈土地改革运动。我们说的土地改革运动，指的是新解放区的土地改革，它涉及的范围广、规模大、人数多，包括华东、中南、西南、西北的广大地区，各地情况千差万别。我所参加过的只是华东苏南局部地区的土改运动，而且我当时还是一个学生干部，只是参与了部分工作，但还是体会到了这场运动的复杂性。

在1953年江苏并省前，分为苏北、苏南两个行政专署。苏南行政专署辖松江、苏州、常州、镇江四个专区及苏州、无锡两个直辖城市，共27个县，全区面积3万平方公里，总人口为1300余万人，耕地面积约2500万亩，农业人口人均耕地面积约两亩左右。苏南城镇众多，工商业发达，水陆交通便利，文化教育事业发达。因此，在土改前，苏南一些地主绅士和民主党派人士就提出“江南无封建”，意思是很多地主在城里经营工商业，乡下的土地都交给佃农，不怎么管；有的提出“地主与佃农相依为命，谁也离不开谁”、“地主养活农民”等说法，想要进行和平土改，也就是直接把地主的土地分了，了事即可，而不要搞群众斗争。当时共产党内也有干部认为，革命已在全国取得胜利，我们已经掌握了国家的领导权，只要政府颁发法令，不用发动群众斗争，把地主的土地没收分配给农民就行了。这也是一种简单依靠行政命令“恩赐”给农民土地的和平土改想法。针对以上的论说，中央提出了批评。1950年6月，中共中央、中央人民政府颁布了《中华人民共和国土地改革法》，刘少奇代表中共中央作了《关于土地改革问题的报告》，认为新区土改仍然是一场激烈的“阶级斗争”，封建剥削制度绝不会凭着人民政府的一纸法令而退出历史舞台，地主阶级不会顺从地交出土地，农民也不能简单地靠“恩赐”获得土地。为此，中央明确规定了土地改革的总路线和总政策，即依靠贫农、雇农，团结中农，中立富农，有步骤地、有分别地消灭封建剥削制度,发展农业生产。这条总路线是新区土地改革中各项具体政策和措施的总依据。

地方上的党和政府做了一些调查研究,主要是摸清农村土地占有、经营方式以及阶级关系、租佃关系等方面的情况和特点;同时整顿基层组织,主要是整顿农民协会和乡村政权;训练土改干部和进行土地改革典型试验等一系列准备工作。这样,苏南的土地改革运动就全面展开了。大概分为四个步骤:宣传教育、发动群众;划分阶级;没收和分配土地、浮财;总结复查,动员生产。

宣传教育、发动群众,意思是从上到下、从党内到党外,公开地进行土地改革的宣传动员。首先是召开各级党代会、农民代表大会和各界人民代表会议,学习土地改革法,讨论土地改革的路线、方针和政策。除了纯粹的宣传外,苏南文化教育部门也采取了组织学习土地改革文件等具体措施。1950年8月,苏南举办了暑期教育研究会,参加学习的人员有教育行政干部、社教工作人员、大专学校教职人员、中学教员和部分小学教员,主要学习土改政策,并进行个人思想总结。同时苏南区团委与苏南行署文教处在苏州市联合举办苏南青年夏令营,参加的青年学生干部有千余人,我和大南中学的其他4名学生干部参加了这次学习。学习以土地改革思想教育为主,通过听报告、分组讨论,以解决出身不同阶层的青年学生对土地改革的不同态度,鼓励青年学生积极参加到土改运动中,出身地主家庭的学生,应该站稳立场、划清界限。

在这次文教界的土改学习中,辩论最激烈的问题是:江南有没有封建,要不要进行土地改革。参加这次学习的知识分子中,有许多人出身地主阶级,他们提出苏南工商业发达,有许多工商业者经营土地,或是一些地主兼营工商业,他们大多住在城市,不直接对农民进行地租剥削;有的人提出,苏南大地主很少,有地主的话也多是中小地主,地租剥削很轻。参加学习的大多数人认为,虽然苏南工商业发达,但无论工商业者兼地主,还是地主兼工商业者,他们经营的土地都有地租剥削,即使他们不直接向佃农收租,也通过他们的代理人或者说“二地主”来收租,在苏州一些地区还设立“租栈”来向农民集中收租。苏南地区人多地少,拥有千亩良田的地主的确不多,但是中小地主的收租率一般都在对半分左右，有的地方地主甚至得六成、七成，这些现象说明苏南地区封建压迫剥削还是很重的。

对于这场辩论，《苏南日报》和《人民日报》还先后发表了社会学家、清华大学教授潘光旦的《谁说“江南无封建”》一文，作者通过在苏南无锡、苏州、吴江等农村深入调查的材料，介绍了苏南农村的土地占有情况：只占人口2%的地主占有的土地，包括公地、堂地在内的话，占据了耕地总面积40%，其中常熟县的地主占人口总数的5.6%，而其土地面积却占总数65.4%；文章还指出了苏南地主通过多种方式向佃户收取高额地租的剥削事实，农民由于“租米高、利钱重”，被迫卖耕牛农具，有的卖妻鬻子，或者遭到毒打、坐牢狱、被迫自杀。文章在社会上引起了很大的反响。

1950年8月底，苏南文教界的这场土改学习即将结束时，华东军政委员会主席饶漱石陪同著名经济学家马寅初来到苏州，在东吴大学（今苏州大学）的广场上，向参加学习的全体文教界人士和青年学生作了一场土地改革的报告。他明确说：“即将全面展开的新区土改运动，是中国历朝历代没有也不可能实行的废除封建土地所有制的一场伟大的斗争，它将为新中国的工业化扫除障碍开辟道路。有人说，苏南工商业发达，没有封建，这是不对的。我们浙江工商业也很发达，但工商业兼地主或地主兼工商业者，他们经营的土地，都是收地租的，中国没有资本主义的农场。我希望在座的知识分子朋友，要响应毛主席的号召，过好土地改革这一关。”他在报告结束时说：“如果再给我十瓶汽水，我还可以讲两个小时。”大家都笑了。

以上的宣传动员，只是在各种代表会议和文教人员、学生等范围进行的，要把苏南一千余万农民发动起来，形成一股推翻苏南封建土地制度的洪流，还有待党和政府派出的土改工作队和各级农村干部深入苏南乡村和农民群众中去宣传鼓动。1950年9月，苏南的土改工作队进入各地农村。工作队一进村，首先对当地农村的基本情况作全面调查，包括各阶级的土地占有关系、群众组织状况和各阶层的思想动态等等。然后，着手进行普遍、深入的土改宣传教育，从干部到群众，从贫雇农到全体农民，从个人到家庭，真正做到人人皆知、家喻户晓。但是,这种工作各乡村的进展是有差异的。例如,我家所在的那个村的工作队干部是个女大学生,能力较差。她住在农民家一间单独朝阳的房间里,整天在织毛衣、纳鞋底,既不宣传土改政策,又不发动群众。因为沙洲区委领导要我全面配合他们搞土改宣传教育工作,我既要照顾到面上的宣传工作,又要关心本村的土改进度状况。看到这个土改工作队员这么不负责任,我就主动找村长顾新正、农会主任李云根说明土改的要求和政策,和他们一起去催促这位土改干部出来召开各种会议,进行宣传动员工作。我花了很多时间在村里帮她搞这个、做那个,才使我们这个村的群众发动工作跟上形势和要求。

在进行土改法和土改方针政策宣传教育的基础上,沙洲区委书记魏家治、副书记兼农会主任韩玉和、区长王亭与土改工作大队长陶冶成共同研究决定,先召开全区农民代表大会进行反封建的阶级教育,由各乡各村选出苦大仇深的贫雇农代表到会,采取算账、诉苦、回忆、对比的办法,使他们弄清楚:农民为啥会穷?地主的土地是从哪里来的?地主为啥能剥削农民?地主和农民到底是谁养活谁?要使得农民代表明白:地主不劳而获,是农民养活了他们,因此应该打倒地主,夺取他们的土地和其他财产。这样,就鼓起了他们对地主阶级的愤怒与仇恨,鼓起了他们向地主阶级斗争的勇气和决心,使得他们能理直气壮地回到本乡本村,发动农民向地主阶级展开斗争。为了配合沙洲区进行反封建的阶级教育,我还带领大南中学文工团到各乡镇巡回演出话剧《白毛女》和歌曲《啥人养活啥人》等。《白毛女》的内容大家都看过电影电视,我不多说。歌曲《啥人养活啥人》,是用吴语苏州话谱写的,我现在还记得很清楚:“大家看一看呀,大家想一想呀,地主搭之农民,到底啥人养活之啥人呀啊,要是我伲不劳动,地主饿得不能动,三桩事体吃着用,无没我伲勿成功呀啊……”

在进行阶级教育、组织阶级队伍的同时,人民法庭及时惩治了一些罪大恶极、为人民群众痛恨的恶霸地主及地主中的破坏分子。我们家乡最大的一个地主耿石民,人称其为“老菩萨”,他家占有两百亩左右的土地,除了雇佣几个长工外,还向周围的佃户逼租逼债。他在合兴街道时,一不顺心就把人家的鱼摊子踢翻了撒气。他家里养着几条恶狗，乞丐和行人路过他家门口的时候，一不小心就被咬伤。他家还养着一匹马，他的一个哑巴儿子常常骑着马出来和人打斗。总之，他在地方上作恶多端，群众极其痛恨。1951年1月23日下午3时，常熟县人民法庭在大南中学操场召开万人公审大会，法庭长陶冶成判处恶霸地主耿石民死刑，就地立即执行。我当时是法庭的陪审员，作为大南中学的学生会主席，让我在万人大会上讲话，我就说人民法庭反映了人民的意愿，受理了群众的控告，镇压了这个大恶霸，真是大快人心。我也亲眼目睹了群众们拍手称快的情景。为此，我们学校一位团干部还写了一篇《老菩萨，垮、垮、垮》的文章，登载在华东区所办的《青年报》上。

此外，人民法庭对于那些反抗和破坏土地改革的不法地主，也及时做了惩处打击。当时地主抗拒和破坏土改的手法很多。例如，有的造谣“第三次世界大战爆发了”、“蒋介石要反攻大陆”，导致农民害怕变天；有的直接恐吓农民“你们分我的田，我要杀你们的头”；有的收买、贿赂甚至色情腐蚀农会和土改干部；有的出卖、赠送、分散甚至破坏土地和其他财产。据常熟县沙洲区统计，全区295户地主，有117户地主共出卖、赠送以及分散土地1570亩，平均每户13亩。常熟县常阴区一户苏姓地主就出卖土地1000亩。根据他们破坏行为的情节，分别进行了打击和惩处。经过广泛深入的宣传教育以及依法对地主进行斗争，地主阶级的威风完全被打落，广大农民群众真正被发动起来并把握了统治权力，土改运动即进入第二个阶段——划分阶级。

划分阶级成分是土改中极其复杂和重要的工作，是决定土改能否正确贯彻中央政策的关键。首先由土改工作队向农民讲清划分阶级的主要标准，是以人们对生产资料的占有状况和剥削与被剥削关系为依据的，主要应掌握地主与富农、地主与小土地出租者的界限。我们先划地主，再划其他成分，尽量做到地主不遗漏、不错划。一般先由地主本人在村民大会上自报成分、财产、剥削量及有无参加劳动等，而后由农民用算剥削、算细账的办法进行评议，揭发地主隐瞒、撒谎行为，进行说理斗争。我们注意保护富农经济，防止把富农错划为地主，把中农错划为富农。对中农、贫农、雇农以及小土地出租者的评议,也要采取自报公议的办法,在农民内部进行,以自报为主,公议为辅。评议阶级有了初步结果后,即召开农民大会,予以通过,张榜公布,最后由乡区人民政府批准。我家是由我父亲参加评议的,被划为中农成分。

第三步是没收、征收地主的财产。首先在乡农民协会统一领导下成立了没收征收委员会,召开农代会、贫雇农代表会。根据土改法明确没收征收范围,以便有区别地没收地主的土地和其他财产,征收其他阶层超出规定的出租地和公地,并且要查实田亩,评实产量,以便公平合理地分配土地和征收公粮。在没收征收过程中,切实做到保护工商业用地。如合兴乡星火村耿某,家里为地主成分,但他在合兴镇东开办了机器榨油厂,占用一大片土地,为保证发展工商业,就没有征收这块土地。

第四步是分配复查、动员生产。在完成没收和征收土地、财产并分配到位之后,各地组织农民领取政府颁发的土地证,销毁旧时代的地契,召开农民大会,庆祝农民在经济上政治上的翻身,宣布土改结束,并动员农民发展生产,争取丰收,改善生活和支援国家经济建设。经过一段时间后,再进行复查,如果发现错误立即纠正。

苏南的土地改革从1950年9月底正式开始,到1951年底结束。其间,党和政府还组织了许多知识分子和各民主党派人士参加或参观土改运动,把许多同封建土地剥削有联系的资本家也吸收进来,组成了强大的反封建统一战线。1951年初,常熟县召开人民代表会议期间,就有上海《文汇报》主编徐铸成先生来常熟参观土改,他在会议的主席台上与我握手,他戴着一副金丝边眼镜,我感觉他的手特别柔软,应该是常年不做粗活的。同时在主席台上的,还有常熟工商联主任毛柏森,民主人士归星海、陈旭轮等,他们都是准备一起下乡去参观土改的。当晚常熟话剧团专门为我们演出了一出描写常熟大义区某乡土改试点村的地主使用女色收买、腐蚀土改干部的话剧,以真人真事为背景,演得生动感人。我坐在他们旁边,只听得他们说,演得好,很受教育启发。第二天他们去大义区参观,我便返校上课了。以上大概就是我在高一时经历过的土改情形。

四、镇压反革命运动

最后谈镇压反革命运动,简称“镇反运动”。这是新中国成立初在全国范围内进行清查和镇压反革命分子的一场政治运动。新中国成立后,新区各地的反政府活动很厉害,或是煽动民众对共产党的仇恨,或是制造社会动荡的谣传,或是杀害下乡的基层干部。《共同纲领》早有明确规定:“中华人民共和国必须镇压一切反革命活动”。朝鲜战争爆发后,中央要求在全国范围内大张旗鼓地开展镇压反革命运动,重点打击匪首、惯匪、特务、恶霸、反动会道门头目和反动党团骨干,后来还发布了专门文件《中共中央关于镇压反革命运动的指示》(1950年3月18日)、《中华人民共和国惩治反革命条例》(1951年2月21日)。

我们大南中学所在地常熟县沙洲区,是解放初反革命活动比较猖獗的地区。我在前面讲过,解放前夕,我家乡周围就有六七股武装土匪,随着解放军胜利渡江,苏南迅速获得解放,这些土匪头目就暗藏起来,进行破坏活动。例如,在解放初期的征粮和稍后的土改中,他们制造谣言,蛊惑民心,特别严重的是他们与特务分子勾结,连续枪杀两三个乡的指导员。有一次,沙洲区区长王亭外出检查工作,在回区政府的途中,要经过南虹桥,那天匪首吴卓三正好在南虹桥桥墩下他妹妹家里,得知王区长要过桥,他立即躲到桥下,将他手中的“快慢机”(一种装有多颗子弹的驳壳手枪)对准桥面。王区长过桥时,并不知道吴卓三在桥下,但他的盒子枪也打开着握在手里。吴卓三怕失手,没有向王区长开枪,王区长躲过一劫。这件事是在吴卓三因为其他事情被捕后招供的。

沙洲区镇反运动以打击特务、土匪、恶霸为重点。运动一开始,为了制造声势,我在合兴镇东街拐弯处的墙上画了一大幅“抓特务”的宣传画,王区长看了这幅画很满意。画画时我在梯子上爬上爬下,当场也有人提醒我:“你画抓特务,小心特务抓你!”这在当时确实是一场你死我活的激烈斗争。

大约在1950年4月,镇反的捷报不断传来。首先是杀害几名乡政府干部的几个特务被抓获处决，接着几个著名匪首，除了曹官全提早逃跑外地，其他都相继被镇压。

1950年5月，常熟县人民法庭在我们学校的大操场上召开了万人公审大会，审判沙洲区最大的土匪头目耿士廉。当公安战士将耿士廉带到学校大礼堂的校长室关押时，我注意到当时的校长朱印离满面愁容，在校长室外来回走动，不时往里面窥探。因为他们之间有说不清的罪恶勾当，所以大有兔死狐悲、物伤其类之感。公审大会开始后，因为我是人民法庭的陪审员，坐在陪审席上，只听得法庭庭长的几番审讯后，当众宣布其罪状，判处死刑，验明正身，绑缚刑场，立即执行。长期骑在人民头上，作恶多端、草菅人命的大土匪、大恶霸耿士廉和其他恶霸匪目相继被镇压，沙洲人民群众无不为之扬眉吐气、拍手称快。

在耿士廉被镇压后不久，我们的校长朱印离也出事了。1950年10月，常熟县人民政府派宣传部长洪明、县团委书记吕英（也是常熟县立中学教师）、常熟师范语文教师全扬清、苏州专区的一个文教科长等来大南中学视察，并领导和整顿学校工作。他们到校之后，首先召集全体教师开会，学生会主席和团支部书记列席会议。会上由苏州专区的一个文教科长和洪明部长先后讲话，宣布朱印离、张心石、丁君彦、曹克明为大南中学"四大恶霸"。讲话刚结束，就有四位公安战士进会场出示逮捕证，将校长朱印离、语文老师张心石、会计丁君彦、教导主任兼语文教师曹克明一起抓走，押送到县政法部门审讯。

接着，由洪明连续主持几次教师会议，发动教师对以上四人的罪行进行揭发批判。洪明部长要求我和团支部书记林南薰在学生中发动声讨和批判。我记得，当时团支部的行动不积极，还挨过洪部长的批评。因为这是常熟文教界一件大事，一定要做实、做到位。洪部长要我将揭发材料整理成文，并经常熟县长韩培信审阅，然后由我向常熟县人民代表会议报告。我当时也是县人民代表会议的代表。为了保证学校教学秩序的正常进行，曹克明和张心石的高中语文课就分别由全扬清、吕英接替。

后来，校长朱印离、语文老师张心石被枪毙，校会计丁君彦和教导主任曹克明被判刑。朱印离是原中央大学教育系毕业，1942年起担任大南中学校长，后担任常熟县参议长，长期与耿士廉等交好，土改开始时，即被其家乡多位农民控告。张心石，解放前做过多年区长，是东莱镇一带有名的恶霸，解放后在朱印离的庇护下，钻进大南中学当起了普通教员。丁君彦，解放前担任沙洲区区长，解放后在大南中学当会计。曹克明，解放前后在大南中学任教导主任，是朱印离在大南中学的代理人。经过几个月的调查审讯，1951年春，常熟县人民法庭在我们学校大操场上召开公审大会，宣判朱、张死刑立即执行，丁、曹有期徒刑若干年。改革开放后，经复查，曹克明没有重大反革命罪行，予以平反。

经过一年时间轰轰烈烈的镇反运动，各地逮捕和处决了一批反革命首要分子，破获了大批特务间谍案件。这时县镇反运动委员会召开会议，传达中央指示，要继续进一步深入开展镇反运动，采取在党委领导下，实行全党动员、群众动员，使公安、司法机关同广大群众相结合，并吸收民主党派和人民团体参加的办法，放手发动群众自觉起来检举和揭发反革命分子。同时，要坚决贯彻镇压和宽大相结合的方针和“首恶者必办，胁从者不问，立功者受奖”等处理反革命案件的政策。

由于广大群众的充分发动，各地隐藏得很深的反革命分子多被揭发出来。据我所知，如沙洲区中兴镇的土匪头目曹官全，解放后逃亡到上海，化妆成麻子脸，晚上挑着担子在弄堂里卖牛肉线粉，被在上海做工的同乡人认出来向公安机关揭发，很快就被抓回家乡枪毙了。另外，有一个反革命分子，解放后虽未逃脱，但他深藏在自己家的地下室里，经过群众揭发最终还是被抓起来了。由于他终年不见天日，抓出来的时候，已经脸色苍白、蓬头长发，如同魔鬼一样。

经过一段时间群众大检举、大揭发，一些暗藏的反革命分子基本肃清，运动转入处理积案和反动党团、会道门的登记。与此同时，常熟县举办了一个大型的镇反运动展览，除了展示中央有关镇反的指示、惩治反革命的条例、方针政策外，主要展示各类反革命分子的破坏活动和镇反运动的成就，包括缴获反革命分子的大量武器弹药等。其中，特别引起我注意的是一个反革命分子活标本。这个活标本就是沙洲区东莱镇的季鲁望，他是作为坦白从宽处理的反革命分子拿出来展览的。他站在一个围着栅栏的圈子里，不断向参观群众说："我是反革命分子季鲁望，过去从事反革命活动犯了罪，今天我向人民坦白、低头认罪、请求宽大处理，重新做人。"就是这个季鲁望，前一年冬天我带领大南中学文工团，为了配合土改到东莱小学操场演出《白毛女》的时候，他煽动群众在台下闹场，阻挡和破坏我们的演出，当我到台下进行劝说的时候，他气势汹汹地走出来要打我。因为有个穿解放军服的公安人员陪着我，他才未敢动手。所以在展览会上我一见到他，就觉得又生气又好笑，我走到他面前正要责问他闹场一事，守卫在旁边的公安战士连忙向我解释："上级规定，只能参观，不能和他说话。"我只能作罢，但心想："这个家伙，昨天气势汹汹、不可一世，今天居然落得向人民宽恕求饶的下场！"

常熟县的镇反运动捕获、处决和判刑的反革命分子人数，我现在已经记不清了，但我们沙洲区合兴镇内就逮捕了68人，其中处决12人、判刑18人。在这次运动中，由于我是学生干部、县人民代表，熟悉本地的情形，加之上级领导对我政治上的信任，让我参加了许多工作，使我得到很大锻炼，尤其是在运动中如何正确地执行政策，如何充分地发动群众，以及适时掌握运动的火候等等，有了比较深刻的认识。同时也让我认清，镇反运动中不仅要将反革命分子的首恶者与胁从者加以区分，还要将反革命分子与其家属子女区分对待。例如，土匪大头目耿士廉被镇压了，但他的三个子女还在大南中学上学，只要他们遵纪守法，就不应该歧视他们。耿士廉的大儿子耿忠与我同班，1952年高中毕业，考取了江苏师范学院（今苏州大学）数学系；与我同班的曹冠娥，其父亲曹叔仪在运动中被镇压，1952年她考上了长春地质学院，毕业后还留校任教。

总之，历时三年的镇反运动，在全国范围内集中打击了土匪、恶霸、特务、反动党团骨干分子和反动会道门头子，基本上扫除了各种反革命残余势力，使新政权得以稳定立足，实际上起到了与抗美援朝和新区土改相互配合的作用。

五、服从安排，留校工作

1952年夏天我高中毕业，这一年全国高校实行第一次统考。在统考前，苏南的高中毕业生全部集中到无锡市进行政治学习和毕业分配的教育，由苏南行署主任管文蔚和青年团苏南区团委书记周克分别作国际国内形势的报告，并提出青年学生应服从分配到祖国最需要的地方去。之后我们进行分组讨论，谈思想认识、谈个人志愿与祖国需要。最后，每人填写一份毕业生登记表，学习即告结束，大家分别回校准备参加大学招生统考。

当时我的老师、同学和家长，包括我自己，都认为我很有把握考上一个好大学。那个时候因为高中毕业生少，国家需要的大学生又多，所以毕业生基本都能考上大学，成绩好的同学就把目标瞄准在北大、清华这些名流大学，我也是怀抱这种梦想。

可是，就在集中学习快要结束的时候，苏南区党委的同志向我们宣布，根据中央关于加强新解放区中学政治工作的指示，苏南区党委要在应届高中毕业生中选拔一批优秀学生干部分配到苏南各重点中学去工作。当时我们的思想应该说是比较进步的，那种“到祖国最需要的地方去”的观念是有的，但是当负责我们苏州地区毕业生学习的大队长突然跟我说，要我不考大学，留下来工作的时候，我也觉得措手不及。眼巴巴地看着同学们马上奔赴考场了，而我却可能永远都不能走进高等学府，我在思想上也没有做好充分的准备。当天中午，大家都在睡午觉，我躺在床上思前想后，还是想通了，所谓服从分配，一定要说到做到，事在人为，即便不能上大学，我也可以自学成才。接着，大队长还要我在全大队的同学面前讲话，讲我是怎么想通的。因为当年考大学有一条规定，即虽然可以自己填志愿，但最终必须服从统一分配。大队长让我讲话表态，就当作服从统一分配的一个示范。

苏南文化教育发达，重点中学多，所以需要留下工作的学生干部也多，那年大约留下了一百多人，由苏南团区委举办了一个苏南地区中学政治辅导员培训班来训练我们。首先是苏南区党委宣传部长汪海粟来讲话,他原来是交大学生,参加革命后在新四军的政治部工作,1953年调任南京工学院(今东南大学)院长。他向我们说明为什么要把我们这批学生干部留下来,分到各重点中学去工作,并且对我们提出了殷切的希望。这个培训班办了两周就结束了,刚好是暑假来临。当时,全苏南区的中学教师集中到无锡市进行思想改造学习,我们也去参加。为了便于日后的工作,领导上把我安排在常熟县中学教师思想改造学习分会工作,这个分会由北京市委宣传部长杨述的弟弟杨显基(他当时是苏南公学的中层干部)和常熟县文教科科长负责,我作为一个干事,负责组织宣传、收集情况和传递材料的工作。

集中思想改造学习进行了一个半月即告结束,随后我被分配到母校大南中学,开始从事政治辅导员的工作。大南中学当时有三个政治辅导员,除了我是本校留下来的,另外两个分别自来苏州中学和太仓师范。因为他俩是从外校外地来的,情况不熟悉,我就逐步向他们介绍各方面的情况。我们三人团结合作,工作得不错。

1952年下半年的新学年里,我们三人都各自担任一个班级的班主任,并担任政治课老师。我除了教一门政治课外,还兼任一门初中英语的教学,此外主要从事校内青年团和少先队的工作。因为我是土生土长,在本校担任过多年的学生干部,也参加过历次政治运动,所以常熟县公安局还要我负责学校的治安工作,有什么情况要随时联系。累加在一起,我的工作量还是相当繁重的。但工作之余,我总是抓紧时间学习,几乎每个晚上都要学习到深夜才休息。我自学的重点在社会科学,哲学、经济学、社会发展史、中国革命史等方面的著作我都看,一些考上大学的同学还把他们学校使用的教材(如何干之的《中国革命史讲义》)邮寄给我,我都如饥似渴地很快读完了。这样,虽然工作忙碌,但经常能学到新的东西,而不会囿于一个中学校园里,总觉得浑身是劲。

1952年11月,常熟县决定,将大南中学由私立改为公办,改名常熟县沙洲中学,并派县委秘书单忝友同志担任校长。单校长任职后,重点抓教师队伍的建设,并在沙洲中学建立了党支部,首先把我发展为中共党员。他是我入党的第一个介绍人，第二个介绍人是陈友根，我在前面说过他，就是他的弟弟初中时动员我们去苏北参军的。陈友根本人是1941年入党的老地下党员，解放初期担任乡农会主任，因为文化水平不足，1952年转到学校来做事务工作。我的入党仪式是在沙洲区委机关举行的，首先由介绍人宣读介绍意见，我还记得主要内容："该同志政治品质好，在历次政治运动中立场坚定，能发挥积极作用，作风正派，对党忠诚，工作积极，学习刻苦，要求上进。"党支部大会讨论，认为介绍人的意见符合实际，因为参加讨论的区委机关同志大多与我熟悉，了解我的一贯表现，所以一致同意我入党。接着就由沙州区委组织委员陈志尚同志主持我的入党宣誓，从此我就加入了党的队伍，开始了新的政治生命。

我在沙洲中学的工作从1952年9月开始，到1954年9月结束，此后就被调到南京教师进修学院学习。新中国成立之初，为了全面开展大规模的国家建

1954年至1955年，在南京教师进修学院政治班学习期间与同学合影，后排左一为作者

设,急需短时间培养出各方面的人才。当时的一种途径就是举办各种干部学校和进修学院,突击式地培养人才。1953年撤销苏南、苏北两个行署,合并为江苏省,南京教师进修学院就是为了培训和提高中学教师业务水平而举办的一所学校。最初的选址在珠江路韩家巷10号一所很大的洋楼里,大的教室可以坐下两百人,院子里还有各种运动设备,宿舍区是旁边的廊后街的两座楼房。1954年我到进修学院时,学院有政治、语文、行政三个班。政治班的学员是从全省抽调来的中学政治教师,约80人。语文班是中学语文教师约50人。行政班是各县文教科员、各区文教助理约50人。大家进修的时间都是一年。我在政治班的第五组,全组10人,担任学习组长。

在政治班里,我们比较系统地学习了辩证唯物主义、历史唯物主义、教育学的课程,此外还有一些中共党史以及时事政治讲座。我本来就对这些很感兴趣,以往也看过不少书。例如,哲学方面苏联学者罗森塔尔的《唯物辩证法》,苏共中央党校用的哲学教材多卷本《辩证唯物主义历史唯物主义》等我以前也曾啃过,但大多是一知半解。一知是因为自己毕竟读过一些马哲的通俗读物,有些基础,半解是因为这些著作文字艰深,又是翻译而来,读起来很费劲。能到进修学院来学马哲,对我来说真是如鱼得水。

学院按照辩证唯物主义和历史唯物主义的实际内容,分列为十六七个专题,分别邀请一些名家来讲课。在学习辩证唯物主义的阶段,请了南京大学党委书记孙叔平来,他对哲学问题尤其是中国哲学史很有研究,后来他是南大哲学系的博导,口才很好。他讲课逻辑性很强,用中国哲学史上公孙龙子的“飞矢不动”来讨论运动的相对性,给我留下了很深的印象。另外还有南京紫金山天文台台长孙克定来给我们讲天体之间的运动关系,培养我们的辩证思维。在学习历史唯物主义的阶段,大多请省委党校的专家如裴定、沈谊、李淮等同志来讲课。裴定是个老革命,省委党校的教务长,沈谊是党校某教研室负责人,他们都去中央党校经受过培训,业务水平相当高,对马哲也都有过专题研究的经历,讲解起来深入浅出。例如经济基础与上层建筑这个专题,是个比较难以理解的课题,省委党校的李淮同志有过比较深入的研究,用通俗的语言和事例,把两者的概念和关系讲得一清二楚。课程每学习到一个阶段,还要进行考试,当时来参加进修的同志,水平参差不齐,在我们组里有两位分别来自沛县中学和淮安中学的老党员,他们已经40多岁了,学习起来很吃力,我在课余时间就要尽力辅导他们,互相取长补短。总的来说,我在南京教师进修学院,对辩证唯物主义和历史唯物主义这两门课学得最为深入,在理论上打下了比较好的基础,为我后来的学习和工作创造了有利的条件。

进修学院的党史讲座、时事讲座也搞得很好,如省教育厅高校办公室主任朱少香同志的淮海战役讲座。他本人是江苏宿迁人,参加过淮海战役。他根据自己的所见所闻,用许多感人的事例,讲述了当时淮海地区人民支援前线战斗的非凡热情和贡献,最后他用一句名言来概括:"淮海战役的胜利,是靠老区人民用小车推出来的。"又如保卫延安的讲座,由语文班的同志在熟读杜鹏程的《保卫延安》以后,结合党史实际来说明毛主席的战略和战术。在时事政治讲座方面,当时全国学术界掀起了《红楼梦》问题的研讨热,所以进修学院请了省文化局局长来介绍这场讨论和批评的来龙去脉,大家都很感兴趣。

进修学院安排的课程,美中不足的是教育学的学习。当时为了学习苏联,由省教育厅的古谋处长来讲苏联的凯洛夫教育学,遗憾的是讲课人既没有具备凯洛夫本人一样的实际经验,也没有以任何中学教育的实际事例来讲解教育学的基本原理,而是将凯洛夫教育学一书照本宣科,非常枯燥无味,从当时的情况来看,算是一门失败的课程。

到1955年7月底,南京教师进修学院一年的学习宣告结束。正在大家互相告别、准备回原单位之际,学院的领导找我谈话,大意是肯定我这一年的学业和表现很优秀,并告诉我,省教育厅让我留下来参与创办江苏教育行政干部学校的决定。这样,我就没有再回到常熟沙洲中学,而是留在了南京。

1955年,江苏省教育厅创办了省教育行政干部学校(1958年改为江苏教育学院,2013年改为江苏第二师范学院)。当时设立这个学校的目的,和我们参加的南京教师进修学院一样,都是为了适应解放初期各类人才短缺的状况而举办的突击性培训机构,具体来说是为了培养全省中小学校长等教育系统的行政干部，所以名曰教育行政干部学校。学校的领导是从省水利厅、教育厅调来的，张秀全、崔希唐分别担任正、副主任。学校设有教育科、组织科、行政科等机构。因为新的校舍正在建设，还没有落成，所以暂时借用了晓庄师范的校舍。

我在这个学校参与了两学期教育行政干部的培训工作。第一期培训的是小学行政干部，以讲习班的名义试办，从全省各地抽调了400名小学校长和教导主任参加培训，分为五个队，每队80人，各队队长由南京、无锡、南通、淮阴、徐州调来的教育科长担任，每队设两个学习辅导员。从9月1日开学到学期结束，历时五个月。当时我在教育科工作，负责制定教学计划，设计教学内容，即请谁来讲课，讲什么主题，讨论什么问题等，先由我提出方案，经过校领导批准后执行。

我给这期学习班设计的学习内容主要是中国革命史（中共党史），同时穿插一些哲学知识、第一个五年计划时期工业化建设和农业合作化、江苏教育事业的发展进程等讲座。中国革命史这门课程请的是南京师范大学教务长李敬仪主讲，每周两次，因为听课人多，所以就用学校礼堂作为课堂。她在讲台上讲到每个时期的一些人名、地名和专有名词时，坐在下面听的学员往往显得很茫然，因为我对李教务长使用的教材和讲解的内容比较熟悉，就在讲台旁边的大黑板上用粉笔写出来以便大家记录。每讲完一课，我还要及时拟出讨论思考题，印发到各学习小组，让大家进行复习讨论，所以实际上我成了这门课的助教。这样，经过一学期的教学，学员们将从五四运动到新中国成立的中国革命史整个内容学习了一遍。学员们在做思想总结时，很多人批判了以往的一些错误思想认识，表示今后一定要在党的领导下，认真工作和学习，为新中国的教育事业做出贡献。

这一期讲习班一结束，我很快以学校的名义向省教育厅写了一份两千字左右的报告。不久，张秀全主任很高兴地告诉我，教育厅领导认为我写的这份总结报告很好，既有内容，又很简练。我们这位张主任是个老八路，山东胶州人，为人严肃，性格直爽，但他年近五十，尚未成家。将近年关时，他叫工人在他房间里的火炉上煨了一只鸡专门请我吃，以表示对我工作的肯定和“慰劳”。那时候，我从心底里感到特别的温暖。

大概因为我们这位老八路干部对办教育行政干部训练班的工作不在行，1956年2月领导将他调离，又从苏北农学院调来两位领导干部，校长由季亭担任，张影担任副校长。学校的机构，也由晓庄师范搬迁到草场门。

教育行政干校第二期的培训班，分为小学行政干部培训班和中学行政干部培训班两部分。前者规模和第一期相同，约400人。后者约50人，是从全省范围抽调来的中学校长和教导主任。教学内容主要是学习马克思主义和中共党史，并穿插一些临时性的讲座。讲课的教师与南京教师进修学院相似，除了请省内一些部局级领导来做报告，主要依靠省委党校的理论教员，党校教务长裴定同志是中教班的主要教师。此外，也邀请南京大学部分学科的专家来讲座，如天文系的专家讲天体运动，等等。这时，学校增设了一个理论教研室，我被调到这个教研室，从事马克思主义哲学的教学研究工作。我对这门学科一直很有兴趣，读过不少专门著作，又经过南京教师进修学院一年的系统学习，打下了比较好的基础。由于干校领导的放手培养和鼓励，所以这一期培训班我也能上台给小教班讲一两次辩证法，并做一些难题的课后辅导，结果反响很好。有的小学校长当着我们校长的面夸我说，这个青年讲师给我们讲得很不错啊。其实，我们干校还没有什么讲师、助教之类的职称。这是我上大学前最后一段工作，其后就作为调干生考入北大了。

总结一下，我在这部分讲的是高中毕业（1952年夏）到考上北大（1956年夏）四年的工作经历，分别在沙洲中学当教师、南京教师进修学院学习、江苏省教育行政干部学校工作。当初我服从组织分配，放弃高考，但最终又无心插柳地进入了北大，这一去就是十多年，那是我真正成长、成熟的地方。

第三章 北大十二年(上)

一、考进北大历史系

1956年5月,中共中央和国务院发出了向科学进军的号召,鼓励有条件的在职干部报考高等院校。如前所述,我当时在江苏省教育行政干部学校工作,在报上看到这个消息,真是喜出望外,觉得是个千载难逢的好机会,决定要报考最有名的大学。因为我觉得,对我来说有两个有利条件。第一是我高中毕业虽然工作了四年,但一直从事教育工作,其中两年是中学教育工作,一年在教师进修学院学习,一年在教育行政干校进行理论教学工作,书本没有丢,学业没有荒废,而且在理论素养上比中学时更有长进。第二我在高中本来就成绩优异,学习的底子在那里。按照国家规定,参加工作四年以上的干部,考上大学以后可以享受调干生助学金待遇,也使得我入学后有生活的保障。所以,我很快就提出了报考大学的申请,最初校领导以保送我上中央党校进修一年来挽留我,但我报考的意志坚定,而且中央文件提到单位不得阻拦报考,所以我就这样考上了北京大学。

考取北大时的蔡少卿,1956年

考上北大确实是很荣幸的。无论在当时还是现在，北大都堪称全国的最高学府，它的前身是京师大学堂，本来是戊戌变法时期的产物，是我国最早创办的一所大学。小时候我就听说，如果我们那里有人考上了京师大学堂，在乡里是非常受人崇敬的。解放初期，我们中学的语文课本里，将北大与莫斯科大学相提并论，说在中国能考取北大，就像在苏联能考上莫斯科大学。

1956年8月下旬，我怀着喜悦的心情离开南京，进入北大历史系学习。这一年的招生名额比往年扩大了许多，其中有相当数量是来自政府机关的调干生。我从南京上车去北京报到时，在同一个车厢里就有七八人是同年考上北大的，还有几人是考上北师大和人大的，几乎清一色的是调干生。我们都是二十来岁的年轻人，大家对北京、对大学、对未来都充满了憧憬，一路上谈笑风生。第二天中午火车抵达北京。那时候的北京火车站还在前门，下车以后即来到北大设置的迎新站，他们用敞篷卡车把我们接送到学校。当汽车经过天安门时，大家都欢呼雀跃起来，因为大家都是第一次亲身临近天安门。出了西直门，北京郊外的秋景便映入眼前，我们东张西望观赏了一会儿，就进了北大校园。办完报到手续后，两位高年级学长把我带到历史系新生的宿舍8斋住下，从此开始了我在北大十二年的日子。

说到北大时期的生活，首先要谈谈我们的住宿情况。自1952年全国高校院系调整后，原来清华的文理科和燕京大学全部并入北京大学，北大就从沙滩搬到西郊燕京大学的校址。燕大是一所教会学校，校园内亭台楼阁和湖光塔影非常秀丽，建筑大多采用中西合璧的风格，有中国传统的大屋顶造型的建筑，有少量小巧玲珑的园林式庭院建筑，也有西式技术建筑的大楼。北大搬入后，便向四周扩张地盘，大兴土木，建造了大批教学楼和宿舍楼。原来燕大的学生宿舍都改为单身教师和留学生的宿舍。在新扩充的地盘上大约建起了40幢学生宿舍，可分为两类。一类是1斋到15斋的两层小楼，每层有两个大房间，每个大房间又用半截子墙隔成三小间，每小间置四张上下铺床住八个人，所以每斋容纳96人。小间虽然隔开，但是整个大间的上面是畅通的，并不隔绝。这种两层小楼没有暖气设备，到了冬天每大间给两个大炉子取暖。每

1956年，与同学在北大未名塔前，右一为作者

年的新生就住在1至15斋。另一类学生宿舍是16斋至40斋，都是四到五层的楼房，每层有18—20个房间，每间置三个上下铺床，可住5—6人，一般是二年级以后的学生才能搬进去住。因此，北大的学生宿舍每年暑期都要调整，来一次大搬家。我们历史系56级男生大一时住8斋，大二住32斋，大三住36斋，往后还住过41斋。历史系女同学的宿舍比较稳定，一直住在26斋和27斋。

北大在建学生宿舍楼的同时，还盖了两个饭厅，大者可以容纳一千多人同时用膳，小者可以容纳四五百人，大小饭厅紧靠一起。我们入学的时候，学生食堂实行包伙制，中午8人一桌，有五六个菜，荤素搭配，经常有鸡鸭鱼肉，有时还能吃到对虾，每月的伙食费只需要12.5元。这种包伙制在我大二时就取消了，改为饭票制，学生用饭票自己打饭打菜。菜品一般分为甲乙丙三种，甲菜一角五分，乙菜一角，丙菜五分，自己选自己喜欢的。在小饭厅还开设有特菜窗口，特菜两角五分一份，一般有炒黄菜(就是炒鸡蛋)、炒肉丝之类，买这种菜吃的一般是研究生和高干子女。

因为当时的大学普遍实行助学金制度，调干生有调干生助学金，按工作年限和职务等级，分为每月二十五和二十九元两种。我拿的是二十五元的，除了伙食费外，还可以留下十元左右接济老家父母的生活。普通学生的助学金也分等级，最低的每月补助是十二元五角，差不多就是伙食费的水平，家庭困难的学生可以额外领到二元到四元不等的生活补助，用于理发、洗澡、购买文具等等。可以说，那时候读大学是不用家里额外掏钱的。

在北大，学生都有自己的学号，前两位是入学年份，三四位是系科代码，五六七位是系内编号。系内编号不像现在往往按姓名笔画排列，而是按录取地区排列，北京最先、上海其次、江苏再次。江苏南京录取的学生排在40-50号上下，我的学号是5606048，也就是56年入学06系(历史系)的48号。我们56

级历史系新生共有136人，分为三个班，每班四十余人。我在三班，被指定为班长，再由班上同学推选出学习委员、文体委员、生活委员，组成班委会，处理班级学习和生活的一般事宜。由于我们这一届调干生特别多，党员就多，所以还在每个班成立了党支部。我们三班党支部书记为张镜明，是中央组织部来的调干生，副书记为聂大江，是北京市教育局来的调干生。他俩在两年后的1958年被调到北大校内当政治教员，后来北大党委书记、第一副校长江隆基调任兰州大学校长兼党委书记时，聂大江作为随行秘书去了兰州。文革结束后，聂大江担任过兰大党委书记和校长，上世纪八十年代调回北京，先后担任过广电部和中宣部副部长，他是我们历史系56级所有同学中行政工作能力最强、担任行政职务最高的一位。

1952年院系调整后，北大历史系主任由翦伯赞教授担任。他是一位与郭沫若、范文澜齐名的奉马克思主义为圭臬的史学家。在我投考北大时，我在大南中学的高中语文老师钱仲联向我推荐过翦伯赞先生，这也是我报考北大历史系的一个原因。按照惯例，北大历史系每年新生入学时，都要开一个迎新会，由系主任致迎新辞，并介绍系内的领导、老师、课程设置等基本情况。我们入学时，翦伯赞主任正在欧洲出席青年汉学家会议，他指定杨人楩教授代理系主任一职，所以是杨先生主持的迎新会。杨先生是湖南人，牛津大学毕业，其学位论文是《论圣茹斯特》，还翻译出版过马迪厄著《法国大革命史》，是这个领域的学术权威。他在迎新会上用诗歌一般的语言欢迎我们，并特别称赞了这年有很多调干生愿意来修读历史，“此乃有志之士也”。

接着是历史系副主任周一良介绍系内教学机构和课程设置。历史系设有两个专业(历史学与考古学)，有六个教研室和一个资料室即系图书馆。中国古代史教研室，主任邓广铭，副主任汪篯；中国近现代史教研室，主任邵循正，副主任荣天琳；世界古代史教研室，主任齐思和，副主任胡钟达；世界近现代史教研室，主任杨人楩，副主任张芝联；国际关系史教研室，主任王铁崖；考古教研室，主任苏秉琦，副主任宿白；系资料室，主任陈庆华。

北大历史系实行五年制教学。历史系一二年级主课是中国古代史、世界

1956年，周口店留影

上古及中世纪史，三年级主课是中国近现代史、世界近现代史，四年级开始历史专业就按专门化教学，开设不同的专题课。一二年级的课程最重，除了主课外还有政治课（马列主义基础和政治经济学）、外语（俄语、英语、日语任选）、体育、中国历史文选。我们历史学专业的，除了以上这些课外，还需要选修考古学、人类学、民族学、古文字学等课程。一年级每周课程加起来多达三十多个课时，二年级稍有减轻。课程上午较多，每天上午有六个课时，每门课是两个课时。教室的使用是由学校统一调度分配的，各门课程教室不同，换课的时候需要跑来跑去换教室。

1957年，爱人潘爱珍考取北大后在太湖之滨合影

我们上学的年代，和当下大学的教学有很大的不同，教授都要为本科生讲基础课，北大历史系一二年级的任课老师都是著名教授。在中国史方面，担任先秦史教学的是张政烺，魏晋南北朝史教学的是田余庆，隋唐史是汪篯，辽宋金元史是邓广铭，明清史是许大龄，近代史是陈庆华和张寄谦，现代史是荣天琳。在世界史方面，担任古代史的是胡钟达，中世纪史是齐思和，近代史是张芝联，现代史是罗荣渠。中国历史文选由杨伯峻、商鸿逵任教。使用的教材上，世界史方面大多采用苏联教材的译本，中国史方面则是老师们按自己的思路编写的一套讲义。

四十多年后重访母校留影，2004年

自院系调整后，全国高校的学生除了外语系外都要学习俄语，北大也不例外。但从1956年我们入学的这级开始，北大允许我们不学俄语而选修英语或日语。同学们大多没有什么外语基础，大多选择学俄语，而我中学的英语基础比较好，而且考虑到自己喜欢中国近代史，英语很有用，因此在二年级时我通过考试插入二年级的英语班，这样我既学俄语也学英语。

在课程学习外，常有校外名流学者前来讲座。北大十分注重活跃学术思想和扩大学生的知识面,历史系主任翦伯赞举办了一个不定期的“历史讲座”,先后请过范文澜、郭沫若、吕振羽、吴晗、陈翰笙、杨东莼、刘大年等大师级学者来讲演。与此同时,中文、哲学、经济学等系科也有自己的讲座和研讨会等,马寅初、冯友兰、郑昕、周扬、胡绳等人都来演讲过或者辩论过。这些讲座在校园里很有吸引力,我几乎逢场必听,不仅大大开阔了视野,增长了见识,而且还不断引发我对许多问题的思考。

北大的学习生活并不枯燥,每逢周末都要放电影,冬天在大饭厅,夏天在东操场露天放,学生们各自带着凳子排队入场。此外,还经常有一些国内外歌舞团来学校表演,如苏联红军歌舞团等等。校内社团也很多,有武术队、戏剧社、摄影学会等等,大家可以根据爱好自由参加。

受到北大的吸引,我的未婚妻潘爱珍也以调干生的身份,于1957年考进了北大,在法学院读书。由此,我们开始了在北大十余年的难忘岁月。

二、见证政治风雨

北大的整风与反右运动,在全国高校中开展得最早,是重点区、重灾区。我记得大一下学期的1957年5月中旬,北京大学整风运动已经开始。首先,北大校党委组织党内外主要干部学习讨论处理人民内部矛盾的问题,有许多老教授和干部在会上发言,对学校领导工作中的缺点和错误提出了尖锐的批评。接着,校党委又邀请各民主党派、工会、团委会、学生会负责人座谈,讨论学校的整风计划。学校里的整风工作和鸣放就在这样的背景下轰轰烈烈地开展起来,有许多大字报对学校、国家和社会的各种问题发表了意见。

5月19日20时左右,学校里出现了几份特别引人注目的大字报,影响最大的是《是时候了》和《一株大毒草》。《是时候了》作者为中文系学生张元勋、沈泽宜,贴在了大饭厅的东墙,形式是诗歌:

(一)

是时候了,

年轻人
放开嗓子唱!
把我们的痛苦
和爱情
一齐都泻到纸上!
不要背地里不平,
背地里愤慨,
背地里忧伤。
心中的甜、酸、苦、辣
都抖出来
见一见天光。
让批评和指责
急雨般落到头上,
新生的草木
从不怕太阳光照耀!
我的诗
是一支火炬
烧毁一切
人世的藩篱,
它的光芒无法遮拦,
因为它的火种
来自——"五四"!!!

(二)
是时候了。
向着我们的今天
我发言!

昨天,我还不敢
弹响沉重的琴弦。
我只可用柔和的调子
歌唱和风和花瓣!
今天,我要鸣起心里的歌,
作为一支巨鞭,
鞭笞死阳光中一切的黑暗!
为什么,有人说,团体里没有温暖?
为什么,有人说,墙壁隔在我们中间
为什么,你和我不敢坦率地交谈?
为什么?
我含着愤怒的泪,
向我辈呼唤:
歌唱真理的弟兄们
快将火炬举起
埋葬阳光下的一切黑暗!!!

当时有人解读,这首诗歌号召举起火把,烧毁一切人世间的藩篱和黑暗,是在向共产党和社会主义进攻的誓词。

物理系学生谭天荣的《一株大毒草》,言辞则激烈而直接得多:

> 到现在为止,百家争鸣、百花齐放离我们无知的青年还有十万八千里,我们国家没有检查制度,可是一切报刊(例如《人民日报》、《中国青年》和《物理学报》)的编辑们对马克思主义的绝对无知,对辩证法的一窍不通和他们形而上学的脑袋中装着的无限愚蠢,就是一道封锁真理的万里长城,比方说吧:
>
> 1895年以后,马克思主义按照铁的必然性转化为自身的反面(第一次否定),与此相适应的是国际共产主义运动中形

成相互渗透的修正主义与教条主义,六十二年的绝对统治,而"再论"都把它归结为"人们的思想情况",这不是赤裸裸的唯心主义又是什么(详细论证情况请见哲学教研室印"教条主义产生的历史必然性"一文)。

魏巍写的"春天漫笔"不仅空空洞洞的自相矛盾,而且简直是神经错乱,语无伦次,却被采纳为关于"徐进问题"讨论的最后批判书。

充满了极端盲从迷信诡辩,谬误牵强附会弥缝手段(或者叫作新颖观念)的物理学已经面临毁灭,无耻的李政道杨振宁剥夺了物理学的最后一点光彩,可是物理学报还在搞什么薄板和圆柱,再不就是什么耗损。

这一切已经完全不堪忍受。

(节选)

该大字报其后还有辱骂"三好学生"是"白痴"等论调。其他的大字报,有的要求取消党委制,要求党委退出学校,等等。

这些大字报引起了很多同学的不满,很快,在大饭厅、小饭厅、16斋等地,出现了反击和辩驳的大字报。中文系55级的谢冕等同学在《是时候了》的旁边贴出了同样用诗歌写的《我们的歌》,与之针锋相对。还有人与谭天荣当面辩论,批判他对马列主义的看法。随着辩论的发展,以张元勋、沈泽宜为首办起了名为"广场"的民主墙,后来办成了《广场》刊物,在全国各地传播,颇有煽风点火的作用。与之相对的是,谢冕等同学办起了《红楼》刊物与之对抗。谭天荣在后续贴出的大字报中,宣布成立"黑格尔–恩格斯学派",后来改名为"百花学社",本来也想自己办刊物,限于条件,只能并入"广场"集团。

"广场"集团以介绍整风运动经验为名,到天津的南开大学、天津大学、天津师范大学去讲演,往复旦大学、华东师范大学等高校散发"民主接力棒"《广场》刊物,进行煽风点火,但也都在各地遭遇过揭露和批判。

这个时候,人民大学法律系学生林希翎来北大演说和辩论。辩论会是由北大校学生会组织的。林希翎在两个问题上发表了自己的看法，第一个是中国现行的社会主义制度的问题，另一个是胡风反革命案的问题。她从经济基础与上层建筑的矛盾来探究“三害”（即整风运动针对的官僚主义、宗派主义、教条主义）根源，她认为中国当下的社会主义是封建主义的社会主义，她表示赞成南斯拉夫的社会主义。至于胡风是不是反革命，她认为现在下结论，未免过早，因为目前披露的三批材料来看，还不能说胡风是反革命。她的讲话有人反对，有人拥护。她刚讲完后，就有一个跟随她来的人大法律系老师上台，对刚才林希翎的讲话进行系统的反驳。这个时候，又有人把林希翎拉到16斋门口，摆开了讲台，一下开辟出一个小会场，辩论会变成一些人提问、林希翎作答的方式进行，场面上仍然是一帮人反对、一帮人叫好。5月27日，林希翎第二次受邀来参加北大校学生会举办的辩论会。这次辩论在大饭厅举行，辩论的双方都做了一定的准备，但发言的时间受到了一些限制，辩论的主题和上次一样，仍然是当下的社会主义制度的性质和胡风反革命案，林希翎更加系统地阐述了其政治主张和观点。这次辩论不像上次那么混乱，秩序好了很多，而且场面上尽管发言的人很多，但是批判她的很少。总体来说，林希翎在北大参加的两次大辩论都是以无胜者亦无败者的局面收场。

经过十多天的大鸣大放大辩论，北大校园里已处于一种混乱状态，到处都是大字报、小字报，到处都有辩论台、辩论会，甚至在一些教室里和宿舍里也在举行辩论。尽管北大党委还在广播致全校共产党员的一封信，要党员们虚心听取各种意见，不要反驳，不要做有损于整风的事，但许多党团人员，仍然在与他们听不惯或者认为是“别有用心”的言论进行斗争。大小字报的数量每天都在增加，辩论会也没停歇地进行着。整个北大，几乎是人人在思考，人人在说话，人人在行动，很少有人还沉浸在书本之中了。

大概就在这个时候，彭真在北京市高校学生党支部书记以上的干部会上作了一次讲话，特别提到要在大鸣大放中“引蛇出洞”、“钓大鲨鱼”。接着，6月8日人民日报刊出《这是为什么》的社论，并接二连三地发表类似的社论。于是，形势瞬间急转直下，轰轰烈烈的整风运动转身变成了大规模的反右运动。

6月16日,学校召开全校师生大会,党委书记兼第一副校长江隆基在全体师生面前作了《整风运动的初步总结报告》,他代表北大党委对广大师生在运动中提出的批评意见作了自我批评,分析了产生的根源,通报了学校解决各种问题的措施。他指出,绝大多数人是站在拥护党的立场上提出意见的,但运动中也出现了一些反社会主义的言论,这些言论实际上是资产阶级右派利用整风运动挑起阶级斗争的反映。为了更好地开展整风运动,必须再花一些时间和力量来澄清思想,明辨是非,划清社会主义和反社会主义的界限。为此,学校决定,把本学期考试的日期顺延到6月底,暑假推迟到7月15日。江隆基的讲话等于公开宣布北大反右派斗争的开始。

学校举行了一系列的大会,有计划、有准备、有组织地批判了校内外的反党反社会主义言行,学生中的“反右派”刊物也纷纷出现,比较著名的有最初的《红楼》,到《浪淘沙》、《论坛》、《666》等。

全校性的批判大会多在大饭厅举行,由学生会组织主持,参加批判发言的多是经过挑选的学生,并事先准备好发言稿。例如,集中批判谭天荣“从1895年起马克思主义就开始走向自身的反面”之言论,就有历史系的两个能言善辩的研究生——世界近代史的梁从诫(梁思成之子、梁启超之孙)和中国近代史的张磊出场。他俩以一百多年来国际共产主义发展的历史来论证,从1895年恩格斯逝世以后,尽管第二国际少数领袖陷入了修正主义的泥坑,但是真正的革命的马克思主义始终在斗争中发展,从俄国十月革命的胜利,到中国革命的胜利都无可辩驳地说明了马克思主义不是走向了自身的反面,而是有了新的发展,谭天荣的说法是对马克思主义的污蔑和对历史的无知。这种校级的批判会从江隆基大会讲话后开始,一直延续到放暑假才结束。

暑假开始并不意味着北大反右运动的结束,而是运动转入了各系各年级继续开展,所以暑假并未放假,放假往后推迟了。除了上课以外,其余时间都用来开会,用来揭发批判右派。据说上面对各单位的右派都下发了一定的比例,北大自然也不例外。经过几个月的揪斗,在教师和学生中间都打出一大批

"右派",历史系老教授中有向达先生。向达先生是历史系一级教授、北大图书馆馆长、中科院哲学社会科学学部委员。他一直被视为进步教授,之所以被打成右派,主要因为几件事。

第一,他在一次会上发言提出史学界也要百花齐放,不能只开展"五朵金花"(历史分期、资本主义萌芽、土地制度、农民战争、汉民族形成)的研究,批判者就说他是在否定新中国史学研究的成就,坚持资产阶级史学研究方向。"五朵金花"一词是向达先生对新中国成立后史学研究几个热点问题的概括,系主任翦伯赞曾在一篇文章中对向达的看法表示过肯定,不想这竟然成了向达先生在反右时的一大罪状。

第二,向先生是湘西的土家族出身,他在全国政协会议上提出过设立湘西土家族自治州,这本来也是一个合情合理的提议,在反右时却被诬蔑为他自己想当这个自治州的州长。向先生的学界地位很高,工资待遇与省部级干部相当,即便是不想当学者了,也不可能有心攫取一个小小的地方州长。

第三,向先生为人耿直,深受北大民主传统精神的影响,他认为"我们现在要监督执政党,使他做得好,不让他变化,因此要多给党提意见,帮助其改正缺点"。他很厌恶那些只知道歌功颂德的人,说这种人就像孔老夫子所说的"乡愿"一样。反右的时候上纲上线,说他攻击那些热爱党、歌颂党的人是"乡愿"。

第四,反右之前,毛主席确实提出党内要整风,并请党外人士帮助整风,克服"三害"。因此向先生用《左传》的一句话批评过党内的宗派主义现象,说党员干部把党外人士看成"非我族类其心必异",这句批评也是向先生被打成右派的重要根据。

向先生被错划右派后,仍一直在努力工作,潜心研究,没想到在"文革"中又遭劫难,被迫劳改,身患重病,不治而亡,是全国最早被迫害致死的名教授之一。

在北大历史系的青年教师中,被打成右派的有张广达和夏应元两位老师,他们为何被打成右派,我到现在还不太清楚。张广达被错划右派后,1960—1961年,我们一起在北京昌平山区农村劳动一年。在昌平的这一段经历以后可以再讲。从昌平回校以后，他投入邵循正先生的门下，进行蒙元史和西北地区民族史的研究，虽然和我的研究领域不同，但实际上是我的同门师兄。文革后，他从事隋唐史、中外关系史研究，有很大的成就和名气。虽然我在70年代离开北大后一直未能与他见面，但心里一直挂念着他。夏应元文革后调到了中国社科院历史所，一直从事中日关系史研究，同样成绩斐然。

北大历史系学生中被打为右派的据说有28人，总的看来，高年级学生多一些，低年级的少一些。我们1956级三个班刚从大一升大二，只有3人被定为右派。一个是调干生也是党员的吴文辉，我记得他的主要“罪名”有两个，一是他在同学中讲了一些有关“高饶事件”的不同于官方的说法，其实这些说法在近几年的报刊和学术研究中已有提及。二是因为他入学前是苏州卫生局的一名副科长，入学后拿着每月29元的调干生助学金，又是个单身汉，平时比较注意穿着打扮，喜欢跳舞，有人就说他追求“资产阶级的生活方式”。经过一两次批判会，此人就被定为右派了。文革结束后，原来班上党支部的正副书记在北京为他当面平反后，他来南京探亲时和我通过电话，提到那一段经历，说他的遭遇只能归罪于那个时代。

我印象最深的是高年级学生中被打为右派的1954级的庞卓恒，和1955级的沈元、陈鸿生、孙机、雷光汉、邓绍宗。庞卓恒也是个党员调干生，学习成绩优秀，据说在鸣放期间，他说要写一本《反〈反杜林论〉》来批判恩格斯，同时宣布要退党，在历史系党内和学生中引起震动，被划成极右派到北京斋堂劳动。后来他被分配到天津师范大学历史系，由于他的刻苦钻研，提升为教授和博士生导师，成为国内世界史领域的著名学者。沈元，上海人，是一个比较聪明的学生，分配在科学院近史所，1964年在《历史研究》发表了一篇《洪秀全与太平天国革命》，引起了他班上几个同学的不满，认为近史所负责人黎澍重用右派，遂写信向中宣部领导控告，最后不了了之。文革期间，听说他又有“涉外”的罪名而惨死。陈鸿生是我的常熟同乡，我入学后曾与他交谈过一次，后来听说他有反动日记而被打成了右派，开除学籍，送到监狱劳教。后来听他的叔父说，他在监狱中选择越狱逃跑，被狱警开枪打死。

雷光汉、邓绍宗原来比我们高一届，因为去斋堂劳动了一年，就降了一级，成为我们的同学。因为我当时是年级党支部的负责人，所以我曾与他俩交谈过。据雷光汉说，他是因为反对苏俄侵占中国的领土，以“反苏”罪名被打成右派的。而邓绍宗是因为贴出了一张小字报，对一些问题发表不同意见而被打成右派。毕业后，雷光汉被分配到新疆伊犁地区工作，后来因为该地区少数民族暴动，他被乱众裹挟到苏联的哈萨克斯坦，据说现在已经成了哈萨克斯坦华侨中的著名人物。邓绍宗被分配到江苏省连云港博物馆工作，文革期间还被押送到四川老家劳动，被当地的造反派打倒在地还踩了几脚，胸部受伤。文革结束后他回到连云港。上世纪80年代他听说我到了南大工作，还到我家来看望，交谈中得知他仍然关心历史学术，对田余庆先生的《东晋门阀政治》一书提了不少中肯的意见，受到田先生的赞赏。

孙机是1955级考古班的学长，原来我们并不认识，因为他们班打出的右派人数多，批判的任务重，他们班的党支部书记就和我们班的党支部书记商量，说我们班调干生多，党员多，希望我们去帮忙参加他们班的批判，所以我也参加过几次考古班的批判会，实际上是“助威”性质的，显得批判一方的规模大。我记得孙机是考古班批判的重点，具体有什么罪名，我也记不清了，但是印象很深的一条是“个人主义”，说他有野心，准备写一部研究茶壶的专著。孙机在班上年岁较大，凡事有自己的看法，有些人觉得他傲气十足，与同学们关系不融洽，连遭批判但仍然不低头。

经过各系各单位的批判斗争，到1957年10月底，北大划为右派的有526人，后来又进行反右补课，补划了173人。到1958年1月底，北大在全校大会上宣布，北大共有右派分子699人，其中教职员110人，学生589人。1979年4月，北大为错划右派者平反时说的数字是715人。1957年，北大学生大概8000人，教职工不超过1000人，这样算下来，北大的右派比例为8%，大大超过了毛泽东估计的右派占1%—3%的比例。因此，北大的确是反右运动中重灾区的重灾区，元气大伤，至今令人心痛不已。

1958年初反右运动刚结束，紧接着就开展反浪费、反保守的“双反”运动。这个“双反”运动在大学里和其本来的名称没有什么关系,而是进行红专大辩论,批判各种反动思想和资产阶级个人主义,实行“插红旗拔白旗”,走“又红又专”的道路。首先在教师中搞“引火烧身、人人过关”,我们历史系批判的重点是几位老教师,包括张政烺、邓广铭、齐思和等。

张政烺先生是最早给历史系一年级新生授课的教授,他教的基础课是中国通史的先秦部分。这部分内容本来就艰深,他说话又带有胶东口音,不善表达,每年他第一次上课的时候总要先敲着脑门给学生们打招呼说:“兄弟我是不会说话的。”而刚刚从中学来的新生们过去几乎没有接触过古文,听课自然就更加困难了,因此学生们向系里反映的意见颇多。在拔白旗的过程中,张政烺先生被上纲上线地扣上了资产阶级唯心主义的帽子,当时有学生贴出大字报为张先生鸣不平,说他讲课很少讲个人创造历史,而是讲石器、铜器、铁器、戈、矛等等,这些都是纯物质的东西,不仅不是唯心主义,而且还是彻底的唯物主义。实际上,张先生在历史系任教,既是先秦史的权威,也兼精考古、古文字等方面,所以他讲课的内容,不仅有古籍史书里那种“个人创造的历史”,也有考古材料、古文字为佐证,所以才有学生这样为他辩护。不过这些内容比古书还要艰深,新生们就更不懂了。当时还有人批评他不学习马列主义。据了解张先生的学长说,实际上张先生在建国之初就能主动学习和运用历史唯物主义论证殷周的氏族社会和农村公社问题。1957年春节期间,我与几位同学去他家拜年时,还见到他正在用书法写一副对联,内容是自己要努力学习马克思主义,我们为此都从心底里敬佩张先生。张先生学问渊博,记忆力超人,收藏甚多。1973年我因编辑《严复集》出差北京,他在中华书局点校《金史》,我去拜访,他不仅告诉我中国历史博物馆等单位藏有严复的资料,第二天还把他收藏的严复的《瘉壄堂诗集》赠送给我。对于这样一位史学大师,北大历史系却容不下他,在这次批判后,他被迫离开任教多年的北大,调到社科院历史所。新单位又长期没有重视和发挥他的专长,直到他老病时才认识到他的价值,这是学术界的一大损失。

邓广铭先生是宋史研究的泰斗。他在对学生授课时介绍和强调,研究中国古代史首先要掌握好职官、地理、目录、年表这“四把钥匙”，这是他多年治史的经验之谈。可以说，无论过去还是现在，研究中国古代史都从来不能离开这“四把钥匙”，可是在当时邓先生也是被批判的重点。1940年代胡适在北大当校长的时候，邓先生曾是胡适的秘书，这次批判他的时候就把这段经历搬出来，说他继承了胡适的资产阶级史观，但当时邓先生没有表态。改革开放之后，他在几次学术会议上都明确宣布“我就是胡适的秘书”。

齐思和先生是1920年代哈佛大学的留学生，他学贯中西，不仅是世界史的权威，而且对中国先秦史有精辟研究。在1950年代，大学里使用的世界史中古部分的教材一般都是苏联的翻译本，唯独北大历史系用的是齐思和先生自己编的一本教材，这在当时是很不容易的。但在“双反”运动中，无论齐先生的讲课还是他编写的教材，都成了批判的对象。1958年高等教育出版社出版的《北京大学批判资产阶级学术思想论文集》中，就有齐思和先生在运动中所写的《批判我自己的资产阶级学术思想》。

这次红专大辩论，在北大历史系的教师中，还大搞批判陈寅恪先生，系里两位比较年轻的党员教师汪篯和田余庆先生也受到批判。汪篯是陈寅恪的嫡系弟子，五十年代曾在中央高级党校专门受过马克思主义理论培训，田余庆先生也一直坚持学习马列主义，可以说他们是系里少有的又红又专的两位老师。但他们在讲解隋唐史和魏晋南北朝史的时候，由于以前直接或间接得到陈寅恪先生的传授，就不可避免地要讲解陈先生总结出来并经过事实验证的结论。大批判中他们由于和陈寅恪的关系而遭殃，说是打着马列主义的旗号，散布着陈寅恪的观点，贩卖的是资产阶级的史学思想。这次大批判大辩论，实质上是反右运动的继续，对知识分子的又一次严重伤害，其目的，据北京市某高层领导说，就是要“让老教授下来，让小辫子（指年轻教师）上台”。其实，没有深厚的学术积累，“小辫子”即使被推上台也是站不住脚跟的。

在双反运动期间，学生不仅要对老师揭发批判，互相之间也要揭发批判。和反右一样，除了上课，其余时间都用来搞运动，晚上都要加班；少有的那点上课也基本是走过场，考试、考核一律取消。学生中除了批判白专道路，还要对形形色色的资产阶级思想和生活方式进行批判。在我们班上,集中批判了两个“两耳不闻窗外事,一心只读圣贤书”,追求“书中自有黄金屋,书中自有颜如玉”的走“白专”道路的同学。此外,一个来自缅甸的华侨女同学,揭发批判了同房间的一位女党员每天用牛奶洗脸的事,她在会上激动地说:“在缅甸,很少有小孩能喝到牛奶,在中国情况也是差不多,你每天要用牛奶来洗脸,有没有想到这些千千万万喝不上一口牛奶的孩子,你这不是丑恶的资产阶级思想又是什么?”另外,还有人揭发批判班上的一位调干生,说他已结婚多年,有儿有女,但考上北大后,就千方百计地要跟家中的老婆离婚,大家都批判他是当代陈世美。

历史系红专大辩论搞了四五个月,系里还将大辩论中的一些大字报搞了展览,当年人民出版社出版了《历史科学的两条道路斗争》一书,收录了各高校历史系红专辩论的大字报,其中名列首位的就是北大历史系的大字报。

这些就是我所记忆的整风、反右、双反运动。双反运动刚刚偃旗息鼓,大跃进的运动就来了,北大和我们历史系的动作也相应更大了。

1958年的“五四”是北京大学六十周年校庆,陈伯达来北大校庆活动上讲话,提出要改造北大,“建设一个共产主义的新北京大学”。怎样建设呢?按陈伯达的说法,就是要搞批判,要厚今薄古,要学军、学工、学农,把科研教学与工农兵相结合。当时,大跃进的运动即将来临,有人提出要提前进入共产主义,农村出现的人民公社就是通向共产主义的桥梁。因此,陈伯达在北大的讲话被认为是吹响了高等教育大跃进(实质是大折腾)的号角。

于是,北大上上下下大会小会,倡导军事训练、下乡下厂,一派热气腾腾。那时北京正在修建十三陵水库,毛主席也带头到十三陵水库劳动。北大学生组建一个民兵师,每系成立一个团,轮流开往十三陵工地参加高强度的劳动,住的是帐篷,吃的是咸菜窝头。历史系的任务是将低洼处的砂石运往高坡,构筑大坝。我在工地上发挥了推独轮车的特长,一车能装四五箩筐,顶上几个人的效率,“历史系叶挺团”(因为要学军所以取了这样一个名称)政委孙伯鍨(系总支委员)当众表扬了我。大家肩抬扛挑,一天要劳动十多小时,经过半个月,人人都喊腰酸背痛，回校后还进行了自我思想小结。

紧接着，北大又搞了一次全校性的学军活动，从各系挑选了三百多位学生，到渤海湾的海军基地、长山列岛进行军事野营。历史系在一二年级选出12个男生，全是党员，由我担任班长。那时，北方久旱不雨，我们从塘沽港乘军舰到长岛时，当晚下了一场透雨，当地百姓说，北大学生给我们带来了及时雨，当地渔民还奖励我们每人一条油炸鲳鳊鱼。我们在军营里白天进行操练和打靶活动，晚上轮流站岗放哨，海军的张排长和齐连长几乎每天都来现场检查，并示范动作。在最后一次实弹射击时，每人打三颗子弹，我们班12人全部三发三中，被表彰为全优标兵红旗班。此外，我们组织了一次参观活动，参观岛上挖掘的坑道设施，据说这种坑道不仅可以防御敌人的狂轰滥炸，还可经得起核战争，使我们大开眼界。同时，还搞了一次军事演习，规定在不预先告知的某日的凌晨三四点钟，听到军号响起，要在一刻钟内起床拿起武器按班排连集合，急行军一二里进入阵地。在急行军中，路边不时有解放军实弹对天射击，在枪声和火光中，不少学生慌了手脚，有的把刺刀丢在路上，有的把步枪的机柄丢了，还有的女生把脚上的鞋子也弄丢了，有的吓得哭了起来。经过二十余天的野营活动，大家学到了很多东西，体会到当一个合格解放军战士实属不易。军事野营结束之时，长岛军分区举行了总结表彰大会，岛上的驻军和我们都列队入场，在总结颁奖之后，军分区司令胡征大校还向大家作了他参加二万五千里长征的报告。

从长山列岛回到北京，已是七月下旬，全国大跃进的形势已经形成，学校和各系实施大跃进的计划和措施已分别作出部署。历史系领导宣布，三、四年级分别去西北和西南地区，参加全国少数民族调查；一、二年级学生分别参加编写工、农、商、学、兵的历史，具体情况是二年级一班编写北京清河制呢厂厂史，二年级二班编写北京大学学生运动史，二年级三班(我所在的班)编写安源路矿工人运动史，一年级各班分别编写田村村史、天桥商场史、猛虎连史。没有参加编写项目的同学，或者下乡下厂宣传总路线，或者参加学校挖游泳池和大搞卫生等活动，这些同学后来都在学校里参加架起小高炉大炼钢铁的活动，而我们这些到全国各地采编历史的同学则没有经历校内大炼钢铁。总之,北大整个学校各种活动名目繁多,轰轰烈烈,热气腾腾,大家都处于半兴奋半惶惑的状态。

在编写工农兵历史的过程中,以《北京清河制呢厂厂史》编写组的工作最为顺利。因为这个厂就在北京近郊,且参加工作的人数较多,厂方和历史系领导都很重视这个项目。经过两个月的努力,他们就写出了初稿,经过修改,于1958年年底由北京出版社正式出版,系主任翦伯赞还为之写了序言,用大跃进时期流行的话来讲,这也算在历史学界"放了一颗卫星"。北大学生学运史和我所在的安源路矿工人史的编写组,在短期内作了许多调查访问,积累了许多有价值的资料,也写出了初稿,基本上按历史的本来面貌分章节编写成了一部正规的工人运动史。但当时有人提出,为了在工农大众中普及历史知识,主张改成一个故事串联起来成为一部史话,这样一折腾就拖延了时间。安源路矿工人运动史的调查写作过程,我打算以后单独再细致谈谈。一年级的学生所承担的几个项目,虽然都做了调查,但最终没有出成果。

应该说,1958年北大历史系提出到工农兵中去写工农兵历史的大方向是正确的,为了坚持和推行这个研究新方向,北京出版社责成北大历史系负责人许师谦担任主编,将各个编写组的实践过程和感想写出来,汇编成《到劳动人民中去写劳动人民的历史》一书,于1960年交由北京出版社出版发行,在当时的史学界被作为正面事例。

在大跃进时期,社会上普遍形成一种"敢想敢说敢干"的狂热,农村中流传出"人有多大胆,地有多大产"的口号,北大文科中,则表现为集体搞科研、短期高速出成果,是最引人注目的。1958年中文系55级学生用一个月的时间编出一部红色《中国文学史》,成为北大的标兵,在全国高校中引起轰动。历史系虽然搞了编写工农兵运动史的一些项目,但还没有像中文系这种影响大的拳头产品。于是,系领导提出我们也要搞大项目,在高年级中国古代史专业的学生中集体编写《中国农民战争史》。其他专业也有自己的项目,例如三年级近代史专业,提出编写一部《中华人民共和国史》,他们晚上还加班加点,抛纲引线

(即提出编写提纲和贯穿的思想红线),新华社著名记者李普还到现场进行鼓励。历史系最大一个项目,是历史专业六七十人一起参加编写的《马克思主义历史科学在中国的发展(1919—1958)》,经过几个月的日夜苦战,写出了四十余万字的初稿。这个项目又大又难,涉及的问题很复杂,虽然勉强凑出几十万字的文稿,但没有多少价值,实际上是一堆废纸。历史系好些个大项目的命运也是如此。

接下来讲反右倾。1959年8月,党中央在庐山召开八届八中全会,错误地批判彭德怀的"右倾机会主义",接着就层层进行反右倾,斗争主要在党内进行,火力之猛不下于1957年的反右。北大也不例外,这次反右倾斗争,北大又是重灾区。

1958年"大跃进"以来,在农村大办人民公社过程中出现了许多问题,浮夸风盛行,什么"人有多大胆,地有多大产",放高产卫星,越来越离奇,一亩地打出几万斤粮食;刮共产风,人民公社"一大二公",实行公社办食堂,吃饭不要钱的政策,大办养猪场,不准农民自己养猪。为了弄清实际情况,上面要北大成立一个调查组,由党委副书记邹鲁风负责,北大法律系总支书记马振民带领法律系部分教师和高年级一部分同学,前往河南省调查,称为"河南调查组"。

调查组按照实事求是的原则进行了多方面的考察,不仅调查了公社干部,更多地向社员群众了解情况,然后分专题写出了调查报告。报告认为,当地人民公社的"一大二公"实际上是"一平二调"。所谓"大",就是把原来一二百户的合作社,拼凑成数千户甚至数万户的人民公社,一般是一乡一社。所谓"公",就是将几十个、上百个经济条件、贫富水准不同的合作社合并起来,一切财产上交公社,在全社范围内统一核算、统一分配,造成原来的各个合作社之间完全平均,引起富队群众的不满,同时也把社员们的自留地、家畜、家禽、果树等全部收归公社,更是引起不满。至于大办公共集体食堂,吃饭不要钱的好现象,只是短期行为,一段时间后物资紧缺就办不下去了。至于大办养猪场,实际上因为饲料缺乏、管理不善,猪越养越瘦,死亡率很高。农村原有的小商小贩、集市贸易以致于家庭副业,都被视为"资本主义"的尾巴一律割掉。有些地方的公社干部头脑发热,准备两三年要“过渡到共产主义”,宣布“八包”、“十包”,对社员的衣食住行、生老病死、婚丧嫁娶的费用由公社供给,当然纯粹是空话。北大的调查报告出来后,被认为与彭德怀唱的是一个调子,所以就成为北大反右倾批判时的重点对象。

北大党委规定,参加这次反右倾整风运动的人员是十七级以上的干部和各系党总支委员,我当时虽然是历史系的学生,但因为是系党总支委员,所以也得参加。从10月下旬起,北大反右倾斗争正式开始,在第一次全体干部会议上,校党委第一书记陆平首先宣布“北大党委副书记邹鲁风畏罪自杀,同时被开除党籍”的决定,并说明邹鲁风领导的河南调查组,犯了否定大跃进,否定人民公社的“右倾机会主义”错误,必须进行彻底的批判和清算。顿时,整个会场的气氛十分紧张。接着他宣布,因为邹鲁风自杀,对于实际带领调查组的法律系总支书记马振民的错误也要进行批判。马振民是山东人,是个三八式的老八路、工农干部,为人极其诚朴,一贯坚持实事求是的作风。经过十天左右的重点批判,要他在大会上对自己所犯的错误认识表态,他说:“上面要我们去河南调查,有什么问题就反映什么问题,我们真是这样做的。我们的调查报告反映的是河南人民公社的实际情况,我到现在还不明白为什么犯了右倾机会主义的错误。”其实,后来人们通过各种渠道了解到河南人民公社化运动中确实出现了一系列严重问题,包括饿死人的问题,其中毛泽东在河南遂平县树立的全国典型、所谓的中华第一社的嵖岈山卫星人民公社也是如此,证明了北大河南调查组的同志根本没犯什么错误。

当时,北大校一级反右倾抓了河南调查组几个典型人物来批判,历史系则重点批判了系办公室主任吴维能和党内专家汪篯、田余庆。

吴维能1959年回老家南通过春节,发现由于大跃进统购农民粮食,搞吃饭不要钱,粮食消耗得很快,他父亲家里已经没有米面来蒸糕、蒸馒头(当地习惯农户过年总要蒸糕、蒸馒头),因此他的父亲就发牢骚:“现在过年,一年不如一年!”吴维能回校后,反映了家乡的这种情况,就被批判为反对大跃进,散布右倾机会主义言论,受到撤职处分。

汪篯先生在大跃进时期批评了一些年轻人不知道天高地厚,不知道科学研究的难度,动不动就要搞什么大项目,是一种浮夸风。另外他还发表了一点什么意见,我已经记不清了。总之,他的这些言论,在当时同样被批判为反对大跃进,不支持培养青年一代,只顾自己坐稳专家的位置,走白专道路。

田余庆先生在大跃进时期究竟有什么言论,我也全然不知,但当时有一位熟悉他的党员干部,揭发他有“野心”。田先生在一首诗中说过“儒林异代应知我”,被认为他一心想出人头地当专家,走白专道路。

由于白天教师有课,批判会都放在晚上进行。因为我是学生,不知底细,只是持续听了他们的自我检查和别人的批判言论。我印象最深的是有一次田余庆先生做检讨当场呕吐了,但是还要持续检讨,真令人痛心。北大这次反右倾,除了重点批判河南调查组外,各系主要批判的是党内专家。据我所知,哲学系党内专家汪子嵩、汤一介等都受到了批判,主要罪名也是走白专道路。所以,反右倾在北大各系的发展和大跃进倒没有重要的关系,实际上成了一次党内“拔白旗”运动,从1959年底持续到1960年初。

不久之后,就对这次反右倾搞甄别平反。历史系总支抽调我参加甄别平反的具体工作,北京大学党委组织部和北京市委组织部都来人向我说明了甄别原则:第一,凡是讲真话,实事求是反映情况的,一律平反;第二,在党的会议上或组织生活时发表的对党的政策不同意见被视为定案证据的,一律平反。经过我对历史系被批判对象的逐个认真核查,认为被批判和处分的依据都不能成立,后来都进行了平反。整个北大在反右倾中遭殃的人员后来也都得到甄别平反了,包括河南调查组副组长马振民,1962年还被提升为北大的总务长;参加河南调查组被批判被处分的学生也都得到了平反,如法律系56级有个党员学生史焕章被惩罚分配到西藏,落实政策后被调回华东政法学院当院长,后又调任上海市司法局长。

这次反右倾,应该说是党内生活的一次重大失误,将党内敢于实事求是说真话的人打成右倾机会主义分子,把党内的不同意见说成是阶级斗争,使得阶级斗争扩大化从党外蔓延到党内。同时,也严重破坏了党内民主生活,助长了个人专断、不讲真话、个人崇拜的恶性发展。而在高校中转变为批判党内专家的“拔白旗”,是对知识分子的又一次严重伤害。

三、调查安源工运史

1958年“大跃进”,北大历史系的一项重要工作,就是让各年级、各班级的学生去全国各地,选取工、农、兵、商等的案例来编纂历史。7月下旬,系领导指定我带领班上七八个同学组成编写组,奔赴江西萍乡,调查、编写安源路矿工人运动史。这是系里给我们二年级三班的任务。

我们先从孙毓棠、汪敬虞编辑的两部《中国近代工业史资料》中,搞清了汉冶萍公司创办的过程,因为“安源路矿”实际上就是清末张之洞、盛宣怀先后承办的汉冶萍公司的组成部分。该公司炼钢铁的煤来自江西萍乡的安源煤矿,通过萍乡到湖南株洲的株萍铁路将煤运出。当时安源路矿有一万多采煤工,有一千多铁路工人,是个大型的近代企业。中国共产党成立后,1921年11月即派李立三到安源去做工人运动的工作。到1922年9月,毛泽东、刘少奇、李立三亲自领导策动的安源路矿工人罢工取得胜利。从此,安源成为革命的摇篮,当时被称为“小莫斯科”,为中国革命培养和输送了大批干部,为中国民主革命的胜利做出了重要的贡献。

与安源工人合影,1958年

我们到达安源后,在矿党委的安排下,经过多方调查访问、查阅资料、下矿劳动,在三十天内日夜奋战,写出20万字左右的

在安源体验矿工生活，1958年

安源路矿工运史初稿，复写成三份，一份存矿党委，一份带回北京交给系领导，一份留在编写组以备修改。

在系里组织下，齐思和等教授评阅了我们的初稿，认为写得还不错，既有史料又有理论分析，章节安排恰当，文字也通畅。同时，我们在北京拜访曾在安源工作过的党政军要员、北京市委文教书记邓拓、《红旗》副总编邓力群，征求他们对编写安源工运史的指导性意见。他们对我们的初稿表示肯定，并提出了一些建议。

这时，系内部分领导主张我们应将初稿改写成《北京清河制呢厂史》那样的体裁，即以系统的历史故事串联成一部工运史，来增强通俗性和可读性。为此，我们又花两个月时间修改成所谓故事性的稿子，油印了二十多本，发往各单位征求意见。后来萍乡煤矿编辑出版了一本《红色的安源》，其中吸收了我们油印稿的不少成果。

根据各方面的意见，我们编写组经过反复讨论，认为牵涉中国革命许多重大问题的《安源路矿工运史》，还是应该以正规的历史学术体裁来编写。为了进一步充实有关资料，我们于1959年上半年第二次来到萍乡，住在矿务局招待所，经过三个月时间收集资料和调查访问，重新写成了一部从汉冶萍公司创办到1949年新中国成立的《安源路矿工人运动史》。这年秋天,我们带着调查访问和编写过程中发现的一些问题,在北京又访问了李立三同志。当我们准备进一步访问曾在安源工作过的肖劲光、王树声、王耀南等几位高级将领时,因为庐山会议彭德怀的问题,军委停止一切外来访问接待。同时因为北大的整风反右倾运动紧接着开始,编写安源工运史的工作就停顿下来了。

后来,我们编写组的同学在毕业前,把所有收集到的安源的资料经过整理,其中包括档案、报刊资料、我们访问的数十位安源出生或在安源工作过的干部和老工人的访问记录、编成的文稿,都上交给北大历史系资料室保存。其中特别重要的一件革命文物《安源路矿工人俱乐部工人补习学校教科书》,我们于1958年即献给中国革命博物馆保存。这些一手资料,为后来的研究者提供了依据和方便。

大三一整年,通过田野调查、口述采访、档案收集等手段编写出的《安源路矿工人运动史》虽然没有公开出版,但对我来说确实受到了一次重要的科研训练,使我比较深刻地认识到了安源路矿工人运动的几个重大特点,通过史实概括起来说:

第一,安源工人运动是中国共产党成立后,开辟工作最早也是最成功的地方。中国共产党一成立,便决定集中力量领导工人运动,"一大"会上通过了"劳动运动计划",毛泽东在"一大"会后就立即到安源去考察。我们去安源时,工人中流行着

讨论编写安源工运史,1958年

“直到1921年，忽然雾散见青天，有个能人毛润之，打从湖南来安源”的歌谣。1921年11月，李立三刚从法国回来，党就派他到安源去工作。李立三向我们回忆说：“我去安源时，毛主席曾指示，到那里去搞工人运动，一是要办平民教育，取得合法地位，二是要注意做‘红帮’的工作。”李立三到安源时，即带着湖南省平民教育会的介绍信，以四字体文言写成办平民教育的申请书，呈递给萍乡县县长。该县长是科举出身，见李立三的文言底子很好，马上批准了他的申请，并公开贴出布告帮他宣传。这样李立三很快在安源办起了工人夜校。工人夜校从补习文化开始，后来逐渐通过一些形象的比喻，启发工人的阶级觉悟和团结意识，接着又以“联络感情，涵养德性”为名，申请成立了安源工人俱乐部，以李立三、朱少连分任正、副主任。李立三通过工人夜校和俱乐部活动，在铁路工人和煤矿工人中发展了朱少连、周怀德、袁品高等三十多名党员，建立了党的基层组织。安源工人俱乐部也发展得很快。1922年9月，毛泽东第二次来安源时，看到李立三在安源路矿工人中的教育动员工作进展得很快，认为大罢工的条件已经成熟。邓中夏在《中国职工运动史》中指出，在党成立之初，各地开辟工人运动，大多通过举办工人夜校入手，但像安源路矿工人运动开展得这么迅速而成功者，却是罕见的。

第二，中共的正确决策是1922年安源大罢工取得全面胜利的重要保证。由于路矿当局拖欠了工人几个月的工资，以及对工人俱乐部的压制，激怒了工人的情绪，李立三等人遂决定在1922年9月14日策动工人罢工。在罢工前，毛泽东给李立三写了一封信，指示在罢工斗争中要取得社会同情，以“哀兵必胜”的道理说明罢工时的口号一定要“哀而动人”。这时，刘少奇也来到安源，与李立三共同领导这次大罢工。他们与工人骨干商定，罢工时所有矿区路段的工人一律不能上班，劝说工人待在家里和宿舍里，并组织工人纠察队维持秩序，防止一切破坏活动。1959年我访问李立三时，他亲口告诉我：“安源的工作，有个不大被人所知的事，就是我们做了红帮的工作。因为萍乡这一带哥老会、红帮的势力一向很大，1906年著名的萍浏醴起义主要就是红帮（洪江会）发动起来的，参加起义的除了浏阳、醴陵的农民外，安源路矿工人是萍乡起义的主力。早在那个时候,矿上万余工人大多参加红帮,各矿区的把头势力很大,都由红帮控制。工人进矿、处罚、解雇,都有红帮把头操纵;安源街头的赌场、酒店、鸦片馆、妓院,也被红帮控制。大罢工前,安源的红帮头子是矿上的顾问,包工头大多是其徒弟,矿上的资本家与他交好,利用他来压制工人,他们以'讲义气'、'保护穷人'、'为穷人谋幸福'等口号欺骗工人。经过我们的争取、教育,不仅让很多红帮成员加入了工人俱乐部,还让一些小头目入了党。但是我们也担心红帮最后会破坏罢工斗争,所以刘少奇同志要我找两个受我们影响的红帮小头目,带我去见红帮头子。我买了一点礼物就去了。红帮头子见我去很高兴,称我为李主任(我是工人俱乐部的主任)。喝完鸡血酒(我带去一只鸡、一瓶酒),我就说我们准备策动罢工了,又讲了一下罢工是为了给穷兄弟谋幸福,是为了保护穷人的道理,希望他讲义气,多帮忙,他拍着胸脯说一定会帮忙。我随即给他提出罢工期间的三个要求,第一是鸦片馆关门,第二是街上赌摊收起来,第三是不能发生抢劫案。他又拍了三下胸脯说,第一点我包了,第二点我也包了,第三点我也包了,并将第一、第二点写到布告上。罢工期间,这三点果然都实现了。"

这次大罢工持续了五天,安源矿上和街上都贴出了"从前是牛马,现在要做人"的口号,获得了社会的广泛同情。大罢工提出了增加工资、改善工作条件、改革劳动契约制度、承认和支持工人俱乐部等十三条要求,最终由刘少奇出面与路矿当局谈判,结果对方全部接受十三条要求,大罢工取得全面胜利。安源大罢工的胜利不仅表现了工人阶级的力量,同时也表明党和毛泽东同志提出的正确策略是取得大罢工胜利的重要保证,其中特别是做好帮会工作、扫除帮会障碍,这是党策动工人运动的一个重要策略。

第三,安源是中共革命的摇篮,培养和输送了大批干部和有生力量,在农村包围城市、工农武装割据的革命斗争中,在为中国人民的解放事业的长期斗争中,作出了巨大的贡献。1922年安源大罢工取得胜利后不久,李立三就离开了安源,去武汉、上海等地从事工人运动,由刘少奇在安源继续工作了三年。在此期间,安源的党组织得到了很大的发展,到1924年安源路矿已有200

名党员，占全国党员人数的五分之一。安源工人俱乐部也迅速发展，安源一度被称为“小莫斯科”，拥有七所工人夜校，到1925年有1500名工人、2000名儿童接受过马列主义和政治文化教育。1925年刘少奇离开安源后，就由另一个从苏联学习回来的安源矿工刘长炎（1923年在安源入党）接任安源路矿党的书记，他不仅做工人工作，而且在株萍铁路沿线建立起萍乡县第一个农会。在大革命时期，以蒋先云、周怀德为首的一批工人到广州黄埔军校和农民运动讲习所学习，后来他们带领很多安源工人参加北伐的国民革命军。北伐军中称为“铁军”的叶挺部队，约有三分之二的人来自安源工人，他们中有很多人是经过黄埔军校训练的，有良好的战斗力。在此期间，安源工人谢怀德回到他的家乡衡山县建立了湖南的第一个农会。到1926年5月，据有关报告，湖南每个县的农民运动的主要组织都是安源路矿工人主持的。湖南农民运动迅速发展，扩展到129个县，拥有20万农会会员，成为大革命时期全国农民运动最为兴盛的一个省。所以，安源路矿工人在大革命的“农运”中扮演了非常重要的角色。

国共分裂后，中共发动了秋收起义。秋收起义首先从安源开始，由安源出身的工人指挥了1400名农民武装队伍，构成了秋收起义的核心力量。1927年9月秋收起义失败后，毛泽东上了井冈山，走上了工农武装割据、农村包围城市的道路。应毛泽东和朱德的请求，湖南省委又将数百名安源工人输送到井冈山参加红军，成为红军的新鲜血液和骨干力量，迅速被吸收入党，成为红军的班、排、连甚至指导员和政委级的干部。1930年，毛泽东、朱德、彭德怀带着红军四次到安源，安源工人为他们修理和补充武器，路矿的机械店成了红军的军火库。同时又有当地三千名工人加入红军，到长征前红军已扩展到十万人。红军中的安源工人组建过爆破队，在攻城时通过挖地壕再用炸药炸开城墙根，以后的解放军工程兵部队就是在此基础上发展起来的，工程兵司令本人原本就是安源矿工。在井冈山时期，安源党组织还是井冈山革命根据地与上海党中央以及其他革命根据地之间秘密联络的枢纽和中转站，上海中央机关和井冈山的文件互送都通过安源党组织。

1933年以后安源处于白色恐怖之下，党组织受到破坏。1938年，已经在陕北安定下来的刘少奇派袁学之回到安源恢复和重建党组织，党员发展到了一百多人，在支援新四军、游击队抗击江南地区日寇的过程中发挥了重要作用。在解放战争时期，安源地下党和路矿当局进行针锋相对的斗争。大军南渡之后，他们为保护路矿财产也做了很多努力。1949年7月25日，解放军到达安源。新中国成立以后，中国人民解放军在首次授军衔时，肖劲光、王树声两位大将，另外还有其他十位将军都来自安源。王树声大将和王耀南中将还是父子关系，前者为安源路矿一个矿井的党支部书记，后者8岁进矿工作，16岁参加秋收起义加入了红军。

从以上讲的这些来看，安源路矿在整个民主革命过程中，不断为中共培养和输送了大批干部，为中国人民的解放事业进行了可歌可泣的斗争，做出了巨大贡献，这在中国工人运动史上是无可比拟的。

四、承担留学生工作

北大是新中国成立后最早接收外国留学生，而且是接收量最大的一所高校。当我们刚进北大时，全校每年大约有三百名留学生，主要来自社会主义国家，也有少数来自亚洲、中东、北欧的友好国家，还有少数来自非洲的学生。占主流的，是苏联、东德、波兰、罗马尼亚、保加利亚、蒙古、朝鲜、越南等国的学生，其中越南学生最多，我们历史系56级学生中就有八九个。按照越共胡志明主席的指示，越南的学生党员要参加中国学生党组织生活，我们班上的两名越共学生就和我们一起过组织生活。在一年级的时候，由于我担任班长，在学习方面和中外学生联谊活动方面与外国留学生接触往来较多，关系也比较融洽。

与越南同学(左一)在长城合影，1956年

1957年我们大一下学期反右运动时，特别是在1958年大跃进开始进行教育革命时，学校经常停课闹革命，引起留学生的不满。他们反应

很激烈,有的同学对我说:“你们这样搞教育革命,我们很不理解!”有的带着激愤的情绪说:“你们停课闹革命,不应该影响我们的学业,为什么要我们跟着你们不上课、不学习?”我把这些意见及时向系领导和校留学生办公室作了反映,请他们妥善处理。

在一次系党政领导联席会上,讨论了留学生工作。系领导认为,历史系有三四十名留学生,来自不同国家,面临我国大跃进和教育革命的复杂形势,他们不理解、闹意见,是正常的,我们应该设身处地地去做好工作。现在我们应该确定一名同志,专门负责做好这项工作。总支书记许师谦当场提议:“我考虑这项工作可以由蔡少卿来担任,他虽然还是学生,但他是系总支委员(1959年我被选为系党总支委员,负责宣传工作),而且他不是一般的学生,而是有一定工作经验的调干生,落落大方,凭他的能力,我认为是可以做好这个工作的。他过去向系里反映留学生的一些意见,是很重要也是很及时的。可见,他和系里的留学生并不陌生,我想他除了总支的宣传工作,应该重点做好留学生工作,如果遇到什么困难,系领导会帮助解决,不知道大家的意见如何?”在场的各位领导一致表示赞成。在这种无法推脱的情况下,我只得表示愿意在领导的关怀和帮助下,尽力做好这个工作。接着,负责教学工作的副系主任周一良教授在全系留学生会议上宣布由我担任留学生工作秘书,今后大家有什么意见和要求,可以直接跟他联系。在场的留学生都鼓掌表示欢迎。这样,我就正式地和留学生工作打上了交道。

留学生来中国的根本目的是求学,我们搞大跃进、搞教育革命,动不动就下乡下厂劳动,停课闹革命,影响他们的学习,他们有意见、发牢骚,是合理的。实际上中国学生也有意见,只是不敢公开表达而已。因此我首先向系领导提出,在中国学生停课时,留学生不能停课,安排教师按教学计划照常上课。这一条立即获得周一良先生的允诺,保证安排教师给留学生上课,即使只有几个学生,哪怕只有一个学生,也要安排到对口的老师。其次,系内当时还有几个在本国已经获得学位,来中国进行专门研究的高级进修生,都安排对口的指导老师,便于他们的研究及时得到指导。例如,波兰的一位进修生顾哲,在波兰国内已经担任大学讲师，专门来北大研究明史，我和周一良先生商定，请吴晗来担任其导师。那时候吴晗已经担任北京市副市长，我先请周先生电话与吴晗先生联系，然后我又带着北大“留办”(留学生工作办公室)的介绍信去吴晗的市长办公室，向他汇报这位波兰进修生的情况。吴晗满口答应，愿意担任指导老师，并商定下次的见面时间。到了约定时间，我带着顾哲去吴晗市长办公室拜访，他们交流研究课题和计划，并定下以后见面的时间。回校后，顾哲表示非常满意，也很感谢。另外，我请系内给每个留学生配备学生辅导员，这样不仅可以在学习上做一些辅导，还可以交朋友，及时反映留学生的意见和要求。我通过系领导采取以上三个措施后，在相当长的一段时间里，历史系留学生的学习走上了正轨，情绪也稳定了下来。

1960年5月，我提前一年毕业留系工作。当年7月，北大组织部分留学生去东北三省旅游，校留办负责人柯高同志要我和他一起带队前往。柯高是一个老革命，曾在广东省东江纵队工作过，也上过西南联大，在北大留办工作期间，他为人爽直、经验丰富，跟他一起带留学生去旅行，我很高兴。参加这次旅行的有来自越南、罗马尼亚、尼泊尔、印尼、埃及、伊拉克、瑞典等七八个国家的学生约四十多人。在整个旅行过程中，作为柯高同志的助手，我负责上下车清点人数、登记旅途中各人的餐饮，到达旅游站点后，配合旅行社的同志安排和调整住宿的房间，宣布作息时间，并配合当地的领队带领他们参观游览。为了活跃旅途生活，在列车车厢和旅游大巴内，我倡导和指挥留学生唱歌跳舞。这次旅行，我们不仅游览观赏了东北各地的名胜古迹、山水风景，还参观了鞍钢、抚顺煤矿等大型工矿企业，以及大连旅顺的军用海港，有时晚上还有杂技团、歌舞团的表演。一个月的旅游生活，大家过得十分愉快，途中没有发生一点问题。

回校以后，柯高同志向留办主任和历史系总支书记汇报了我在这次旅游中的表现，大力表扬了我的工作能力。就在这年8月，我接到了校长陆平任命我为北大留学生工作秘书的任命状，这时候我才意识到柯高要我跟他带领学生去东北旅行，实际上是为了考察我，以便把我调到留办工作。虽然几经协商，历史系还是坚持要把我留在系里任教，兼做留学生秘书。为了避免与校方争执，系领导决定我在这年9月带领历史系12名教师，去昌平山区劳动锻炼一年。这一年正是大跃进后的饥荒时期，具体情况我在以后单独叙说。

我被学校正式任命为留学生秘书时，正值中苏关系破裂之际，留学生工作因而面临着新的情况和问题。那时，我国驻苏联大使馆原文化参赞黄一然回国，在北大担任副校长，主管外事工作。他很重视留学生的工作，认为一个国家接收留学生的数量和工作开展的好坏，会影响其国际地位和国际声望。他举例说，在美国、苏联等大国，留学生都在十万人以上，而在我国的留学生只有千把人，差距很大；要分门别类，努力做好现有留学生的工作，扩大影响，争取更多的外国留学生来华求学。我们采取的方针是，对苏联和某些社会主义国家的学生，只要他们在意识形态方面不主动挑起事端，我们就不与其争论，而在学业方面一如既往地帮助其解决困难，完成学业。

1960年我正式参加工作时，历史系的苏联留学生较多。我首先遇到的一个问题是，原来与我同年级的苏联学生刘克甫，某天突然很严肃地问我，他爱人（中国人）工作单位学习“三篇文章”时不要她参加，这是为什么？所谓“三篇文章”，就是1960年4月《红旗》杂志发表的《列宁主义万岁》、《人民日报》发表的《沿着伟大列宁的道路前进》、陆定一在纪念列宁诞辰大会上作的《在列宁的革命旗帜下团结起来》的报告。这三篇文章合为一本小册子，题为《列宁主义万岁》，被印制成中、俄、英、日、法等各国语言发行，是中苏两党就修正主义问题论战的重要文章，也是当时中国党政机关、学校等单位必须学习的政治文件。刘克甫的爱人原在解放军总政歌舞团工作，五十年代总政歌舞团赴苏联演出时，刘克甫充当翻译，与他相识相爱。1956年刘克甫来北大留学时，两人结为夫妻，后来她转业在北京某单位工作。刘克甫提出这个问题后，我立即向北大留办反映，经北大出面联络该单位后，得到了妥善处置。刘克甫情绪归于稳定，非常刻苦地参加考古队的发掘工作，回国后很快成为苏联著名的考古学家。

1961年以后，北大历史系近代史专业连续来了两位从事专题研究的苏联高级进修生，一位是列宁格勒大学（今圣彼得堡大学）的诺维科夫，1962—1963年师从邵循正教授研究中国秘密社会；另一位是苏联亚洲研究所的邱达捷耶夫，1963—1964年师从邵循正教授研究中国的立宪派。那时，我已经是邵先生的助手，所以邵先生责成我辅导他们。在辅导过程中，我们彼此心照不宣，不谈政治，只谈学术研究。诺维科夫主要研究天地会的问题，我尽量帮他在北大图书馆和北京图书馆寻找有关资料，并定时会面，多次讨论了天地会的源流、天地会与林爽文起义的关系等问题。他回国以后，不多年就成为苏联研究中国秘密社会的专家，并在国际学术会议上发表相关论文。邱达捷耶夫是苏联著名的中国近代史专家齐赫文斯基的研究生，他在国内对中国立宪派的问题已经有过一番研究，来北大主要搜集一些在苏联见不到的资料，包括立宪派人物的日记等等。我们首先请北京图书馆读者服务部为他开列了一套北图馆藏的立宪派的资料目录，让他随时去查阅。我另外重点帮助他读懂《张謇日

1956年秋在北京八达岭长城与历史系同学合影。最后一排右二戴帽者为苏联留学生刘克甫，右三为苏联留学生捷任亚，右四为作者。中排左二为越南学生、越共党员叶庭花。

记》,因为《张謇日记》当时只有影印本,既无标点,字体多为行草,即使中国学生也不易辨认清楚,何况是一个外国学生。因此,我差不多每周去辅导他一次阅读这本日记。他回国后顺利地完成了学位论文,到八十年代已经成为著名的中国近代史专家。

在此期间,还有两个社会主义国家的学生,即罗马尼亚的安奇和保加利亚的季华从北大历史系毕业。他们非常重视每门功课的成绩,公开给我讲,课程分数对他们回国的前途非常重要。有一门课的考试,老师给其中一位同学打了4分(满分5分),他跟我争执得很厉害,说这样会影响他的前途。我领会了他的意图,就去找任课老师商量,看能不能在可宽可紧、不伤原则的情况下给予照顾,结果老师改成了5分,他非常高兴。这两名学生都以全优的成绩回国,后来我在报上看到,他俩后来都成了驻华使馆的官员。

在历史系有两位泰国友好团体派来的留学生蔡賛和披实,我亲自辅导他们的学习,并且指导他们的毕业论文。毕业时,北大副校长、历史系前主任翦伯赞教授和有关领导,还专门接见和欢送了他们。后来他们在北京的常驻机构任职,为中泰友谊做了很多工作。

1963年,陪同翦伯赞先生(左三)接见、欢送泰国留学生。左一为历史系总支书记许师谦,右二为作者。

在我担任留学生秘书期间,接触最多、感情最融洽、联系时间最长的是东德的费路同学。他18岁来华,先学习汉语,1956年进入北大历史系,与我同一个年级。他的汉语讲得非常流利，而且学习成绩优异。1958年教育革命时，全体学生停课闹革命，他心直口快，是意见最大的留学生，实际上他的批评大多是正确的。他的毕业论文方向是康梁与戊戌变法。我为他安排了指导老师，他也拿到了优秀的成绩。他笑着对我说："你是我们留学生的贴心人。"他回到东德后一直被政府重用，当上了洪堡大学的教授。上世纪八十年代，东德共产党总书记昂纳克访华，他担任翻译。几年后柏林墙倒塌，德国统一，他与几个德共党员连续几天几夜开会，讨论是否退党。费路因为过度紧张和疲劳，得了心脏病。德共垮台时，他差点失业，多亏了北大、南大几位教授给他出具函件，证明他是一个研究中国历史的优秀专家，才得以保存他在洪堡大学的教职。后来他多次来华访问，参加学术会议，跟我会面，仍然十分亲切。2001年，他因为心脏病发作而不幸去世。

与北大老同学德国费路教授合影，1998年

在文革以前，北大还有一些身份特殊的留学生，比如柬埔寨西哈努克亲王的儿子、日本友好人士西园寺公一的儿子、澳大利亚共产党总书记希尔的女儿、新西兰共产党政治局委员双穆嘉塔桑的女儿等。根据他们的需要，除了学习专业课外，北大特别安排一些教师给他们小范围或单人开设一些专题课，我也曾为他们做过几次中国革命史的专题讲座。

文革动乱开始后，留学生大多回国，我的留学生工作大大减少。

五、下放昌平农村

从1958年开始，作为"教育革命"的一项措施，北大规定除了年老有病的老师外，其他老师都要轮流到农村劳动锻炼一年。1960年以前，北大教师都是轮流去北京门头沟区斋堂农村劳动。到1960年我们下乡劳动时，又改换到昌平县十三陵公社。这年9月，历史系决定，我在内的12人一行到十三陵公社黑山寨管理区辛庄大队劳动一年。

十三陵公社的范围很大，囊括了明朝十三个皇帝的陵墓群、十三陵水库以及与之相连接的山区和平原，方圆约有二三十里。我们所在的黑山寨辛庄村，从明成祖的长陵起步，翻山越岭，要走二十多里崎岖的山路才能到达，当地百姓的主要交通工具是小毛驴。

辛庄村坐落在黑山寨的一片低洼地区，东西横亘约有四五百米，全村有154户人家，公社化以后，这个村就成了一个生产大队。这个村原本是一个比较富裕的山村，村前有一大片较为平坦的土地和山坡地，可以种植玉米、麦子、白薯、稻谷和各种杂豆，村民的粮食基本自给自足。村后则是大片的丘陵、山岗地带，种植着栗子、核桃、杏、枣等各种果树，每年出产大量的干果外销。但是自1958年大跃进以来，人民公社化运动中刮起"一平二调"风，对农业生产造成严重的破坏，辛庄生产队的农业生产和农民生活也受到了严重的影响。因此，我们在这儿的一年既要参加劳动生产，也是代表上级来落实党在农村的一些纠"左"政策。

我们进村的时候，正是秋收大忙季节。在收栗子、打核桃、刨白薯、掰老玉米等劳动的时候，都会听到老乡们说，我们这个地方在单干和合作社时期，大伙儿的生活还是不错的，都能吃饱肚子，不用挨饿，各户还有栗子、核桃、果品吃。自打1958年大跃进搞人民公社以来，生活就没治了(意思是越来越差了)。公社干部还来说，马上就要实行共产主义了，结果是把我们打下的粮食和果品都缴公，连各户养的小鸡都收走了。如果哪家不交或私藏，干部就要去搜，强迫你交出，结果搞得我们没粮食吃。食堂实行"瓜菜带"(意思是饭食里掺杂野菜、树叶等)，也填不饱肚子！干部还胡说"楼上楼下，电灯电话，饭后一个西瓜"，真他妈背信(意思是倒霉)。还有人诉说，58年大跃进，搞大炼钢铁，干部把我们的铁门、窗户架子、锅盆、火筷子都弄到山外去炼钢铁，还在我们山上山下砍树，连同我们的好劳动力都调去炼钢去了，粮食白薯都收不上来，在地里烂掉不少,这不是胡来?搞得我们没有饭吃,还有什么力气干活?有的老乡还把腿伸出来给我们看,因为吃不饱都得浮肿病了。这使我们了解到,大跃进和人民公社化运动造成的饥荒已经不是个别地方的现象了。

就在我们刚刚去昌平的1960年秋天,为了挽救大跃进造成的严重困难,中共中央提出了"调整、巩固、充实、提高"的八字方针,同时发出了《关于农村人民公社当前政策问题的经济指示信》(即"十二条"),并开始部署整风整社,以肃清公社化运动中出现的"五风"(共产风、浮夸风、强迫命令风、生产瞎指挥风、干部特殊化风)。11月秋收刚结束,我们来辛庄的12个老师也都参与宣传"十二条",帮助落实党在农村的有关政策。由上级安排,我作为北京市委下派的工作组成员,充任辛庄生产大队的工作组长,兼党支部书记。原来的大队长和支部书记继续主持工作,我只是协助贯彻落实"十二条"政策。另外,还安排两位老师分别任两个生产队队长,协助原队长落实政策。

作者在北京昌平宣讲"农村12条",1960年

"十二条"一开头就批判"一平二调"的"共产风"是违反政策的,必须坚决反对,彻底纠正。这首先得到了社员群众的拥护,有的社员群众在会上就把刮"共产风"的公社干部骂开了,说这些干部为了拿我们的粮食财物,就来瞎说八道,什么"吃饭不要钱",什么"楼上楼下,电灯电话,饭后一个西瓜",全是蒙骗我们的胡话!我们上当受骗,搞得饭都吃不上,以后他们再来胡说八道,就给他吃耳光,打他个狗扒屎!

"十二条"着重规定了当时农村中迫切需要解决的问题。一是公社实行三级所有、队为基础,加强和坚持生产队的基本所有制,这是解决穷队和富队之间生产生活被平均化的关键。二是公社成立以来,向公社、生产队和社员个人平调的财物必须坚决退还,这一条大家虽然很拥护,但实际上很难做到。我们在生产队挨家挨户登记调查被调走的财物,有的社员家里的铁门被拿走,烧成了铁水铁疙瘩,有的社员家里的小鸡收走后被食堂做成了伙食,这些根本没法退还，而且公社里、县里也没有多少钱，也退不起。社员群众说，让我们心里出口气也值得，让那些搞平调的人知道以后不能干这种缺德的事了。三是允许社员经营少量自留地和家庭副业。这一条最受社员群众欢迎，他们听过宣讲后，立即行动起来，上山开荒。四是少扣多分，按劳分配，尽力做到让九成社员增加收入。五是安排好粮食，办好食堂。对这一条社员议论纷纷，认为公家的粮食管理有问题，食堂办得不好，克扣粮食，大多数社员坚持把粮食分到各户，自家开伙，不吃食堂。除了这五点，“十二条”的其他内容如节约劳动力、加强生产第一线、恢复农村集市贸易等，大家都很赞成。

“十二条”宣讲和贯彻不久，中央又下达“六十条”，即《农村人民公社工作条例》，其中除了“十二条”的内容外，当地社员群众最关心的有：公社规模偏大，应当缩小，黑山寨原来是十三陵公社的一个管理站，很快就分离出来，单独成为一个公社，管辖七八个生产大队（村）；进一步纠正生产队与生产队、社员与社员之间在分配上的平均主义；实行粮食分配到户，根据群众自愿，可以停办、不办公共食堂。这最后一点辛庄村社员特别赞成，当时经群众揭发，辛庄大队成立了专案组，查明确实有人盗窃食堂的粮食，并决定立即停办公共食堂，把库存粮食分配到户；我们来参加劳动的教师也自己开伙，不吃公共食堂；进一步明确规定，社员可以经营家庭副业，耕种由公社分配的自留地，并长期归社员家庭使用。社员们说：“这下我们就吃了定心丸，干活更有劲儿了。”

农村劳动归来，1960年

1960年是最艰难的一年，我们和社员群众差不多吃过七八种野菜和树叶，其中吃的最多的是杏树叶和白薯叶，还不算难吃。根据当地老乡的吃法，可以将杏树叶掺在玉米稀饭里煮，或是掺在窝头里蒸。我们自己开伙，一天吃两顿，早上是窝头咸菜，早饭后每人带一个很小的窝头上山，以备中午充饥，晚上吃玉米稀饭。在寒冬季节，由于热量不够，我们都不搞重体力劳动，男老师一般是上山打柴、摘杏叶，或者帮老乡刨山坡地。两位女老师则安排在村办的幼儿园当老师，屋里有热炕和炉子，以免受冻生病。雨雪天气时，我们就开会学习,或者到老乡家串门。整个冬天,我们都是在饥寒交迫的状态下熬过的。有的老师因为靠喝水充饥,一夜要起身小便数次。有的年长老师,说自己的胡子都已经不长了。有的老师在山上见到老乡刨老鼠仓(老鼠为了越冬,会将地上的栗子枣子搬到洞里,刨到一个仓里能有二三十斤栗子和枣子),也眼红,也四处寻找,但又找不到老鼠仓,偶然在地上捡到几颗红枣也很高兴,可以解馋充饥,这就是那个年代"人与老鼠争粮"的一幕。幸运的是,我们老师都没有人得大病。

这年冬天,各公社都进行整风整社,肃清干部的"五风"问题,我也参加过黑山寨公社干部的几次整风会。干部们各自对大跃进以来所犯的刮共产风、浮夸风、强迫命令风、瞎指挥风和特殊化风做了自我检查,互相揭发和批评。我印象最深的是这个公社一个姓刘的副书记,作风粗暴,官气十足,下村下队,总要人请他喝酒吃饭。困难时期,商店没有酒卖,他竟私自把公社里保存的治病用作"药引子"的两瓶白酒也喝掉了,被揭发出来后引起公愤,大家批评和责骂他:作为公社的领导干部,不顾社员群众的死活,馋得把治病用的"救命酒"都喝光了,还算什么公社干部,你还是个人吗?通过这些典型事例的批判,干部们都表示要坚决肃清五风,把来年的生产搞好,把公社各项事业办好。

经过冬天的整风整社、贯彻落实农业"十二条"和"六十条",1961年开春时,从黑山寨公社到辛庄大队都气象一新,干部和社员群众的面貌大为改观,春耕生产的积极性特别高涨,连80来岁的老汉都来田头帮忙挑水、栽白薯。干部们也多到地里劳动,并听取社员的意见。我们在这种情景的感召下,积极参加春耕,盼望有个好收成。老天爷还真帮忙,春夏之间,连续下了几场透雨,无论麦子还是其他庄稼以至山上的果树都长得很好。这年秋天,我们来黑山寨也满一年了,生产队集体地和社员自留地都获得了大丰收,我们也与老乡们一同度过了生活的难关,建立了深厚的感情。当我们准备离村回北大时,全村农民举家老小都来村口送我们,大家与老乡们告别时,热泪盈眶,久久说不出话来。后来,大队为了感谢我们这一年的辛苦,让两个生产队各派一头毛驴,驮了两百多斤的栗子,由村干部带到北大来送给我们。

第四章　北大十二年(下)

一、师徒“对号入座”

1961年9月,我结束了在昌平县黑山寨公社辛庄大队为期一年的下放劳动,回到了北大。那时,中央对知识分子的政策正在调整转变。在广州会议上,周恩来总理、陈毅副总理有“脱帽加冕”的讲话,意思是对知识分子要脱去资产阶级的帽子,加上劳动人民知识分子的冠冕。这番讲话如一阵和煦春风,吹到了知识分子的心坎里。北大开始贯彻讲话精神,实行师徒“对号入座”,即选择一批青年教师,投到一些学有专长的著名教授门下,作为他们的学术助手,进行专业培养。历史系的党政领导要我去当邵循正教授的助手,并对我说:“邵先生是左派教授,是国内数一数二的中国近代史专家,也是中国三大元史专家之一,你跟他去学近代史,必须像陈毅总理说的那样,恭恭敬敬地跟他学,要从端茶送水做起。”

我对邵先生早已仰慕,据一些学长介绍,邵师1909年出生于福州一个书香门第的官宦之家,他的祖父邵积诚是进士出身,曾任贵州巡抚。他的外祖父陈宝瑨、外祖叔公陈宝琛兄弟俩都是进士出身,陈宝琛还是宣统帝师。他从小就受到良好的文化教育,1926年十七岁时考入清华大学政治系,1930年在清华上研究院改学历史。他的硕士论文《中法越南关系始末》被选刊于清华研究院毕业论文丛刊,是他的成名之作。1934年他由清华大学历史系的老师蒋廷黻派往法国留学,在巴黎法兰西学院师从伯希和研究蒙古史,学习了波斯文;后又转入德国柏林大学研究蒙古史一年有余。1936年回国后,他先后在清华大学、西南联大任教,讲授蒙古史、波斯文、中国近代史,1945年再次受邀应聘为英国牛津大学访问教授,与陈寅恪等赴英国讲学。1946年回国直到解放后,他一直是清华大学历史系的教授,并在1950年兼任历史系主任。1952年院系调整后,清华文科各系与北大合并,邵先生从此在北大历史系任教授,兼任中国科学院近代史研究所研究员与史料编辑室主任等职。

邵先生是一位学贯中西、博古通今、谦和诚朴、十分严谨的学者,懂得英语、法语、德语、俄语、意大利语以及波斯文、蒙古文、突厥文、女真文和满文等十多种语言文字。他平时少于言谈,每有所发,必具真知灼见。他在史学研究中颇具宏观眼光,论著主旨分明,自成格调,是一位闻名国内外的史学家和教育家。

系领导让我跟从邵师学习,真是使我喜出望外。邵先生对我也有一定的了解,经过系领导的引荐,他也非常乐意当我的导师。我刚到他门下,他就强调:“要打好基础,根深才能叶茂。”并说:“无论读书和写文章,都要有自己的见解。梁启超当年在清华任教,学生考试,即使把笔记讲义背得烂熟,若无自己的见解,最多只给六十分。”

按照邵师的要求,我自己打量了一下,在大学本科期间,虽然我学习比较用功,但由于接二连三政治运动的影响,从反右、双反到大跃进、反右倾到下乡劳动,前前后后严重耽误课上课下的专业学习,读书甚少,基础薄弱,基本上是一碗“夹生饭”。为了能正常进行学术研究,我必须加紧补课。按照邵先生的意见,我先听张寄谦先生讲的中国近代史基础课和陈庆华先生讲的近现代史史料学,并随课程大量阅读相关的参考书。与此同时,我还跟张芝联、高望之两位先生进修英语。当时,我每周都要去邵先生家里一两次,一面向他汇报我的学习情况,一面看望他的健康状况,并问他有什么事情(如抄写文稿、借书还书等等)要我帮忙做。有一次,我在他家提到张芝联先生用的英语教材是英国麦考莱(Macaulay)的著作,他立即从书架上取出这本书,朗读了其中一段,告诉我说麦考莱的文采很好,并指出了书中的一些对仗句,要我留意。邵先生的英语之流利和他对名著如此熟悉,真使我大吃一惊,促使我要更加努力学好英语。

邵先生研究中国近代史的领域也很广很深,重点在中外关系和中国资产阶级问题。在中外关系方面,他在上世纪三十年代所写的《中法越南关系始末》是代表作,非常有名,至今仍然为学术界所推崇,2000年河北教育出版社将之列入"二十世纪中国史学名著"重新出版,2002年还有第二次印刷。解放后,邵先生发表了多篇涉及中外关系的论文,如《美国侵华的路线和作风》、《所谓"门户开放"和"领土完整"》、《西沙群岛是中国的领土》、《我国南沙群岛的主权不容侵犯》等,其中论述西沙和南沙群岛主权的两篇论文,连续发表在1956年6月、7月的《人民日报》上,至今仍然有重要的现实意义。1954年,他在《历史研究》发表的《辛亥革命前五十年间外国侵略者和中国买办化军阀、官僚势力的关系》一文,对我学习中外关系史的影响最深。邵师将它的抽印本送给我,经过反复阅读,我觉得他对五十年的中外关系认识上,纵横交错,架构清晰,分析独到深刻。后来我发现,范文澜在他修改后的《中国近代史》一书中,也引用了这篇文章的论点,并在括弧中注明"邵循正语"。那时,邵先生还热情指导着近代史研究所丁名楠、余绳武、张振鹍等撰写《帝国主义侵华史》,此书的第一卷出版不久,邵师即嘱咐我认真阅读。

1962—1964年,邵先生在北大历史系为高年级学生、研究生、青年教师开设了"洋务派与中国资本主义发展的关系"和"晚清政治问题研究"两门研究性课程。他以连载在《新建设》杂志和《光明日报》上的《洋务运动和中国资本主义发展的关系问题——从募集商人资金到官僚私人企业》、《关于洋务派民用企业的性质和道路——论官商督办》和《论郑观应》三篇论文为主讲线索,来讨论中国近代资本主义的发展和中国资产阶级的不同阶层及其特性。同时,他还请来近代史研究所著名专家严中平、汪敬虞就相关问题作讲演,进行探讨和商榷。

在"洋务派与中国资本主义发展的关系"这门课上,邵先生对李鸿章、张之洞、盛宣怀等做了重点介绍,尤其对当时研究极少但在买办官僚势力中极为重要的盛宣怀作了深入的讨论。他围绕官商督办问题,剖析了洋务运动的发展方向及其与中国资本主义发展的关系。他对一批与洋务派有关系的重要人物,如唐廷枢、徐润特别是郑观应的作用十分注意,尤其是对郑观应作了比较全面深入的研究。郑观应既出生于买办,何以能代表民族资产阶级?他既长期替洋务派服务,何以又与洋务派分道扬镳?他既在甲午战后身为维新派主张变法,何以又在后来思想日趋保守,直到二十世纪头十年中走向萎靡堕落?他的《盛世危言》一书何以对于进步的知识分子仍然起着提供寻找真理的桥梁作用?这些问题,邵先生在长篇论文《论郑观应》中都做了透彻的说明和分析。为了跟随这门课程的进展,我先后买到了《盛世危言》和《李文忠公全书》等文集。一天傍晚,我带着《盛世危言》去先生家向他汇报读书情况时,他把我买的本子翻看了一下,说你买到的这个版本是比较好的,紧接着又说:"《盛世危言》这部书,毛主席年轻时肯定读过。"并叮嘱我,读《盛世危言》最好能把郑观应最早出版的《易言》和《盛世危言后编》甚至《盛世危言增订新编》参考起来看,可以看出他的思想主张的变化。读李鸿章的集子,重点要读他的《朋僚函稿》。事情真巧,1964年秋冬之际,我在北京顺义县天竺公社搞"四清",一天下午遇到毛泽东女儿李讷,她上过邵先生的一门课,我是那门课的助教,且"四清"时她和我又在同一个生产大队,所以比较熟。她对我说:"毛主席也读过邵先生《论郑观应》等几篇文章,并称赞他,一个资产阶级的教授,能写出这样好的文章,真不容易。"

顺便一说,关于民族资本主义工商业的人物研究,邵先生也有一套研究计划。他对我说:"我们要研究南通张謇和他的大生集团、无锡荣氏家族的面粉纺织业、薛福成家族的缫丝业,苏州商会档案和天津商会档案也要设法整理研究。"在此期间,我为辅导苏联研究生,阅读了张謇年谱、张謇文集《张季子九录》、《张謇日记》影印本。1964年邵先生还派研究生到南京图书馆看过薛福成的部分未刊日记,后来因为参加农村"四清",没有进行下去。文革初期,我还到南通大生一厂,调查和翻阅过大生纺织厂的档案。因为文革动乱,邵师的这套研究计划没有实现。文革以后，我在南京大学历史系工作，系统阅读了校图书馆收藏的《农商公报》和《工商半月刊》，特别着重注视和抄录了南通、苏州、无锡、常州等江南地区民族工商业的资料，指导了研究南通地区和无锡工商业的美国高级进修生，并为外国高级进修生开设了一门《江南民族资本主义发展》的课程，按照美国学术界当时流行的理论"欠发展的发展"（development of under-development）来观察不发达国家的工商业发展。上世纪八十年代，我与南京图书馆合作，主持点校注释150万字的《薛福成日记》，由吉林文史出版社出版，被纳入国家清史工程文献丛刊。在《天津商会档案》和《苏州商会档案》出版后，我及时指导两位博士生分别研究，写出了天津商会和苏州商会的专题论文，并且指导了华中师大来做博士后的彭南生，他研究近代行会制度，研究成果卓著。以上种种，应该说是我按照邵先生研究民族工商业的意愿所做的一些工作。

邵先生的"晚清政治问题研究"这门课也很有特色。在他讲授这门课之前，先请著名清史专家、南开大学副校长郑天挺教授来做了十次清史专题讲座，主要是清朝前期的历史，然后他从1861年"祺祥政变"讲起，将载恒、端华、肃顺等八大臣的十三封《热河密札》作了注释，先印发给大家，详细讲述了咸丰皇帝在热河行宫死后，八大臣与慈禧太后争权的过程，以及恭亲王奕訢在其中扮演的角色。最终载恒、肃顺、端华被处死，西太后垂帘听政，从此掌握晚清政府最高权力四十余年。接着，他以李鸿章的《朋僚函稿》、张佩纶的《涧于集》、翁同龢的《翁同龢日记》、张謇的《张謇日记》，以及由他主编，陈庆华、张寄谦参与标点注释的《盛宣怀未刊信稿》等资料，讲述晚清统治集团各派系以及他们对于各个时期政局演变的影响。邵先生对《热河密札》中所涉人物的字号，以及他们来往的隐语、暗号等，做了注解和讲解，并且对章士钊在《光明日报》发表的相关文章作了补充和修正。我发现，邵先生对晚清统治集团各色人物的籍贯、字号、职官以及彼此关系都非常熟悉，我问他怎么才能达到这种地步，他说平时读书要多加留意，还要学会查书。邵师这门课的教导，对我后来在南大参与有关名人日记的点校工作大有裨益。

二、揭开天地会起源之谜

对于我的科研方向和课题,邵师十分重视。我刚到他的门下时,他带着征求意见的口气对我说:"你的科研是否可以先搞搞孙中山研究?"我从1961年开始着手摸索了一段时间,先后买了胡汉民编《总理全集》、黄季陆编《总理全书》以及人民出版社新出的《孙中山选集》,并从校图书馆借出了《总理年谱长编》和台湾方面出版的孙中山的集子,查阅了一些学者的专著和许多论文。通观全局,我觉得学界已有很多人在研究孙中山了,如广东方面的陈锡琪教授、张磊师兄正在深入研究,美国人詹森的新著《日本人与孙逸仙》刚刚出版,如果没有新的资料,很难研究出创新的成果。我在一篇读书报告里表达了我的意见,邵先生对我的看法表示同意。

当时,中国史学界正在探讨秘密社会与农民战争的关系,邵先生在北大学报发表了《秘密社会、宗教与农民战争》。我对这个问题很有兴趣,原因是我出生在临近上海的苏州地区,民国时期的上海是青红帮活动最活跃的地区,其分布之广、人员之众为历史所罕见。我从小就听到很多关于上海青帮、红帮的故事,觉得很神秘。1958—1960年我在进行安源路矿工人运动史研究时,通过调查访问,其中包括对李立三的采访,得知红帮(当地称为洪江会)在安源路矿有很大的势力,李立三当年发动和领导安源路矿工人罢工时,就是争取和利用了红帮的协助。所以,我想通过研究这种民间秘密结社,来搞清近代中国秘密结社和工农运动的关系。导致我立即投入秘密社会的研究,还有一个偶然因素。当时苏联列宁格勒大学(现在的圣彼得堡大学)派来一位名叫诺维科夫的学者,师从邵先生研究中国秘密社会史,邵先生责成我辅导这位学者,我的研究注意力就迅速集中到这方面来。

大约在1961年底到1962年初,全国政协和中央统战部组织了一批爱国民主人士,到北京西山中央档案馆的明清部参观。邵先生是随同的讲解,便把我带去。同车的除了少数学者外,有溥仪、杜聿明、黄维、郑洞国、范汉杰等人。

在参观过程中我发现,溥仪虽做过清朝末代皇帝,但他并不熟悉清代的档案文书制度和许多掌故,是邵先生和档案馆的单士魁先生一一回答了他提出的问题。邵先生带我去,是为了给我安排秘密社会史的研究,参观完毕后,他就借此机会为我联系进馆利用清代秘密结社档案的事宜。那时,中央档案馆还没有对外开放,通过一系列严格的审批手续,我才得以进馆。从1962年到1964年,我先后四次进馆,坐了两年冷板凳,查阅了数千万字的档案文献,抄录了几千张卡片,并拍摄了天地会、哥老会的会薄、盟书、文告等数百张照片。这就为我系统研究中国秘密社会史准备了史料基础。

我研究秘密社会,是从研究天地会的起源问题入手的,因为这个问题在学术界搞得混乱不堪,是一笔糊涂账。最早写出天地会研究专著的是荷兰人施列格(Gustave Schlegel)。1863年荷兰殖民政府在苏门答腊一个华侨家中搜出了一批天地会文书,施列格当时是荷兰东印度公司的汉语翻译,他根据这批材料,写出了《天地会研究》,从欧洲中心论出发,依据人种一元论、外来文化说,把天地会与西方的共济会(Free Mason)比附,认为天地会是共济会向东方发展出的组织。英国殖民政府为了控制南洋华侨,派人加入天地会,调查其内幕,写出了一些著作,如活特(Ward)和斯特林(Stirling)合著的《洪门》(*The Hung Society*),根据天地会的秘密文书,认为天地会创立于雍正十二年(1734年)七月二十五日。日本人平山周,曾到中国来调查过秘密社会,写成《中国秘密社会史》,只是采用了天地会内流传的“西鲁序”故事,即西鲁入侵中国、康熙帝派少林寺和尚攻打西鲁、后来成立了天地会之说,实际上就是天地会创立于康熙年之说。

中国人较早研究天地会的首先是陶成章,他著有《教会源流考》一文。作为资产阶级革命派,为了利用会党的力量发动排满革命,他主张天地会起源于明亡之后,仁人志士为了光复中国,秘密结成洪门。取名洪门,是因为明太祖年号洪武。洪门指天为父,指地为母,故又名天地会。他认为天地会的创始人为郑成功。类似的,后来孙中山、章太炎等都主张洪门天地会是康熙年间的明朝遗老为了反清复明创立的团体。1926年温雄飞在《南洋华侨通史》中,将天地会传说中的少林寺僧比附为郑芝龙一系及其部曲,认为火烧少林寺是指郑芝龙一家大小被杀的惨史,断言天地会起源于康熙十三年,地点在台湾,创始人郑成功。1933年和1936年,广西修志局与守先阁各发现天地会文书一册,经过罗尔纲研究,认为天地会传说故事中既有起源于康熙十三年之说,而康熙朝《大清律例》中又有惩罚异姓人歃血为盟结拜兄弟的条文,可以证明天地会创立于康熙年间。此外,萧一山在伦敦大英博物馆抄录了一批天地会文件,编为《近代秘密社会史料》,他认为这批材料是较早的抄本,其中有天地会创立于雍正十二年之说,罗尔纲、温雄飞主张天地会创立于康熙十三年之说,是根据会内传说和较晚的抄本,因此天地会创立于雍正十二年可信。1948年,王重民发表了《天地会始于明季说》一文,也是穿凿附会,没有提出可靠证据。1949年以后,史学界关于天地会起源的论文不少,但是都没有提出站得住脚的证据。

从上面我们列举的一百多年来人们对天地会起源问题的研究探讨,可以说是众说纷纭,莫衷一是,其中不少学者完全没有摆脱天地会的神话传说的影响,有的只是根据片段材料做出一些推测。因此,要解决天地会起源的问题,只能从努力发掘可靠材料入手。

在清朝的官书里,有关天地会活动的明确记载,是从林爽文起义开始的。林爽文起义是天地会发动的大规模起义,席卷台湾全岛,从乾隆五十一年到乾隆五十三年,历时一年半之久,参与人数达数十万,清政府先后调动了七省兵力十余万人,才把起义镇压下去。清政府在镇压起义过程中,对天地会的组织极力追根究底,希望能连根拔除、剿灭干净。林爽文起义被镇压后,《大清律例》明文规定禁止结拜天地会。所以学者许地山1940年为施列格《天地会研究》一书的中译本作序时说,林爽文起义是天地会的第一次活动,但他也主张天地会创立于康熙十三年。我认为,这种说法很值得推敲。如果就文献的确切记载而言,天地会的活动从林爽文起义开始,似乎是可信的;但是如果说天地会真的是创立于康熙十三年,那么从那时到林爽文起义的一百多年间,天地会没有大规模活动,似乎也是不太可能的。反过来说,如果林爽文起义前天地会已经有了反政府活动,那么也不能长期不被清政府发现,在文献中毫无记录。看来天地会的创始时间，距离林爽文起义不会太远；但林爽文起义规模如此之大，肯定不是突发的，而是有所酝酿和准备的，所以天地会在起义前肯定也有一个发展的过程。

根据以上假设和判断，我在1962年第一次进中央档案馆，着手利用档案研究天地会起源问题时，就在有关清代镇压林爽文起义、追查天地会根由的档案中，发现了有关天地会起源的档案史料。经过认真的考辨和多方面的查证，确认天地会创立于乾隆二十六年，由福建漳州府漳浦县的洪二和尚万提喜（俗名郑开）首创。在此基础上，我写出了《关于天地会的起源问题》一文。一方面，我力排众议，提出了天地会创立于乾隆二十六年的新证，推翻了前人提出的康熙十三年、雍正十二年等说法；另一方面，我又从当时的社会结构、社会矛盾等方面论述了天地会产生的社会根源，说明天地会不是反清复明的组织，而是破产劳动者的互助团体。我的这篇论文在1963年的北大“五四”科学讨论会上提出，经过许多专家学者的鉴定，认为文章“言之成理，持之有据”。特别是向达先生，他学识渊博，精于考订，仔细审阅了我的文章，在历史系老教授的

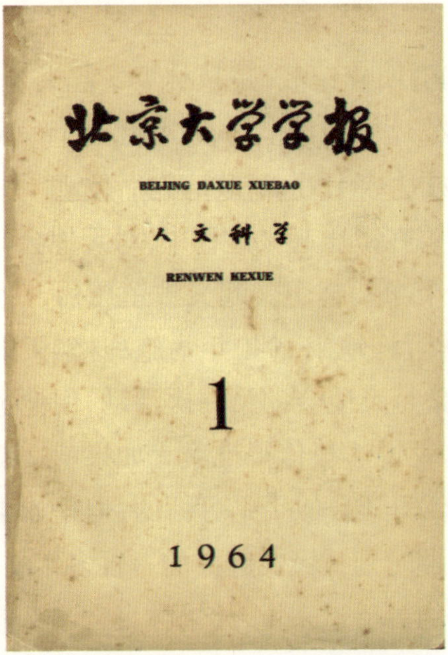

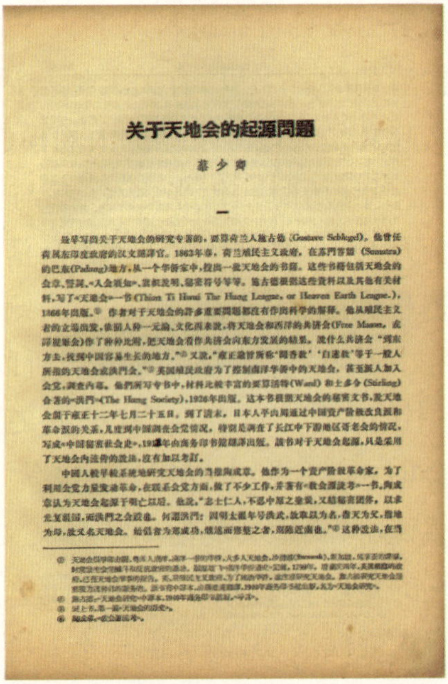
关于天地会的起源问题

蔡少卿

一

1964年，《北京大学学报》发表作者论天地会起源问题的论文

一次“神仙会”(即政治学习、议论时政的会议)上风趣地说:“天地会起源问题历来是个谜,这次被蔡少卿像‘捉鬼’似的抓到了,他利用了第一手的档案资料,多方面论证,很有说服力,是难得的一篇好文章。”当年7月初,《光明日报》头版刊登了报道,北大青年教师蔡某某在“五四”科学讨论会上提出天地会创立于乾隆二十六年,推翻了以往的成说。《新建设》杂志托人转告,愿意刊载我的这篇文章,我征求邵先生的意见,他认为应该发表在北大学报上。1964年《北京大学学报》第一期刊载了我这篇论文,受到了学术界的密切关注和高度评价。从此,我与秘密社会研究结下了不解之缘。

大概因为我在天地会起源问题的研究方面,初步显示了具有一点独立研究的能力和创新精神,邵先生就向系领导建议,要我做他的研究生。

上研究生要经过北大的研究生招生考试,时间是1964年春天。专业课明清史、近代史两场考试都是邵先生出的考题,不但题量大,而且颇有难度。在答卷时,容不得你犹豫和打顿,必须以较快的速度一直书写下去,才能做完卷子。在问答题中,有的题目简直是在写短篇论文,至今我还记得明清史的题目中有一道“论述清代的秘密结社及其发展演变的特点”,近代史的题目中有一道“介绍戊戌维新运动中的各个派系”,这些题目不但要快速写明基本史实,还要有自己的个人见解。经过这两场专业课考试,我知道邵先生是在有意考我的历史知识积累和独立见解能力,像清代秘密结社问题,如果没有系统阅读过档案资料和有关论说,根本无从下笔,更别说答出令老师满意的答案。外语考试我选的是英语,也是量大题难。这一年报考北大研究生的人相当多,我所在的一个考场就有三百人左右,因为考试的严格和紧张,我们那个考场居然有考生考着考着就昏倒在考场里。还好,最终我的成绩比较优异,考取了邵先生的在职研究生。我也听说当时还有几个从外地来的考生投考邵先生的研究生,因为成绩欠佳而没被录取。

我考上在职研究生,邵先生很高兴。他从来不在学生面前说表扬的话,但在系领导的面前说了一些称赞我的话。后来系领导转告给我,邵先生认为,他命题的这次考试是比较严格、有难度的,我的成绩都在八十分以上,真不容易,说我有研究能力,很有培养前途。我原想利用三年研究时间,一鼓作气写出一部秘密社会史的研究专著作为毕业论文。因为对天地会、哥老会、青帮、红帮等档案资料都已掌握,从它们的起源到清代末年各个时期的发展演变已经有了一些认识,所以对每篇论文该如何布局已经有所考虑。但当我刚写完《天地会与台湾林爽文起义》一篇六万字的论文时,"四清"和文革很快来临。我先被调去农村参加"四清",接着被抽调去《北京日报》和北大党委,写文章批判《海瑞罢官》。这部分内容我们以后可以单独再谈。文革十年里,大学处于停办状态,我大部分时间在工厂和农村劳动,不但研究工作无法进行,所积累的资料卡片和六七千册图书,也因为几次搬家受到损失。

但我也不是全然丧失信心,我常利用去基层的机会做当地秘密社会的田野调查。在北京顺义县天竺公社"四清"时,调查了当地的大刀会、青苗会等道会门组织的历史。在文革初期大串联和革命大批判期间,在上海调查过上海青帮、红帮在解放前的活动,并到杜月笙的杜公馆和黄金荣的姘妇桂生姐的花园去参观访问。在江苏江都县二姜公社参加农业学大寨时,调查了解到,当地有一个上千户农民的村庄,在解放前有两个青帮头目,一个绰号"混世魔王",有一千多徒众,另外一个绰号"推天转",有五百多从众,他们横行在大运河走私贩盐的路线上。我还找到了一个八十多岁的青帮小头目,跟他交谈了差不多三天三夜的时间,他给我详细讲述了扬州青帮大头目徐宝山,也就是"八百里长江司令徐老虎",和其徒子徒孙在上海至扬州以至苏北城乡各条走私贩毒线上犯案的情节,以及他们的结拜仪式,接头暗号、黑话等等。以上这些田野调查、口述访问所得资料,都是在书本、档案里难以见到的东西,对我进行秘密社会的研究大有裨益。

三、难忘恩师邵循正

1961年我投到邵先生门下时,正值大跃进之后国民经济最为困难的时期,城市里食品供应非常紧张。北大按教师的级别实行营养补助,级别高的教授补助带鱼,中等的补助黄豆,青年教师开玩笑说:“我们是酱油汤干部”,意思是什么补助都没有。1961年的冬天,我每次晚上去邵师家,他常常会端着饭碗到会客厅,一面吃饭,一面陪我说话。他的晚饭,或是一碗饭加两块带鱼,或是一碗面条就打发过去。从昌平农村劳动回来时,生产队送了我们几位老师二百多斤栗子。我觉得先生体弱多病,营养不够,就将我分到的板栗,送一半给先生。

邵循正先生

1962年暑假,北大派我到南京招收新生,工作完毕后,我回到常熟老家看望父母,然后去苏南武进看我寄养在农村刚满一岁的儿子。我爱人那时在北大法律系读研究生,她早已回到武进的大姐家。她大姐家劳动力多,几个儿子多会摸鱼捉虾,捉了几斤带籽的活虾,煮熟后晒干,装到大玻璃瓶里。大姐夫将新收割起来的小麦磨成粉,加工成面条,绕成一盘一盘,晒干后装入木桶,让我们带回北京补养身体。我们一回到北大,就将一瓶虾子和大部分面条送到邵先生家,同时带去一个无锡惠山泥人“大阿福”,送给先生的爱女小瑜作为玩具。邵先生面带笑容,将“大阿福”送到女儿手里,邵师母还说了许多感谢的话。

邵先生平时虽然少于言谈,但却是个很讲感情的长者。在我跟随邵师的几年里,他总是对我的身体和家庭都很关心。从1963年起,国家的经济和市场供应开始好转,邵先生和师母就请我们到他们家里,或者中关村的“福利楼”和友谊宾馆吃饭,还带我们到政协礼堂看戏。我还记得有一次观看赵燕侠主演的“芦荡火种”,我们的座位就在郭沫若的后排。看到我头上的白发逐渐增多,他总是劝我说,读书固然要用功,但要当心身体。他和师母知道我在昌平农村劳动时得了关节炎,常劝我去医院针灸。师母还带我到北大朗润园的养蜂场,让蜜蜂蛰关节,用蜂毒疗伤。邵先生和师母很体贴我们夫妻俩,知道我们都读研究生,拿的钱少,要负担在农村的父母和孩子的生活费,还要买书,生活很艰苦。

其实,当时我心里想的是要照顾好邵先生的健康。那几年,邵先生患了过敏性的气喘病，每年老玉米开花时，他就气喘得很厉害。我总是向系办公室反映，希望系里安排人或者由我自己把邵师送到学生宿舍的高楼上，或者送到北京小汤山疗养院甚至青岛去疗养，等花粉期过去再回家。邵先生怕耽误我的时间，经常叫师母直接与办公室联系。那几年，邵先生开设的课程不少，到学校里来的次数也多。每当他上完课之后，已经累得上气不接下气，回家时他的步子迈得小且摇晃，从北大南校门到中关村二公寓，沿马路有很多水果摊食品店，还要过一个三岔路口，汽车、自行车交错往来，人多声杂，加之他家旁边的中关村小学放学时，孩子们活蹦乱跳，很容易被撞倒，所以待他下课稍憩之后，我总是要把他送到家，确保无虞。

邵先生对政治也很关心，特别在广州会议之后，感觉党对知识分子政策有调整了，他对政治的热情和工作积极性也很高。平时我去他家，除了谈我的学习深造和他的研究设想外，也常议论国内外的大事和党的政策。在这方面邵师对我信任、器重，我想有一个原因是，当时我兼任着中国史教师党支部书记，政治上比较可靠，所以他能与我倾心而谈。他常把政协、民盟中央和老教授“神仙会”上学习的心得和见闻跟我说说，有时还征求我的意见和看法，我从来没有听到他说过牢骚怪话，所以我一直认为他是真正的而不是投机的左派教授。

但是从1964年起，毛泽东开始提出阶级斗争年年讲、月月讲之后，原来“脱帽加冕”而成的劳动人民知识分子，一下又变为资产阶级知识分子。大概出于一种压力，北大党委于这年暑假，在十三陵分校举行了一个“十三陵会议”，大讲阶级斗争，称资产阶级向党猖狂进攻、夺取青年。历史系两个执掌实权的领导人，在会上也大放厥词，说我也“被资产阶级拉过去了”。这个消息很快传到我们的耳朵里，顿时犹如五雷轰顶。但我冷静思索以后，觉得问心无愧。我跟邵师当徒弟，是组织上安排的，我一直刻苦努力，先生对我的指导也很严格认真，师生之间的关系是正常、良好的。一天我在燕南园旁的路上，正好遇到当时的总支书记，我就气乎乎地向他责问：“我跟邵先生学习不是你们安排的么？不是你亲自对我说，邵先生是左派教授，你在西南联大时就以地下党的身份做吴晗和邵先生的工作，对他们在政治上很信任很了解的么？不是你和徐华民亲自关照我，跟邵先生学习，要从端茶送水做起的么？我这几年按你们的指示，刚入门学到一点东西，你们就说我被他‘拉过去’了，这不是翻脸不认人么？你们这样出尔反尔，乱扣帽子，我研究生就不再读下去了。”经我这一连串的反问，他一时无言以对，只是支支吾吾地说：“老蔡，你不要激动，我们没有说你被拉过去的话。”

“四清”运动下乡前夕，我抽一天时间，骑自行车去小汤山疗养院看望邵先生。先生刚刚吃完午饭，我问他的身体状况，他说经过治疗，气喘病好多了。先生见我的面色情绪不好，就问：“你怎么啦？”我别的话没有说，只是说马上要下乡“四清”，我不一定能再跟你读研究生了。先生是个很敏感的人，大概有感于当时政治气候的变化，什么话都没说，只是深深地叹了一口气。我跟先生简短地聊了一会，劝他多休息，过几天再来接他，就离开了疗养院。那时小汤山街上的饭铺都已关门，我只好饿着肚子骑车回北大。一天骑车的劳累，加上心里有气，晚上膝关节痛得整夜不能入睡。

邵先生从小汤山回来以后，也要争取下乡“四清”。我去他家看望时，邵师母跟我说，先生决意要下去，行装已经为他准备好。师母知我有关节炎，还劝我去王府井百货大楼买一条蒙古狗皮褥子，可以防寒防潮，并说她已为邵先生买了一条。先生去的与我不是同一个地方，他临行那天早上，我去帮他扛了行李，送上了车。后来听说，他下去不几天，即生病被送回家了。

从1965年底到1966年初之际，我两次奉调到《北京日报》和北大党委的写作组，参加批判吴晗的《海瑞罢官》。大约在1966年4月中旬，我写的《苏松地区的阶级斗争不容歪曲》发表不几天，我从太平庄回到北大校本部去看邵先生，他很高兴，说你的文章我已看过，用了很多地方志等各种史料，是有说服力的。当时我已意识到，我只强调农民暴动和起义才是阶级斗争，否认吴晗农民逃亡也是阶级斗争的说法，是片面的。多年后我得知，吴晗被批判时，邵先生即马上进城去吴晗家看望。吴晗家里有人监守，进去都要登记。虽然明知有风险，但他一连去了三次。在这种情形下，邵先生还说我批判《海瑞罢官》的文章写得好，其中的无奈几人能知。

1967年的下半年，抄家之风越来越严重。听说一支从外面来的冒牌的“红卫兵”到中文系王力教授家，抄走了两三万元，不明下落。为了防止这种现象在历史系发生，历史系“文革”主任吴维能派高年级的几个红卫兵，要我和他们一起去邵先生家。我与他们原来就较为熟悉，他们说我毛笔字写得好，就让我写抄家的封条和通令。通令声明，任何别的“红卫兵”或其他组织要进邵家，必须得到历史系红卫兵批准。事后证明，这个通令是很有效的。当他们去储藏室翻箱倒柜，查找钱物时，我就多写了几张事先盖好印的封条，塞到抽屉里，以便日后邵先生他们拿取衣物启封之后再行贴上。我对站在我身边的先生轻声说：“别害怕，不要紧的。”现在的年轻人无法体会政治高压下人与人关系的扭曲，作为邵先生的学生，我不得不随红卫兵去抄他家，又只能以一点点小手段来帮助老师。(见邵瑜：《忆父亲》，载戴学稷、徐如编：《邵循正先生百年诞辰纪念文集》，福州，2009年，第193页。)当时规定，抄出的钱物要让主人过目，并要到系里登记。我亲眼见到，红卫兵抄出的存款和现金大约两千多元，顿时感到心酸，想不到先生家几十年的积蓄，只有这么点钱。

1968年工宣队进校后，搞斗批改和清队，邵先生曾与我们在一起学习过一些日子。在秋冬之际的一天，学习散会后走出北大三院，他在第二体育馆旁告诉我说，邵瑜马上要去山西农村插队了。我当时觉得很突然，马上想到小瑜走后，两个老人身体都不好，尤其是先生经常发病，谁来照顾？但是又想，知青插队是最高指示，谁也不能违抗。我只能劝邵师说，就让小瑜去山西插队吧！不过，一定要她在农村注意身体，尤其要注意安全。

1968年底，我离开北大，被分配到江苏盐城地区机床厂。临行前，我根本不知道邵先生在哪里，无法与他道别。在工厂期间，我常想念母校北大，怀念与邵师相处的日子，惦念着先生的身体状况。1971年，我听到北大开始招生的消息，曾经给周一良先生写过两三封信，希望回北大，再到邵先生的手下工作。周先生对我每信必复，说明现在要调人进北京非常困难，进北大更加困难，他建议我设法调往南大，那里有韩儒林先生等老熟人。经过约两年时间的努力，我终于接到了南京大学的调令。在我离厂前的几天，传来了邵先生不幸逝世的噩耗,我关在房间里沉默了两个多小时,悲痛之情,久久不能平息。

1973年秋天,我出差北京搜集严复的资料。一到中华书局,总编辑李侃同志就告诉我,书局为了迎接一批老先生来标点二十四史,将办公室桌子门窗油漆一新。邵先生负责标点《元史》,他一进门就闻到油漆味,于是哮喘病发作,严重时到抽搐地步,后来送医院治疗抢救无效离世。我在中华书局招待所安排好住宿,当天下午就赶往北大。听说邵先生家已搬到原来翦老住的小楼顶层的阁楼,我到燕东园爬到这座楼的楼顶,只见邵瑜一个人在家。我先向邵师的遗像鞠了三个躬,然后询问了先生生病去世以及小瑜插队回家的情况。天色已晚,就匆匆赶回中华书局。临走时,我对邵瑜说,过几天还要来看师母。我第二次去先生家时,邵师母见到我,既兴奋又悲伤。她告诉我,邵先生这几年一直惦记着你,不知道你在工厂里怎么样,不知道你的爱人和孩子们可好?他有很多学问要传授给你们,但他走的太早,已经不可能了!我和师母说,我已调到南京大学,爱人在省法院工作,儿子已从农村到南京上小学等等。临别时,场面既难受又动人,我含着泪对师母说,请师母宽心,我一定努力做出成绩来报答邵先生!

邵先生去世后,我仍然受到先生的许多朋友多方关照和指导。韩儒林先生与邵先生是蒙元史的同行专家,同时在法国巴黎留学,受教于著名汉学家伯希和。我到南大,第一次见韩先生时,他就对我说:“你的老师绝顶聪明,伯希和教我们对音研究法,他一下就掌握了,他的波斯文学得也很好,英、法文尤其熟练,还懂得其他多种文字,他去世太早。”王栻先生与邵先生是清华的前后同学,都受过蒋廷黻教授的指导,他对邵先生的才华甚表钦佩。王绳祖、蒋孟引先生与邵先生都研究近代中外关系,是同行朋友。尤其是王绳祖先生,与邵师及其北大的同事王铁崖、杨人楩、向达等,年轻时同时在英国留学,回国后一直有来往。他曾多次同我谈起他们留学时的一些趣事。

南大外语系的陈嘉教授,他的英语在国内是一流的。我第一次出国前,校人事处安排他来测试我的英语水平。我一进他的房间,他就用流利的英语说了几分钟的话,然后向我提出几个问题。我过去虽然学过多年英语,但多是

"哑巴式"的,也就是只能阅读,不会讲话,改革开放初,跟一位澳大利亚学生学了几个月会话,水平有限。我只是大体上听懂了陈先生这段讲话的意思,并用英语简要回答了他提出的问题。他面带微笑说,看你的脸我似乎没什么印象,是不是新调来的?我说我是从北大来的。他又问,是谁的学生?我答是邵循正的。他马上大笑起来,惊叹地说:"邵循正啊!是我的老朋友。在西南联大时我们经常一起下棋打牌,他的围棋下得很好,桥牌打得也好,我们都不是他的对手。"接着,他亲切地对我说,你的英语还可以,单独出国,生活和学术方面的一般交谈,估计能够应付,但要用英语自由讲演和解答问题是很难的。我教你一个办法,讲演可以先写好稿子,不要写长,一般半小时内读完。最困难的是当场的提问和解答,因为你不知道听众会提什么问题,而且各人的发音和说话快慢多不一样。如果你听不懂,或不能流利地解答,你可以事先或当场请人帮助翻译,邀请单位一般都备有翻译人员的,外国人来中国讲学,不是大多要请人帮助翻译吗?他的这番话,使我打消了许多顾虑。

以上这些老教授,对我在南大的教学、科研、工作,以至职称的晋升,都有过不同程度的指教和帮助。我在南大工作期间做出过一些成绩,每逢受到表彰和嘉奖时,我都会想念起邵先生的培养,感激之情油然而生。

邵先生在国际史学界有很多朋友、弟子,大家回忆起老先生来,总是感佩其思维聪明、教人有方,以致我八九十年代在各国访问时,总能持续不断遇到和邵老师有关联的学者们。

唐代大文豪韩愈说:"古之学者必有师。师者,所以传道、授业、解惑也。"今之学者亦然。我这一生,从上小学起,经过中学、大学一直到研究生,曾有过很多的老师。现在,我年已八十有二,也当了几十年的老师,就越来越多地回忆过去的老师。我今天的一点点知识,有哪一样不归功于我的老师呢?在许多老师中,对我一生影响最大最深的是邵循正先生。我跟随邵先生八年,他给我传道、授业、解惑,身教言教,循循善诱,将我领进学术之门,使我走上大学讲台,以至国际学术舞台。我出身于农家,没有家学渊源,智力也不聪明,但我肯努力,才得到邵师竭力指导。今天我再一次谈起邵先生,他的音容笑貌仿佛又在我的眼前，令我终生感铭。

四、翦伯赞、向达二师风范

我在北大历史系期间，从学生时代到留校任教，得到许多名师的指点和帮助。除了邵循正先生，跟随他研究中国近代史和秘密社会史，得到他的高明指导和深切关怀，还受到其他许多老师的关怀和帮助，其中特别值得怀念的是翦伯赞和向达两位史学大师。他们两位都是一级教授、中国科学院学部委员，学术各有专长，受到史学界的崇敬和学生们的爱戴。

翦伯赞先生

翦伯赞先生，1898年生，湖南省桃源县人，维吾尔族，是一位著名的马克思主义史学家，中国马克思主义历史学的主要奠基人之一。他青年时代，曾留学美国，参加北伐，后加入中国共产党。抗日战争时期和解放战争时期，他主要在上海、南京、重庆、香港等地从事统战和理论宣传工作，并为新史学的建立做出了巨大的贡献。建国后，1952年高校院系调整，北大、清华、燕大三校的历史系合并，成立新的北京大学历史系，据说是周总理派翦先生到北大来担任历史系主任的。他首先面临的一个难题，就是要把这三个学校的历史系真正合拢。因为，过去三所学校都是老子天下第一，门户之见很深，谁也不服谁。翦先生花了很大的精力做工作，巧妙地将三校的历史系教师团结起来，使他们能通力合作，消除门户之见，使历史系的教学和科研工作出现了欣欣向荣的局面。1956年我进校时，翦伯赞在历史系师生中已有很高的威望，大家都亲切地称他为“翦老”。

翦老在北大历史系主持工作，首先抓、经常抓的是马克思主义历史唯物主义的学习。他对学生讲，对教师讲，既讲他学习马列主义经典著作的艰苦，又讲他学习以后运用马克思主义解决历史问题的甜头。他反对空头理论，看重史料的重要性，要求史料依据的确切可靠。但他更强调马克思主义理论的统帅和指导作用,认为应当让马克思主义理论观点与史料有机地相结合。他自己的研究工作,就是不断把理论观点与史料很好地结合起来的过程。我在北大十多年,亲眼看到翦老进一步丰富、发展了他的史学思想,他的成果就是发表了《对处理若干历史问题的初步意见》等一系列理论性文章。

我与翦老的接触和联系,从学生时期即已开始。那时,北大有个好传统,提倡学生和青年教师到老教师家串门拜访,可以得到课堂上无法受到的教益。在一年级的时候,我首次去翦老家里,是带班上的同学去给他拜年。他热情地接待我们,鼓励我们要学好各门课程,尤其要学习马克思主义理论,将来成为新中国的优秀史学工作者。1958年大跃进期间,北大历史系学生投入编写工农商学兵历史的热潮,翦老不仅为《北京清河制呢厂厂史》写了序言,而且专门要我向他汇报安源路矿工运史的编写情况。他听了以后,觉得安源的工人运动与其他地方不同,认为安源工运在中国工人运动史上有特殊的重要地位,要我们努力学习毛泽东思想,学习邓中夏、刘少奇等有关工运史的论著,既要注意工人运动的普遍规律,又要注重安源工运的特殊性,要大量调查收集资料,反复研究,把它写好。

1960年我提前毕业留系工作后,与翦老的联系更多了。我兼任中国史专业党支部书记,那时,翦老的党员身份已公开,为了照顾他年老体弱的情况,我们党组织的生活一般都到翦老家里去过。他很关心我们业务进修提高,他说:你跟邵先生学习进修很合适,他的指导高明得法,但我要提醒你的是,要特别注重理论学习。他说,史料好比一堆铜钱,理论则好比穿钱用的绳索,必须运用马列主义把漫无统纪的史料贯串起来,才能使之形成系统,才能用来阐明历史问题的实质和真相,才能找出历史运动的规律。他说,在北大历史系,要树立起一种良好的学风,那就是要把马列主义理论同中国历史的实际恰当地结合起来的学风。我告诉他,历史系有一位研究生,一年时间里读完了三十多卷的《列宁全集》。翦老很不以为然,他说,这样学习理论,实不可取,学习马列主义理论著作,不能像看小说书那样泛泛而读,而应该有选择地精读,我们学习马列主义,主要是学习它的理论观点和方法。他说,现在有些人把马列主义作为空洞理论,把马、恩、列、斯和毛主席的话,当作标签,写文章满篇都是引用马克思、列宁、毛主席的话,就是没有作者自己的话,那你这篇文章应当还给马克思,还给毛主席,怎么能算是你写的?

在翦老的关怀和教导下,我不仅精读了他指定的几本马列名著,而且用一个暑假的时间,啃下了马克思《资本论》的第一卷。我每天在北大的第三阅览室精心研读,累了就到旁边的茶炉上,用搪瓷饭碗接一碗开水喝,然后再进阅览室研读。我读《资本论》,主要不是学习精深的经济理论,而是为了学习和提高我的理性思维能力。经过这番训练,我感到,不仅写文章分析问题的能力提高了,而且在阅读档案文集、寻找资料时,我的脑袋好像一块磁石,能敏锐地把有用的史料吸引过来。

翦老不仅理论水平高,而且颇具文采。他写的文章,条理清晰,文辞优美,很受读者欢迎。我印象最深的是他所写的《内蒙访古》。1961年夏天,翦老与历史学家范文澜、吕振羽等应内蒙古自治区主席乌兰夫的邀请,去内蒙访问,历时近两月,行程一万五千余里,东起大兴安岭、呼伦贝尔草原,西至阴山南北麓。这个地区,最早匈奴人进入,以后鲜卑人、突厥人、回纥人,接着,契丹人、女真人,最后是蒙古人,这些游牧民族一个跟着一个进入这个地区,走上历史舞台,又一个跟着一个从这个地区消逝,退出历史舞台。这些游牧民族,像鹰一样从历史的天空上掠过,大多数飞得无影无踪,只留下一些历史遗迹和遗物,诉说他们过去的繁荣。有些仅仅在历史文献上留下一些简单的记录。但是这些游牧民族过去都曾在内蒙地区或在更广大的世界演出过有声有色的历史剧。有些游牧民族,如蒙古人,曾从这里出发,演出了震动世界的一幕。翦老通过这次访问,将在各处见到的历史遗迹和文物,参照一些古文献记载,用历史的眼光,诗一般的语言,流畅的文笔,把这个地区两千多年的历史,形象地勾画描绘出来。翦老参观一些著名历史遗迹时,还留下他的诗篇以倾注感情,如访大青山赵长城遗址,他就以诗赞扬赵武灵王胡服骑射的改革精神;游览王昭君墓后,就以诗歌颂王昭君出塞“和亲”的历史功绩。翦老的这部《内蒙访古》1963年由文物出版社出版后,在学术界和一般读者中引起了很大的反响。我读了这篇文章以后，曾去翦老家向他询问和请教，为什么他能写出如此漂亮的文章受到广大读者的欢迎？翦老笑着说：这不仅要有广博的历史知识，还要有文学的修养。我年轻时熟读过屈原的《离骚》、司马迁的《史记》等名著，使我受益匪浅，但写这种文章也不是一挥而就的，这篇《内蒙访古》，我花了三个月时间，经过反复思考、反复修改才写成的。翦老的这番经验之谈，使我深受启发。

从1963年9月至1964年7月，中苏两党之间的论战走向公开化。在此期间，中共以《人民日报》编辑部和《红旗》杂志编辑部的名义，陆续发表了《苏共领导同我们的分歧的由来和发展》等九篇文章（简称“九评”）。在此期间，根据上级指示，北大成立了两个写作组，一个是由哲学家、北大党委副书记冯定领导的写作组，另一个是由历史学家、北大副校长兼历史系主任翦伯赞领导的写作组。我是翦老领导的写作组成员，当时从历史系世界史专业和中国史专业抽调了六名教师，组成这个写作组，任务是准备撰写文章，批判苏联的多卷本世界史对中国历史的歪曲。我们一边翻译俄文本的有关章节，一边进行讨论。翦老指定我定期向他汇报工作进展和存在什么问题，等等，这就使我有更多的机会聆听他的教诲。但是，到1964年8月，随着“四清”运动的开展，翦老领导的写作组停止下来。当我从农村“四清”回校时，翦老已遭到戚本禹等人发表长文公开批判。我去他家看望时，他脸色苍白，坐在沙发里什么话也没有说，只是叹气。“文革”中，这样一位老马克思主义史学家，也未能逃过一劫，被迫害身亡，令人痛心不已。

向达先生

向达先生，字觉明，1900年生，湖南溆浦县人，土家族。他先后求学于长沙明德中学、南京高师、东南大学，曾任职上海商务印书馆、国立北平图书馆，后赴英、法、德交流学习。回国后，他历任浙江大学、西南联合大学、北京大学教授，建国后任北京大学图书馆馆长、中国科学院历史研究所第二所第一副所长、学部委员。向达先生学问渊博，尤专精于中西交通史和敦煌学，著有《唐代长安与西域文明》等,流传甚广,影响深远。

我刚进北大时,只听到向先生的大名,并且知道他在解放前就是一位著名的进步教授,有"民主斗士"之称。解放后,党和政府对他非常器重,1951年请他参加第一届赴朝慰问团,先后被选为北京市人民代表、全国政协委员。1957年"大鸣大放",他被错划为"右派"。从此,向先生不再批评时政,潜心于中西交通和周边民族历史的研究。我与向先生接触、登门拜访、向他请教,是在1961年后。那时,他的"右派"帽子已经摘掉,1961—1962年间,中华书局连续出版了他的《西洋番国志》、《两种海道针经》、《蛮书校注》、《郑和航海图》等书。我跟邵先生说:"向先生一下出版那么多书,真了不起。"邵先生说:"是啊,向先生的学问非常渊博,你应该去拜访他,对你会有帮助的。"我第一次去拜访向先生是1962年初,是由袁良义先生带我去的。袁先生1947年进北大历史系,他是胡适的同乡,安徽宣城人,与老北大历史系的教授非常熟识。我们到燕南园50号向先生的居所,向先生正好在家,袁良义先将我介绍了一下。向先生说:"你跟邵先生学近代史,很好。"随即向师母端出两杯绿茶来招待。不一刻,向先生带我们参观他满屋子一排排书架上的藏书,并随手拿出一两种珍藏本给我们看看。经过这次拜访,以后我就自己去了。

据学长们讲,向先生的藏书极为丰富,而且藏有许多从国内外买到的稀见珍本。后来我每次去他家拜访,他总是要送我一些秘密社会的文书,如《江湖海底》、《新刻江湖切要》、《洪门秘笈金不换》、《青帮实录》、《青帮考释》、《青帮通漕汇海》、《安清道理秘诀》、《家谱宝卷》、《无极先天来明经》、《瑶池金母收圆宝忏》、《十善业道经》、《普门品大悲咒》、《一贯道疑问解答卷》,等等,对我后来的研究非常有用。1981年中华书局出版的拙著《中国近代会党史研究》中的附录《新刻江湖切要》,就是向达先生送给我的。他还指教我,平时要多去旧书市场看看,说不定会找到你所需要的东西,北京西单、东安市场、琉璃厂、国子监几家旧书店,特别是中国书店国子监书库,收藏特别丰富,可以买到很多好书。据中国书店的店员说,向达先生就是中国书店私人购书最多的常客之一,他每周必有两天进城光顾书肆,每逢新到他喜爱的稀见奇书,很难逃脱他的法眼,首先就被他收入囊中。据说,北京图书馆和中国书店,有时收购到稀见的古籍版本,还要请向先生和郑振铎先生去鉴定。

向达先生是邵循正先生多年的知交。听学长们说,院系调整前,邵先生在清华执教,只要听到向先生在沙滩老北大开史料学、目录学的课程,就要自己的学生进城去听向先生的课。院系调整之后,他们之间的来往就更密切。我跟邵先生研究秘密社会的第一篇论文《关于天地会的起源问题》写成以后,邵先生首先把这篇文章送给向先生看,向先生仔细审阅之后,托人转送到我手里,在信封上还用工整的小楷写明"送十九斋蔡少卿同志"。接着,他就在历史系教授的"神仙会"上,对我这篇论文说了不少奖掖的话,使我受到莫大的鼓舞。

向先生对白莲教很有研究,在他的《唐代长安与西域文明》一书中,有专门一节是论述白莲教的。他知道我也想研究白莲教等秘密教门,就指点我去读白莲教的经卷。他首先告诉我,北大图书馆善本部藏有十多部白莲教经卷,可以先去看。并且指教我,读这些经卷,只要看到经文中有"无生老母"、"无生父母"等内容,就可以断定它是白莲教系统的经卷。经他的指点,我到北大图书馆三层楼上的特藏善本部,读完了那十多部经卷。后来,他又告诉我,北京的几个图书馆和天津图书馆、博物馆,还收藏了许多秘密教门的宝卷,将来可以去利用。

本来,我在北大还可以得到向先生多方面的指教和帮助,不幸的是,"文化大革命"开始后,他就被关入"牛棚",身患重病,终致不治而死,成为全国最早被迫害致死的名教授之一。他所收藏的大量图书,也被抄家运走,其中有不少珍本、善本,又被康生、江青窃为己有。这使我更认清了这场"文化大革命"的发动者的无耻谎言和强盗行径。

五、参加顺义农村"四清"

在1962年八届十中全会上,毛泽东反复强调阶级斗争的问题,提出阶级斗争的严峻性和资本主义复辟的危险性,"阶级斗争必须年年讲、月月讲、天天讲”。从1963年起,就在一些地区开展城乡社会主义教育运动(也称“四清运动”)。1964年毛泽东在中央工作会议上提出中央出了修正主义,作出“三分之一的政权不在我们手里”的判断,决定要把“四清”在全国农村全面展开,号召放手发动群众,彻底革命,追查“四不清”干部在上面的根子。

北大党委决定,从1964年下半年起,所有师生都要下乡参加“四清”,身体好的老教授也要下去。经过一段时间的学习培训后,大家都明确了“四清”就是“清政治、清经济、清组织、清思想”。这次运动的性质是“解决社会主义和资本主义的矛盾”,重点是“整党内那些走资本主义道路的当权派”,宣布在农村一律不准吃鱼、肉、蛋等纪律。学校安排历史系一部分师生去顺义县天竺公社,另一部分师生去别的地方。我记得老教师当中,邓广铭和荣天琳教授和我们去的是同一个公社。

1964年10月下旬,我们进驻顺义县天竺公社的天竺大队,带队的是北大党委统战部长赵国栋和政策研究室主任郝克明。天竺大队就在首都机场旁边,有十多个生产队、一个大车店、一个修理厂、一千多农户,所以这个大队的工作队成员多达一百人,其中北大师生约有八十人,另外的是北京军区空军干部和北京市里的干部。北京市委农村工作部的齐纪(干部级别为13级)任“四清”工作团天竺分团团长,兼天竺大队工作队队长,北大的赵国栋、北京空军的郑山、北京市的王景琦任副队长。我在工作队里担任齐纪的秘书,主要任务是调查整个村的历史和阶级构成,以及生产大队、小队干部的基本情况;跟随他(有时是我自己)到各生产队了解“四清”工作进展情况,发现问题及时向他反映;帮他起草讲话稿和有关报告。

工作队进村后,首先由天竺大队干部安排住宿和派饭,一律吃住在贫下中农家里,不能住大队干部的房、吃他们的饭,这是出发前组织上交代的,不能违反。和贫下中农同吃、同住、同劳动,是当时响亮的口号,贫下中农也确实很热情,对我们的到来多抱欢迎的态度。在我们吃派饭期间,一天交一斤粮票和几角钱给他们,他们总是想法子弄点好吃的给我们吃。但我们有规定,鱼、肉、蛋甚至豆腐都不应该吃,他们就说我们不贴心、不领情。我和研究生叶昌纲被派

1964年，在天竺大队“四清”时留影，后排右三为作者

1964年，在天竺大队“四清”时留影，左二为作者

到一户张姓农民家里吃饭，他家仅有老两口，老汉约六十岁，身体好，终日劳动，菜园里的蔬菜长得黑黝光亮，场院和屋内打扫得干干净净。张大妈总要弄点米面细粮给我们吃，有时是大米饭，有时是烙饼，有时是白菜黄酱馅饺子。其他轮流派饭几家也相似。我估算了一下，觉得我们是三十上下的青年，食量不小，一天一斤粮是打不住的，大队里还有五十多个二十多岁的大学生，饭量更大，可能会加重群众的负担。我向齐纪队长反映了这个情况，他笑着说，那没有办法，只要吃个基本饱，不敞开肚皮吃就行了，现在每个人的定量粮票都很紧，没法搞补助，一百来人的工作队也不能自己做饭吃。

我们工作组的“四清”工作，首先从扎根串连开始。所谓扎根串连，就是由各工作组在各生产队找可靠的贫下中农，串联他们出来揭发本生产队和大队干部的“四不清”问题。我们的队长齐纪是个很有能力和经验的高级干部，他熟悉农村工作，在此之前已经带领一批干部在北京农村搞过“四清”。他强调，在贫下中农中找根子一定要找准，要找那些真正参加劳动、有觉悟、有积极性的贫下中农，千万不能找那些只是在成分上属于贫下中农，但实际上是游手好闲的人来当积极分子。另外，他还强调工作组不能代替生产队和生产大队的干部的工作，一定要他们继续做好自己的本职工作，尤其是要把农业生产抓好。

经过一个多月的扎根串连，各生产队都找到了几个积极分子，揭发了一些干部的“四不清”问题。

从生产大队看，书记郭志是个脱产农村干部，拿国家的工资。因为天竺大队有一千多户，情况比较复杂，工作的担子重，公社党委特意派他到这个队担任专职支部书记。他在抓党的工作和生产方面都很认真，而且能团结其他干部。公社机关就在天竺大队，他在公社食堂吃饭，住在大队办公室。群众没有揭发他有什么问题。

当时部分群众认为大队队长马珺和刘姓党支部副书记在政治上可能有问题，因为马珺解放前夕在北京东安市场做过陪人打台球的工作，刘副书记解放前在北京拉过洋车。后来经过调查和他们本人交代，都是因为家里穷苦，在北京混碗饭吃，政治上没有做过坏事。而且马珺很有工作能力，大队生产抓得不错，属于比较好的干部。

群众意见最大的是大队治安主任高玉山，很多贫下中农反映他多吃多占的问题严重，还有强迫命令、打骂群众的情况。经调查，他多吃多占，主要是在他“看青”(看守本大队的青苗，防止被毁)的时候自己“吃青”，就是在麦子即将成熟时，将麦粒上的芒和皮壳去掉，搓成软麦团吃掉。另外，在老玉米成熟时，他常掰公家的玉米棒子带回家煮着吃。别人发现他这样的行为时，他就拳打脚踢，所以遭人痛恨。在生产队分配粮食和其他食品时，他总是强调家里孩子多，要多占一点。不过，多数群众认为，他干治保主任还是肯吃苦的，不管春夏秋冬、下雨下雪，他都能奔走在外，关心和保护村里的安全。经过工作组的谈话，和队干部集体的批评教育，他表示要痛改前非，做个好干部。

至于其他的大队干部，如副大队长李辉，是个“老好人”，分配他什么就干什么，从不得罪人，没有很大干劲，也没有“四不清”的问题。所以，从总的来说，这个大队的领导班子还是比较好的。

从下面各个生产队的情况看，第一生产队的队长张富旺是个老干部、好把式，群众没有揭发他的问题。他很关心本队的生产和群众生活，有一次他赶大车被马惊了在家卧病，我和一队工作组组长孙绳武去看他，他还念念不忘队里的工作。

二队的生产队长被揭发了“四不清”问题，在一次批判揭发会上，一位年轻的工作组成员火气很大，上去扭推这个队长，要他交代问题。我将这个情况向齐纪汇报后，他立即召开全大队的工作组长会议，强调无论干部有什么问题，即便是严重问题，工作组都不能动手，也不允许群众动手。后来查明，二队队长只是有一些多吃多占的问题，例如人家请他喝酒，喝醉了就骂人，或者是多吃些豆腐丝这类问题，还构不成"四不清"问题。

四队队长李廷亮，有人检举他参加过大刀会，政治上有问题。经了解，并有群众作证，解放前他才十多岁的时候参加了村里的大刀会，主要是为了练武防身，没有做过坏事。他当生产队长以后，工作很有干劲，效果也好，够不上政治问题。

五队队长马义，是大队长马珺的弟弟，工作组进村以后，他想躺倒不干，后经贫下中农王富等人的揭发批判和工作组的劝说，又振作精神，抓起队里的工作。

在第十生产队，有个十七级的离退休干部，拿了国家的退休工资，整年不参加劳动，也不帮队里干些事，经常在群众面前自吹自擂、耍威风。虽然他不属于"走资派"，但群众对他的作风很生气，工作组对他进行了一场严厉的批判，他的狂妄态度有所收敛，农民们也出了一口气。

其他生产队的干部，如有被群众揭发的，也都是一些鸡毛蒜皮的问题。

在这个大队，当时最引人关注的是大队的大车店和修理厂的经济问题。所谓修理厂，实际是个小作坊，跟大车店合为一个单位，负责人李锦堂很有技术，他带了几个徒弟，既经营大车店的住宿，又修理车马具和一些农具，群众反映他在经济上有问题。大队部派空军教导员侯福然同志带领北京手工业局的几个年轻干部，专门组成一个工作组进驻这个单位，集中精力查他的账目，发现大车店因为旅客回去要报销，住宿都开发票，存根俱在，主要是修理方面的账目不清。经过调查、谈话、批判，他交代有些皮革、马具、农具的修理打的是白条，无法查清，但又不能以贪污定罪。据工作组查账人的估计，数额不会很大，李本人答应尽量回忆、交代、退赔。

经过三四个月的群众揭发、工作组和贫下中农积极分子的清查，搞清了许多问题。从总的情况看,这个大队和十个生产队的干部基本是好的,只是少数人有"多吃多占"和工作作风的问题,没有人属于"走资本主义道路的当权派",也不存在"三分之一的政权不在我们手里"的情况。

1965年2月,北京市委书记彭真在一次全市农村"四清"工作广播大会上,作了《农村社会主义教育运动中目前提出的一些问题》(即"二十三条")的报告,他肯定了北京农村干部基本是好的,这个判断也符合天竺公社天竺大队的情况。春节以后,工作队再次下乡回村,主要配合当地干部带领农民搞好春耕生产,同时进行整顿组织的工作,将党、团、行政、妇联、民兵、治安等组织进行改选和调整。到1965年5月底6月初,"四清"工作基本结束,我们撤出了天竺大队,我也回到了北大。

这次"四清"工作,从1964年秋收之前,搞到1965年春耕之后,耽搁了我的学术研究,不过由此进一步了解了农村的复杂性。特别是我跟随齐纪的半年多里,从他身上可以看到其敏锐的思想和果断的作风,在"左"的思想已经非常盛行的情况下,他还能比较实事求是地观察处理问题,给我留下了深刻的印象。

六、"文革"初期的北大

1965年的冬天是一个不寻常的冬天,十年动乱的信号,就是在这个时候发出的。这年11月10日,上海《文汇报》发表了姚文元《评新编历史剧〈海瑞罢官〉》,抨击吴晗在1959年创作的《海瑞罢官》是反党、反社会主义的"大毒草"。

姚文元的文章发表后的两三天,我只是听到传闻有这么一回事,具体内容没看到。因为学术界已经议论纷纷,我就到历史系资料室看了当天的《文汇报》。这篇文章点名批判北京市副市长、著名明史专家吴晗的《海瑞罢官》,把剧中的"退田"、"平冤狱"的情节同1961年所谓"单干风"、"彭德怀翻案风"联系起来,说这个剧要"拆掉人民公社的台,恢复地主富农的罪恶统治",代表了国内外敌人的利益,"同无产阶级专政对抗,为他们打抱不平,为他们翻案,使他们再上台来执政”。我读完这篇文章，当时就觉得完全是牵强附会、捕风捉影、胡说八道。吴晗一直是学术界少有的左派人物，他担任北京市副市长和北京市历史学会会长以后，我曾和他多次接触。前面讲过，我在北大历史系负责留学生工作时，还带过一个波兰学生去见他拜师。吴晗也是我老师邵循正的好朋友，我以为他绝对不会也不可能通过写剧本来反党、反社会主义。

姚文元的文章是有来头的，很多报纸转载了这篇文章。到11月底，《北京日报》、《人民日报》也分别转载了姚文元的文章，并加上按语。《北京日报》的按语强调："几天来，学术界、文艺界对《海瑞罢官》这出戏和吴晗同志写的文章是有不同意见的。"按语认为"有不同意见就应该展开讨论"，并引用毛泽东关于"百花齐放、百家争鸣"的方针，强调百家争鸣。《人民日报》的按语强调："既容许批评的自由，也容许反批评的自由。"并引用毛泽东这样一句名言："我们一定要学会通过辩论的方法，说理的方法，来克服各种错误思想。"与此同时，《北京日报》从北京大学、中国人民大学、北京师范大学、北京师院、北京市历史学会等单位抽调了七八个人，组成一个写作组，撰写讨论《海瑞罢官》的文章，我就在其中。

我是由《北京日报》理论部的徐树业来北大把我接走的。我们这个写作组住在北京日报社的四层楼上，由北京市委文教书记邓拓任写作组长，北京日报社社长范瑾作为写作组负责人之一，负责总联络。我记得1965年12月3日晚，邓拓在他的办公室召开了第一次写作组成员的会议。他一开始就说："《北京日报》转载了姚文元的文章，想就这个问题进行讨论。姚文元的文章不是结论，可以讨论，姚文元文章引文和结论多有曲解吴晗之处。当然吴晗这几年写的文章，也有许多问题可以讨论。"显然，邓拓并不认为吴晗是反党反社会主义。他说："吴晗并没有写过戏，他这次写戏是有感情色彩的，他把自己比作海瑞。"邓拓还说："在学术界提倡好风气，首先把《海瑞罢官》当作学术问题来讨论，姚文元的文章是谈了政治问题，吴晗也会作回答，但主要问题还是在学术上。所以我们写文章的语调、口气要注意，不要扣大帽子，要用商讨、探讨的语气，这次恐怕还是当学术问题来讨论为好。"然后邓拓对我们提出要求："把你们找来,可以研究些问题,写些文章,提倡好的学风,摆事实,讲道理,有什么看法,就写什么,我们不采取出题目写文章的办法,因此,不研究问题,也不集体写文章,以个人的名义写。"可以看出,邓拓主张把《海瑞罢官》的讨论当作学术问题来讨论,但对这场讨论的结局,他心中也没有数,所以他并不希望写作组成员正面顶撞姚文元。

会议之后,大家分头去写文章。我对明史没有多少研究,对海瑞的资料也不熟悉,更不懂得如何写作戏剧,所以还是从写学术论文的角度来完成这项任务。我用了近两个月的时间,在北大图书馆查找明史中有关海瑞的资料,以及苏州、松江地区的地方志记载农民反抗斗争的资料,写了一篇文章,报社排出的小样有一整个版面,主要和吴晗讨论农民反抗斗争等问题。报社嫌内容偏学术、篇幅过长,就没有采用。当时又接到紧急通知,要我去北京天竺公社进行"四清"复查工作,我就马上下乡去了。

1966年3月回校,北大党委又把我从《北京日报》写作组调回校党委批判《海瑞罢官》的写作组。我把在北京日报所写的文章修改压缩成四五千字,集中论述了苏松地区农民的反抗斗争,题目为《苏松地区的阶级斗争不容歪曲》,大约在1966年4月中旬发表。这时,形势已经急剧转变,听说毛泽东亲自出面,为批判吴晗升温。因此,北大党委写作组必须着重于政治上批判《海瑞罢官》。我们这个写作组由历史系明清史讲师袁良义、五年级学生杨绍明(杨尚昆的儿子)、法律系研究生王有才和我四人组成,期间党委书记陆平和彭佩云还来作过指导。文章写成后,在5月份的北大校刊上发表,实际上是一篇政治表态的文章。在批判《海瑞罢官》的整个过程中,邓拓、陆平、彭佩云都过问、参与过,但他们怎能想到,6月份时,从这场讨论蔓延起的"文化大革命"首先从他们身上开刀了。

1966年5月25日,北大哲学系党总支书记聂元梓等7人贴出一张大字报,题为《宋硕、陆平、彭佩云在文化革命中究竟干些什么》,矛头直指中共北大党委和北京市委。大字报一贴出,便引起全校师生的混乱和激烈争论,并引起社会上的震动。6月2日,《人民日报》全文刊载聂元梓等人的大字报,同时发表了《欢呼北大的一张大字报》的评论员文章，称聂元梓等人的大字报“揭穿了‘三家村’黑帮分子的一个大阴谋”，称北大是“反党反社会主义的顽固堡垒”。接着，《人民日报》又发表《评“三家村”》和《横扫一切牛鬼蛇神》等文章，“文化大革命”就这样在北大首先爆发了。

为了控制北大的混乱局面，刘少奇、邓小平负主要责任的中共中央指派河北省委书记张承先率领工作组进驻北大，领导“文化大革命”。历史系工作组组长是煤炭部的组织部长及海军航空兵的参谋长，其他组员也大多是做干部工作的团处级干部，比较懂得掌握政策。工作组把我和一个魏姓的副主任选入工作组，我主要帮着做老师工作这块，他负责学生那块。工作组在系里的主要工作，一是组织教师学习中央文件指示，二是排查教师的档案，摸底教师的情况，看看有没有历史问题。那时，虽然已出现大量揭发批判的大字报，历史系主任翦伯赞和副主任周一良、许师谦以及党总支书记徐华民等九人被集中点名揭发批判，不过在工作组的掌控下运动还比较平稳。

大字报是些什么内容呢？无非就是罗列各种大大小小的事情，上纲上线地添加些罪名。比如我们的一位著名教授，有个湖南师范学院考来的研究生，因为头脑比较迟钝，方言又很重，这位教授曾发了一句牢骚“山野之民，不可教也。”结果这件事被写上大字报，罪名是歧视工农学生。又如技术物理系，也就是当时的核物理系，有张大字报，说老师让学生扛带有放射性元素的材料，危害学生身体健康，这叫残害工农学生。又如一个留过洋的医学系的教授，一次手术时开玩笑说病人这皮肤好嫩，就像小猪肉一样，也成了后来大字报上的罪名。总之，每个人都可以被找出一些或大或小的事情来写，冠上“资产阶级的历史观”、“资产阶级的人生观”、“迫害工农学生”等等罪名。

到了6月18日，北大发生了严重的揪斗事件。历史系青年教师、负责学生工作的范达人、徐天新、吴代封，头上被学生扣上厕所的纸篓或纸糊的高帽，脸上、身上被泼了墨水。张承先率工作组赶到现场，制止了揪斗，并作出一项决定，凡是揪斗要经过工作组的讨论和批准。工作组把对这一事件的处理情况上报中央，刘、邓二人表示肯定，并将其转发给全国，强调“中央认为北大工作组处理乱斗现象的办法是正确而及时的,各单位如果发生这种现象,都可参照北大的处理办法”。

当时,在外地的毛泽东却认为6月18日的北大揪斗事件是革命的,这使得陈伯达、康生、江青等更加清楚毛泽东实际上是不支持工作组的。7月26日,江青、康生等一伙人来到北大东操场,召开万人大会,在北大师生员工面前乱点名、乱批斗,并宣布工作组执行的是“刘邓资反路线”。康生当面批判了北京新上任的市委第一书记李雪峰,也把台上的张承先批斗了一番。江青还声嘶力竭地叫喊历史系教师郝斌“混进了积极分子的队伍”,并指控郝斌迫害她的女儿李讷,甚至连毛泽东的儿媳即毛岸青的妻子、中文系学生邵华也被点名,说“坏人钻到我们家里来了。”我当时听了心里一惊,也有点发颤,担心郝斌要吃大苦头,也担心会不会牵连到我自己,因为是我向工作组提议,让郝斌来负责历史系的大字报材料工作的。不出所料,当晚郝斌就被历史系学生抓起来进行批斗,后来被关进“牛棚”,受尽折磨。接着,历史系有两三位教师贴出大字报,说我包庇郝斌、打击李讷。

这里我要说的是,所谓“迫害李讷”,是1964年秋冬下乡进行“四清”时,郝斌与李讷同在北京天竺公社天竺大队第十生产队,郝斌是组长,他俩工作中常有分歧和争论,郝斌觉得不能因为李讷的特殊身份就一定要听从她,所以惹来一个“迫害李讷”的罪名。工作组进系后要选拔积极分子,我提议郝斌,因为他是铁路工人家庭出身,是党员,学生时期担任北大学生会副主席,留系工作后我们同在中国近代史教研室,他担任中国史专业的党支部书记,熟悉系内情况,作风正派,工作负责,群众关系好,所以我才有如此提议。于是,我就成了“包庇郝斌、迫害李讷”。对于这份大字报,我也回写了一张作为答复,说明了当时的情况。不过,有一位考古教研室的青年教师,他极“左”而且野蛮,后来还拿着考古发掘用的铁叉,对着教研室主任宿白教授的肚子批斗,被人挡住了。他自己的房间里,供奉着毛泽东像,烧香点蜡烛,显示其对领袖的无限忠诚。他贴出的这张大字报,大意是蔡少卿包庇郝斌,郝斌都被揪出来了,你也跑不了了！对于这种人,如果继续与之辩论恐怕会吃眼前亏,我就没有理睬。

后来我听说,他在教研室待不下去,就自己回老家了。

自康生、江青等人来北大后,工作组被批判,因此很快就撤离了,北大和历史系开始大乱。全校和各系揪出来的黑帮分子、走资派或者统称为“牛鬼蛇神”的人越来越多,他们都被赶到校园的空阔地上,胸前挂着牌子,写着其罪名,如“黑帮分子×××”,或是扫地或是拔草,实际上被放置在一个开放的批斗场里。校外来北大参观朝拜最高领袖盛赞的“第一张马列主义大字报”和“文化大革命发源地”的人犹如潮涌,据《新北大报》统计,自1966年7月29日到8月28日一个月时间里,北京市内市外来参观者约有120多万人,仅8月12日这一天就有13.8万人。参观者看到在露天劳动的“黑帮分子”、“牛鬼蛇神”,纷纷前往围观,有的还责问、辱骂,甚至揪头发、拳打脚踢。那时,陆平校长白天被关在生物大楼后面的一个铁丝网围栏里,这本是生物系圈养实验动物用的,如今却关着北大校长,参观者络绎不绝,像是在动物园观展一样。

当时,历史系的办公室在北大三院,这是一座庭院式建筑,红柱青砖,朱漆大门,进入院落,有一条水泥小道,两边是草坪,院落其他三面是幽静的小楼。1966年6月以来,三院的墙上贴满了大字报,一层叠一层。最初被点名批判的是翦伯赞等9人,到了七八月份,被大字报攻击的人就更多了,参观者挤得水泄不通。有一天,三院的大门上贴出一副对联:“庙小神灵大,池浅王八多”。后来,听说毛主席知道了这副对联,改成“庙小神灵大,池深王八多”。有人用红纸,以更大的字体,恭敬地写出来,贴到原来对联的地方。此时,历史系已经揪出24个“牛鬼蛇神”。以后,这个池子里又陆续挖出几个“牛鬼蛇神”。到1968年,历史系“牛鬼蛇神”的总数为34人。而当时北大历史系各个专业的教职工总数不过一百人,揪出人数超过三分之一,比例占全校之首。

我再细说一下这些参观者们。校外来的参观者很多是外地人,他们是通过全国性的“串联”活动来的,他们不会单纯地“参观”而无功而返,如果遇到“牛鬼蛇神”,也会设法刁难和参与批斗。据郝斌回忆,有一天历史系的24个“牛鬼蛇神”被叫到三院的系文革办公室里,一番照例的训斥之后,监管他们的红卫兵要押他们去校园拔草,还没走出三院大门,就被迎面而来的“串联”人群堵住。人越聚越多,三院的墙头上都站满了人,都动弹不得。人群中有人喊:“把牛鬼蛇神带到阳台上去!”三院有个阳台,他们就被逐个推到阳台上,挨个儿向台下交代自己的姓名、出身、罪名等等。接着又有人喊:“让他们站到栏杆外边,一起跪下!”阳台栏杆近一米高,栏杆之外,只有一条70公分宽的排水槽,排水槽的下凹部分不足50公分宽,他们只好听命,一个个跨出栏杆,在水槽里一起跪下,被斗争了半个小时。当时,水槽凹处铺的是石子,往外只有10公分左右,跪在石子上,必须控制身体平衡,否则会一头栽到阳台下。下跪的24人中,有著名教授向达、杨人楩、邵循正、邓广铭、商鸿逵等,向达教授已经66岁,其余几位也在60岁上下。批斗会结束,监管学生喝令他们去劳动时,向达、杨人楩却仍然跪着不动,原来,他们已经站不起来了! 郝斌说:“这是我们文革中遭遇的‘第一跪’。其实,控制平衡不栽下去,还算容易;精神和人格上能够承受住这种压力和侮辱,才是难关。”

工作组被江青、康生从北大赶走以后,北大就成立了一个“红色权力机构”,即“北京大学文化革命委员会”,简称“校文革”,由聂元梓担任主任,掌管学校的一切。随后各系也依样画葫芦,成立“系文革”。聂元梓主持的“校文革”,除了揪斗“牛鬼蛇神”,到处煽风点火,搞动乱、搞派性斗争,没干什么好事。他们在北大建起两个关押“牛鬼蛇神”的地方,称为“牛棚”。一个是在民主楼西侧的大型“牛棚”,也就是季羡林先生《牛棚杂忆》里所言的那个牛棚,那里关押着两百来个“牛鬼蛇神”。陆平先是在生物楼下的动物圈养场地里,随后就转移到这个牛棚中,朱光潜等老教授也被关押在里面。牛棚里的劳改监管人员折磨劳改犯的花样之多,手段之恶毒,令人难以想象,这在《牛棚杂忆》里有所记载。北大既是全国最高学府,也是“文革”的发源地,牛棚一建起来,来观摩的人特别多,成为全国的标杆,从此中华大地上到处建起牛棚,受迫害折磨者何止千万!

北大的另一个牛棚建在北京北郊昌平区的太平庄,原本是1965年历史系半工半读基地,起因是知识分子既要学习文化,也要深入劳动之类的理由。这里有瓦砖房数十间,坡地八九块,分布在几个小山头上,附近有一个三四十户

与北大老同事郝斌合影,1998年

的小村庄叫太平庄。由于历史系的“牛鬼蛇神”特多,1966年就有24人了,已构成一支队伍,就把他们单独关押到这里,形成一个全封闭的劳改集中营。此处没有校外人员来参观,但这里监管人员折磨劳改犯的残酷性,与校园牛棚比起来有过之而无不及。最近原北大党委副书记兼副校长郝斌教授,以80岁的高龄出版了一部《流水何曾洗是非——北大牛棚一角》,这部“文革”实录翔实记载了历史系牛棚的情况。我只举他说的两个例子。

一是所谓“单兵教练”,这是监管学生当时的用语,从众多劳改犯中挑出一个,从太平庄押回北大,单个批斗。这种批斗不像以往是人格侮辱和简单体罚,而是以斗为辅,以打为主,每隔两三周就得有人拖回北大去挨打。被“单兵教练”过的人回来后,必是有伤在身,行动不便,消沉多日。这种“单兵教练”,郝斌也挨过。那是1968年7月26日,郝斌刚起床,一个监管学生就把他押回北大,直奔三院101教室。一进房门,里面坐满了人,爆发式的口号劈头盖脸而来。批斗发言开始,郝斌没想到,发言的竟然是与他同在中国史教研室搞中国现代史的“大学弟”丁则勤。他俩在1958、1959年先后毕业留校任教。丁则勤拿着一本1964年从郝斌手里借来的现代史讲稿。因为1964年郝斌下乡搞“四清”,由丁则勤接手给低年级学生上这门课。当时丁对郝斌说,自己第一次上这门课,来不及准备,所以让郝斌留下讲稿给他用,郝斌毫不犹豫地帮了他。当时的郝斌怎么可能料到,两年后自己因为“四清”背上了“迫害李讷”的罪名,四年后因为帮助丁则勤而反被其批斗!丁发言说:“黑帮分子郝斌反对毛主席不是偶然的,我手里有他的新罪证!”他手里一抖,哗啦一声拿出厚厚的讲稿说:“这是郝斌上课的讲稿!全是他的白纸黑字!我念一段给大家听。”丁念的内容,是郝斌在讲稿中引用《毛泽东选集》的一段话,但在引文之前,郝斌没有加上当时惯用的“毛泽东同志指示”或“毛主席教导我们说”,而是简写的“毛说”。丁则勤借此发挥:“革命群众听听,他居然把伟大领袖像美帝、苏修一样称作‘毛’!他是多么的反动!”原来,郝斌的讲稿是用系里发的方格纸写的,那一页已经写满了,毛泽东的这句话是后添上的,因为没有地方写,只能写在方格之外的一侧,纸头太窄,为了把引文写完,就简写了“毛说”,让自己看懂,课堂上当然不会这么讲。可是这位“大学弟”硬要象牙上挑刺,危言耸听,一下把全场惹火了,个个都摩拳擦掌前来动手。但是教室里用的是带扶桌的椅子,排得很密,不好施展拳脚。这时身高一米九的丁则勤,身大力不亏,向郝斌后脖颈上猛击一掌,郝斌瞬间倒地。教室内的批斗结束,郝斌被带出教室时,又有人向他下体猛踢一脚,踢到他的阴囊睾丸,郝斌立即昏倒在地。两个押解的学生硬是把他从三院拖到大饭厅的北门。两个学生要到窗口打饭时,架着郝斌的手一松,郝斌就瘫倒在地,地上全是洗碗池流出的脏水。他自觉当时胸口如火烧一般,恶心难受,头痛欲裂。他不得不强挣扎起来,用凉水冲脸,用自来水把上衣完全淋湿,冲掉洗碗水的污物,而后再穿上。据说,郝斌这次被“单兵教练”,是为了纪念江青来北大操场点名郝斌“迫害李讷”两周年。聂元梓掌握的《新北大报》当日还发表纪念文章,题为《反革命小丑郝斌休想翻天》。

在“单兵教练”之外,太平庄牛棚还有一种独有的批斗方式叫“断崖夜斗”。监管人员要某个劳改犯交代问题,如果认为他交代得不老实,就在夜间把他带上山,让他站在悬崖边批斗,被斗者稍不小心,或是被轻轻一推,就会掉到山下,葬身崖谷。一天晚上,执掌太平庄监管大权的历史系学生高海林,突然要杨人楩教授交代一个“历史问题”。高海林把杨先生带到山上,让他站在一个断崖边上,背朝外,脸朝里,又让一群“牛鬼蛇神”在高海林身后围半个圈子。高海林对杨说:“你交代了,我放你回去;你嘴硬,我就把你推下去。”杨先生素有哮喘病,爬上山去已经是气喘吁吁,但他还是要凭良心讲话,一口咬定绝无此事。高海林本是历史系二年级的学生,文革开始后,他独自成立“炮兵营”,自命为营长,是全校有名的聂元梓的打手,性格粗暴,做事不分深浅,在太平庄里动辄对老师们打骂交加。他要杨先生交代“历史问题”,其实自己没有什么证据，是故意刑讯逼供，看能否有所收获。那晚悬崖之上，攻之者说有，辩之者说无，双方僵持，无法收场。大家担心高海林会恼羞成怒，真动手一推，杨先生便要魂销燕山脚下。这时，旁边的一个"牛鬼蛇神"开了头："杨人楩！红卫兵小将的话是挽救你，你应该端正态度，老实交代！"大家七嘴八舌地也这样帮腔，还高呼："坦白从宽！抗拒从严！"形成一种高海林得势的局面，使他能有个台阶，面子上过得去，放了杨先生。回到太平庄宿舍时，已经是午夜时分。

年近古稀的向达教授身患严重的尿毒症，双手浮肿，得不到基本医疗，却仍然被关在太平庄"牛棚"强迫劳动，最终于1966年11月24日离开人世。这是文革中最早被迫害致死的国宝级教授。

历史系还有几个"牛鬼蛇神"，他们当时基本免除随时批斗和关牛棚劳动，但处境更糟。首先是系主任翦伯赞，他是与郭沫若、范文澜齐名的马克思主义史学家，1939年就是地下党员，1952年院系调整后，周恩来总理派他担任北大历史系主任，全系师生都尊称其"翦老"。1966年3月，戚本禹等人在《红旗》和《人民日报》上发表长文，批判翦伯赞的历史观。紧接着，毛泽东亲自出面点翦伯赞的名。最严厉的是当月17日至20日，毛泽东在政治局常委会扩大会议上说："吴晗和翦伯赞等人是共产党员，也反共，实际上是国民党。"这一下翦伯赞就成了人民的敌人。因为他常年哮喘，身体太差，一把老骨头拉一下感觉都会散架，经不起住牛棚，就安排他在家里受监管，交代"罪行"。1968年12月18日，刘少奇专案组的副组长巫中，带了两个解放军战士到翦伯赞家，对卧病在床的他进行审问。有个战士看到翦伯赞胸前戴着毛主席像章，一把就去扯拉，斥责他没资格戴主席像章。审讯当天很严酷，逼迫的气氛很浓。这些是当时翦伯赞家的监管学生后来说的。随后的事情大家都知道，当晚翦伯赞先生写下了绝命书，说明自己没有反党反社会主义，审讯的问题"我实在交不出来"，结尾还三呼"毛主席万岁"，尔后与老伴一同服下大量安眠药自杀。出事以后，毛泽东也认为翦伯赞是被逼死的，巫中还在北大一个小范围的干部会上作了检讨。

其次是齐思和教授和副系主任许师谦。齐先生患糖尿病，眼睛已经失明。许师谦是脑血栓,文革开始前一年就卧病在床了,站起来都很困难。所以,文革开始后对他们只能床前批判和口头交代问题。第四个没进牛棚的是汪篯教授,他是陈寅恪的嫡传弟子,隋唐史专家。“文革”前,有人写《魏征传》,他帮了点忙。因为魏征敢于对上犯颜直谏,跟海瑞有点像,所以吴晗的《海瑞罢官》出事之后,《魏征传》也被绑在一起批判,因而牵连到汪篯。文革一开始,学生就把大字报贴到他家门上,要斗争他。1966年6月11日,汪先生即以死相抗,服苯海拉明药水自尽,是文革中北大第一位死难者,那时候牛棚都还没有修起来。此外,还有两个年轻教师,考古专业的俞伟超和中古史教研室的李原,他俩没有被示众批斗,但在污辱和压迫下用生命寻求解脱。俞伟超在系里比较受领导重视,担任不少工作,所以被学生批为“黑帮小爪牙”,他受不了,就去触电寻死,但失去两根手指而未死,然后又去卧轨寻死,被火车头前的挡板推出铁轨,幸免于难。李原则是在自己宿舍直接上吊自尽的。

最后一个是吴维能,他在1959年前担任过历史系办公室主任,在反右倾斗争中被批判撤职。命运弄人,文革一开始,当年主持批判他的许师谦、徐华民都成了“黑帮分子”,纷纷倒台。他则以“受黑帮分子迫害”的形象复出,在“系文革”成立后,在原来的系主任、副系主任等主要领导全部倒台后,他当上了“系文革”的主任。然而,1968年“工宣队”和“军宣队”进校后,首先进行“清理陆平时期的黑班底”,陆平时期的党政干部都要遭殃了,系里唯一就剩下当年的办公室主任、党总支委员吴维能,于是就把他捉去作为“黑班底”,将他隔离审查,把他在反右倾时期的老账拿出来清算。吴维能受逼难忍,一天早上骑自行车到东校门外,喝了农药溺死在游泳池里。

据统计,“文革”期间,北大教职工和学生中所谓“非正常死亡者”,包括不堪凌辱而自杀者、被拳脚相加和各种刑具活活打死者、垂暮之年被关进牛棚有病无医而身亡者,共有63人,其中历史系就有5人,按死亡先后时间分别是自杀的汪篯、劳累病死的向达,还有自杀的李原、吴维能、翦伯赞三人,居全校首位。有人说,整个北大是文革的重灾区,历史系又是重灾区中的重灾区,这是千真万确的。

工作组撤离后，历史系原领导班子全部下台，我也不例外，成为一名群众，既没有被当作“牛鬼蛇神”批斗，也没有批斗过“牛鬼蛇神”，唯有几次奉命接待过来北大串联的红卫兵。1966年8月18日，毛泽东在天安门城楼上检阅来京串联的红卫兵，我曾带领着山西省的红卫兵去天安门。整个长安街是人山人海，当毛泽东主席从城楼上走下来时，陪同他检阅的解放军总参谋长杨成武的敞篷车差点被挤翻，我在人群中被裹挟得感觉漂浮了起来，根本感觉不到脚着地。据说事后打扫天安门广场时，被挤掉落下的鞋有上百箩筐。此时，全国的大串联已进入高潮，参加红卫兵是很时髦的，必须是工农家庭出身或革命干部子弟，带上一个红袖章就可以到处冲杀。以我当时根正苗红的条件，我也可以参加，但是我不想，也没有加入。我只是和历史系的林华国、王晓秋、郑家馨、陆庭恩几位青年教师，于10月初一起去外地串联，看看北京以外的形势。第一站到了广州，然后去了西南的贵阳、昆明、重庆，转而到武汉，最后去的上海。所到之处，车站上人山人海，上火车是从车窗里爬进去的，车厢里水泄不通，喝水如厕都十分艰难。我们所到的这些城市都在批斗走资派，昆明在批斗云南省委书记阎红彦，重庆在批斗市委书记任白戈，上海正在准备夺权，即所谓“一月风暴”。我们从上海回北京时，火车在安徽北部一个小站停了两天两夜才开动。这几个月的外出中，我们所见的是天

1966年，北大历史系青年教师外出串连合影，
左起郑家馨、王晓秋、林华国、陆庭恩、作者

翻地覆般的一团混乱，毛主席说这是“乱了敌人”、“天下大乱才能天下大治”，实在令人难以理解。

回到北大时正是1966年底1967年初，北大已分为两派，拿着高音喇叭互相对骂。一派是聂元梓为首的“新北大公社”，另一派是以法律系学生牛辉林为首的“井冈山兵团”。新北大公社的“老佛爷”聂元梓经常打出江青的旗号，自封是毛主席革命路线的执行者和捍卫人。井冈山兵团也不示弱，他们也打出江青的招牌。其实，两派都是在执行极“左”路线，打砸抢、批斗“牛鬼蛇神”和“走资派”。不同的是，新北大公社掌管着学校大权，人多势众，作威作福，不可一世；井冈山兵团始终被新北大公社压制，处于弱势地位，想争夺领导权，把对方搞垮。当权的新北大公社占据整个北大校园，井冈山兵团只在学生宿舍区有几座楼当基地，楼与楼之间还挖了地下通道，守卫森严。1967年春夏之交，两派开始武斗，新北大公社财大气粗，把学校的钢管锯断，制成长矛当作武器。井冈山兵团也拼凑了一些武器，并在其基地楼上装配了许多强力弹弓防御。新北大公社为了围困井冈山兵团，将周围的一些通道用木板、铁丝网、树枝封死。我当时住在井冈山兵团基地旁边的宿舍23楼，大门也被新北大公社封死了，只能从侧道小门进出，还要提防井冈山那伙人从远处用弹弓射来的石子和墨水瓶。

在一年多的武斗时间里，我哪一派都没参加，基本上当了一个逍遥派，每天到中关村科学院的黄庄医院针灸治疗多次下乡工作积累下的风湿性关节炎。这个医院虽小，但针灸科的范老大夫，是慈禧太后御医的孙子，医术高明。他年逾古稀，每天只挂六个号，所以我每天晚上12点就要去排队挂号，进出校门，有新北大公社的岗哨盘问。每天上午针灸之后，我就和我的同乡、历史系三年级的张再鸣，以及他同班的罗士卿、黄盛章一起活动，他们几个虽然是新北大公社的成员，但不是铁杆分子，很听我劝说，不去参加派性斗争，更不参加武斗。我们主要是搞一些调查研究，比如1966年下半年外出串联期间，我去看了南通大生纱厂，找了居住在上海的安源工人运动时期的一个老矿长。另外我们也写一些批判性文章，这是政治形势下的应景，谁都逃不了的。

与张再鸣(右二)等合影,1968年

1968年秋,军宣队、工宣队进校,搞斗批改和清理阶级队伍工作,此时我这几位朋友也各自毕业分配工作了。因为他们在文革中没参加什么事情,在改革开放后被认定为表现好,张再鸣被提拔为天津市电视台台长和新闻出版局局长,罗士卿担任福建龙岩的政协主席,黄盛章则在他家乡的重点中学余姚中学当高中老师。

第五章　结缘南大

一、从盐城机床厂到南大

“文革”期间，高校瘫痪，经过“斗、批、改”，教师们大多下放各地劳动，北大历史系的教师是在江西鲤鱼洲劳动。那时，我的爱人潘爱珍从北大法律系研究生毕业，原来分配在最高人民法院政策研究室工作，但“文革”中公、检、法被砸烂，她就被分配到江苏。为了家庭的团聚，我向工宣队提出申请，希望也能回江苏。工宣队审查后，派负责历史系教师工作的杨师傅（北京长辛店坦克工厂电焊工）找我谈话，说工宣队看了我的档案，政治上没有问题，表现一贯很好，本来你是在职研究生，没有分配名额，但考虑到你的父母、爱人、孩子都在江苏，同意让你顶替一个大学生分配名额去江苏，马上就可以离校。我在几天之内，将几十箱书运到清华园车站托运，办完了一切手续。1968年12月26日晚，我与一些师生一起吃过为毛主席祝寿的面条，由工宣队派一个红卫兵送我上火车，就这样离开了北大。

1969年元月初，江苏省分配办公室将我分配到苏北盐城。盐城地区分配组知道我原是北大历史系的教师，读了在职研究生，能写写文章，想把我分配到《盐阜大众报》工作。我考虑到文革时期到报社写文章编稿子容易出问题，所以提出希望到工厂去劳动。于是分配组组长老卞就把我分到盐城机床厂，他告诉我，这是盐城军分区陈司令蹲点的单位，是个很好的工厂。

我到机床厂报到后，政工科把我分到热工车间大炉作业组。因为当时厂里正在搞清理阶级队伍的工作，我在大炉组劳动了几天后，政工科又把我借调去搞了两个月的“外调”工作，调查一些干部和工人的政治历史问题。接着就任命我担任厂党委秘书，主要从事一些文字工作，如会议的记录，向上级机关写报告，帮厂党委书记作调查研究，以及与各车间支部联络等。一年后，厂领导又决定任命我担任热工车间的党支部书记和政治指导员。他们考虑到，热工车间的工种多而艰苦，原车间领导之间不团结，有些作业组长不常参加劳动，不少转业军人不安心于铸造、锻压等艰苦工种的工作，工人的工资普遍较低，家庭生活困难的人多等等，情况特别复杂。而且，这个车间在整个厂是第一道工序，如果产品不及时出来，或者出了什么差错，就会影响到后面的精加工、装配等工序。我毫无思想准备，感到很突然。因为我在北大时，脑子里一直被灌输的是知识分子要接受贫下中农和工人阶级的再教育。“文革”开始，知识分子就成了“臭老九”，怎么能在工厂里担任领导，领导工人阶级？所以，我一再推辞。厂党委书记周泉是抗日时期新四军的老干部，他对我说：“这是党组织对你的信任，党组织的决定，你应该服从。你是知识分子，有知识是好事，对工作有利。像我这样的人，是个老大粗，就是吃了没有文化的亏。我们看过你的档案，知道你是有十多年党龄的老党员，过去一直做党的基层工作，做知识分子的工作比做工人的工作可能更难。我本来让你做厂党委的秘书，但车间里需要你，担任车间的书记是能胜任的。如果遇到什么困难，可以找我和其他领导。”经过周泉书记的劝说，我只得答应下来。

我接任这个职务以后，首先做调查摸底工作，弄清这个车间有木模、大炉、铸造、精密铸造、浇注、清砂、锻压、热处理、电焊、冷作、机修、技术室、化验室、行车组等14个作业组室，约250个工人，都是属于第一代工人，其中1958年进厂的就算老工人，因为这个厂是1958年大跃进时期建立的，是盐城三大著名工厂之一（其他两个是江淮动力机厂、盐城拖拉机厂）。当时从盐城地区各县招收了一大批青年，外出进行培训，请南京、无锡、上海机床厂的老工人进厂传授技术，又从技校招收了部分技工，才正式建立起各个车间不同工种的作业组,全厂只有几个是抗日时期为驻盐城新四军修理枪炮的老工人。“文革”期间,热工车间接收退伍军人约30名、无锡插队知青20名、盐城地区各县知青40名、盐城街道失业人员25人、家属临时工25人(清砂工)。这个车间的主任王学成(当时称连长)是铸造老工人,副主任是中年锻压工潘大成。两名副书记(副指导员)一个是电焊工孙文才,技术高超,一名是热处理工吉义祥。他们两人有矛盾,不团结。“文革”期间,厂内分为两派,一派以“红卫队”为核心,另一派以“红战队”为核心,派性斗争对热工车间的影响并不严重。工人中大部分人的工资很低,一般在每月20元左右,困难户比其他车间要多得多。由于工种苦,退伍军人、知识青年大多想跳槽改换工作。摸清车间的情况后,我在热工车间工作了差不多四年时间,比较严格地要求自己,经历了不少磨练和考验。

分到这个厂的大学生,有些人在街上租房住,自己做饭,但我一直坚持与工人同吃、同住、同劳动。这个厂有一个大食堂,所有住在厂里的单身工,都在一个食堂吃饭,中午下班,食堂拥挤不堪,都要排队买饭菜,可以在饭厅的餐桌上吃,也可打回宿舍吃,吃好吃差,都得听食堂的安排。大食堂煮饭的米较低劣,多数情况下,饭既硬又有砂子,特别是冬天保暖设备差,去晚了只得吃冷饭,我的处境也不例外。住的条件,我刚进厂时,六个工人同住一间房,床位排得满满的,两排床位间只留一条狭道,进出转身都有困难,特别是夜班工人上下班,影响别人的睡眠。因为住得太挤,厂方在1971年新建了三座小楼,改为四人一个宿舍,条件才有所改善。由于我常年同工人同住同吃,没有一点特殊,因此工人跟我的关系就很亲近。特别是一批无锡知青,他们有时买了鱼虾,备了酒菜,总要请我一起吃,谈谈心、说说知心话,把我视为他们的老师和长辈。

与工人同劳动,这一点在热工车间特别重要。我所在的大炉组,是重体力劳动,差不多每星期要开两次大炉,用铁水浇灌铸件。由于这个厂生产的CA120车床和摇臂钻床,是出口到一些第三世界国家的产品,机床的质量首先一关是浇灌出的铸件如何,也就是大炉化出铁水是否达到要求。所以大炉班组每天有七、八个人砸条枕铁，把一长条的生铁砸成三块方形铁块，必须砸到足够供应开炉的量，其次是每天有几个人选择用于燃烧化铁水的焦炭，另外要有几位师傅用耐火泥搪好大炉，以备准时开炉。我由于缺乏技术，每天只能拼体力，用24~28磅重的铁锤砸条枕铁，在休息的时间，我就到各个作业组巡视一下，遇到什么问题当场协商解决。每次开大炉都在傍晚进行，由于我不会做炉前工人看铁水的温度等技术，只能在楼上加料，燃烧的焦炭放出大量一氧化碳气体，吸入体内以后，就会头昏无力。我坚持参加劳动，产生了积极的影响。原来我们这个车间有几个班组长，不常在班上干活，经常在室外借口领料或其他事而晃荡。工人很有意见，在背后议论说："人家蔡指导员，从北京大学来的老师，还天天劳动，我们的小小班长，有什么了不起，为啥不干活?"这些议论传到他们耳边，听得也难受，再加上厂领导有时在大会上也批评这种现象，这些班组长不干活的现象就逐渐得到改变。那时，我处于年轻力壮的时期，干了四年多的重体力活，特别是砸铁劳动，虽然能应付过来，但常感到腰椎疼痛。后来，我到南大工作，经医生检查，我患上了腰椎病，从X光照片上看，腰脊椎已弯曲损伤，发病的时候，腰疼痛得直立不起来，经多方治疗，仍未除病根，时常腰痛发病。同作业组也有两三位工人，跟我一样，患上了这种职业病。

在机床厂加料楼上留影，1970年

我初到车间，对生产技术问题不在行，首先向老师傅请教，逐渐懂得了各个工种作业组的技术关键。凡是生产上的任务，主要依靠车间主任来抓，我与两个副指导员主要抓班组长和工人的思想工作。副指导员孙文才，电焊技术高，在工人中较有威信，平时我常与他谈心，多向他请教。遇到大事难题，我们总是先商定一个初步意见，然后在车间干部会上讨论，再分头去解决。这样，我们工作得还算比较顺利。

另外，我努力关心工人疾苦，多与他们交朋友。盐城地区是个老解放区，经济欠发达，这个厂的工人，工资普遍较低，一般工人月薪在30元上下，有的还不到20元，孩子多的工人，家庭生活就很困难。所以我平时比较注意访贫问苦，厂里有困难补助金，都尽力为本车间多争取名额，根据实际困难的情况，分别轻重缓急，公开透明进行评议，合理补助。工人家属及孩子病了，我总要带慰问品上门看望。特别是这个车间的铸造、锻压、大炉工种，尤其辛苦，患胃病、腰腿病的人较多，我在厂的四五年里，胃病开刀的就有五、六人，每逢动手术，我必到病房探视，并购买营养品慰问。

在工厂里做工人的思想工作，绝不是空头说教就能解决问题的，而应该以平等的身份与他们结交朋友，建立感情，言之以理，动之以情，才能有所成效。我们车间的工种大多比较脏而苦，许多退伍军人和一些知青不安于本职工作，总想跳槽改换工作。我和他们谈心时，总要从身上掏出几支香烟，坐下来聊。那时候的青年人，把抽烟看作时髦，指导员给烟抽，更觉得看得起他，就增加了亲近感。原来我每天只抽几支烟，因为与工人谈话交朋友，后来我每天身上总要备一两包“大前门”或“飞马”牌香烟，甚至别的车间的老师傅也来从我工作服胸前的口袋里掏烟抽。因为工作劳累，每周总有一两天下班后，约七八名锻压、铸造等班组的青工（退伍军人）甚至老师傅，一起上饭店，叫两盘猪头肉，两瓶“盐城大曲”，喝完酒，每人一碗汤面，大家吃得很开心，又解了疲乏，埋单不用说该由我来。那时盐城有肉联厂，猪头肉这些食品非常便宜。我的工资每月62元，虽然从1956年以后，将近二十年，我没有增加工资，但在这个厂比一般工人差不多要高一倍。我每月除了给父母和孩子寄二十多元生活费以外，就所剩无几。工人们见我毫不吝啬，很讲义气，对我更加信任，凡是遇到重大的生产任务，需要加班加点，只要我和他们的班组长一打招呼，大家就能迎头而上。特别是锻压车间,积累的铸件较多,如果不及时锻打出来,就会拖精加工车间的后腿,每逢加班加点,我总要到现场鼓励,有时到深夜,大小空气锤还在发出震耳的响声。

前面讲过,我们车间的工种大多脏而累,要求跳槽改换工种的工人不在少数,但并不是一律不能改换工种,主要根据工人的身体状况,实事求是地加以调整。例如,锻压车间有一个从海军退伍下来的工人,患了肝炎病,他本人非常老实,干了两年锻工,身体实在吃不消,向我提出申请。我征求了医生的意见,同时也经车间其他领导和他所在班组长的同意,将他调到木模作业组,他本人满意,大家也觉得合情合理。这位锻工的工种调整以后,锻压车间另一位青年工人,他是机床厂对门的电机厂革委会主任的外甥,通过我们厂的政工组长(他原是电机厂革委会主任的老部下)来跟我讲,希望我给这位青工改换工种。这位青工身强体壮,没有任何理由改换工种,所以我立即把他顶了回去。后来他又两次来说情,要我高抬贵手,我就跟他讲:"我们车间想换工种的人很多,你不是不知道,如果我把他调动了,整个车间将会闹翻的。"他觉得此事实在难办,就不再吭声了。我想,处理这类事,宁可据理得罪个别领导,也不能无理得罪工人群众。

热工车间,工种苦,人员杂而多,我在这个车间工作,经常会遇到一些意想不到的事情。如工人之间争吵打架,烧伤、烫伤、砸伤等工伤事故,以及其他一些急事,必须及时到场处理,有时急得像救火一样。例如有一次开炉浇灌铸件,铁水飞溅,不仅烫伤了两个浇铸工,还烫伤了开行车的女工,就得马上将伤员送医院救治,事后要给予疗养补助。这是很难避免的工伤事故。有一年夏天,铸造车间里架了一个大电风扇,没想到,一个女工把她五六岁的孩子带到车间里,孩子见到这个风扇,好奇地将小手伸进电扇围栏圈内,一下就轧断了他的小手。孩子的父母(同一车间的双职工)知道了急得直跳脚,我当场帮他们把孩子送到医院急救。除了我个人资助外,还用公款给予紧急补助。有个别工人就议论:"双职工还要补助?"我听到以后,就向他解释:"这是特殊情况,孩子的手打断了,终身残废,虽然是双职工,一月拿四十来块钱,急救孩子花钱不会少，这种事情谁碰上都不好受，工人兄弟之间应该患难相助，给点补助是合情合理的。”我的这番话打动了他和在旁的工人，他们都点头称道：“这件事处理得既及时，又合理，我们没有意见！”还有一次，锻压车间的王师傅，他一岁多的孩子生病，到医院打针，当场死去了。王师傅回到车间号啕大哭，在场的锻工怒火直冒，出动了七八个人，准备去医院动武。我知道以后，便骑车飞速赶去，在半路上堵住了他们，跟他们讲，这是不是医疗事故，还没有弄清，你们把医生护士打伤了也不解决问题，反过来打伤或打死了人，你们要承担责任，我想这件事还是请厂领导出面与医院交涉处理为好。经过我的劝说，工人们才回到厂里。后来经厂领导交涉，医院做了一些赔偿，事情终于了结了。另外，有的工人在外边干了不光彩的事，被别的单位扣押起来，还要我到场把他们保出来。这样，就使我的精神不时处于紧张状态。

再来谈谈工厂里的政治生活。“党的政策是党的生命线”，这句话大家都知道，嘴上说起来容易，但是在实际工作中真正做到坚持执行党的政策，却不是那么容易的。我在厂里，有两件事经受了严格的考验，一件是深挖“五·一六分子”，另一件是送青年工人上大学。

大约从1971年开始，按上面的布置，盐城地区也掀起了“深挖五·一六分子”的运动。我们厂里挖“五·一六”是由军代表亲自抓的。这位军代表，既不懂生产，又不虚心学习，整天嘴上叼着香烟在厂区兜圈子，平时抓的多是一些鸡毛蒜皮的事，例如工人在厂区养鸡问题等。我们车间的孙指导员，家住在厂区一个小棚屋里，一家五口，生活比较困难，养两三只鸡，下蛋给三个孩子吃。这些鸡平时在厂区的荒草地里寻食，他见了很不高兴，多次在大会上不点名地批评，还要我在车间批斗这位孙师傅，我没有理睬他。厂里新调来一位姓李的主任兼党委副书记，是盐城最有名的厂领导干部，在江淮动力机厂干得非常出色，为了加强机床厂的领导，上级把他调来，期望他能把机床厂的生产抓上去。他每次在车间干部会上或者在全厂大会上布置任务，对生产上各个重要环节、存在的问题以及如何解决，都讲得一清二楚，并且深入车间班组，帮助解决难题。经他这么一抓，全厂的生产很有起色，较顺利地完成了上面下达的任务。这位军代表每次讲话,不但讲不到点子上,而且胸襟狭窄,在背后恶意中伤李主任,工人们都看不起他。这次抓“五·一六”运动来了,他就大显身手。第一批,他抓了“文革”期间从上海军医大和南京炮兵工程学院分来的两名大学生和一名无锡知青,组织起三套班子,经过一段时间的逼供拷打,没有搞出名堂。第二批,他抓了几个原来厂里的工人,并且指定我组织一个班子,审查金工车间一位姓印的中年工人。关押审问的地点是机床厂旁边航运学校的一间屋子(航校已停办)。

我分别从热工车间的锻压、铸造、木模班组抽调四五个工人,再加一个哈尔滨工业大学分来的大学生徐茂德,组成一个五六人的班子。我首先向审查组的成员交待政策:(一)不能打人、不能搞体罚;(二)不许搞逼供信;(三)允许翻供;(四)严格看守,不能逃跑;(五)轮流替他到食堂打饭和代他到家中取衣服和用品。这个工人一进我们审查房间,见了五六个彪形大汉,心里直哆嗦,以为这下要吃大苦头了,因为他听说一些单位搞“五·一六”,多要拷打。我们厂也有用铁丝穿了大齿轮挂在脖子上批斗的,体罚方式多种多样。所以,当我们问他是否参加过“五·一六”?什么时候,什么地点,何人介绍参加的?他就迅速编造一套谎言来交代。我一听就知道是假话。因为我是从北京过来的,在北京从未听到有什么“五·一六”反革命组织,而且我进厂以后,与北京以及其他省市的朋友都有通信联系,也没有听说这些地方搞什么抓“五·一六”运动。另外,他交代的人员和地点都不在盐城,不是东台就是射阳某人某地,我们组的一些成员大多从这些地方来的,他说的有些地名他们从未听说过,显然是在胡编乱造。当我们指出他是在作假交代时,他又很快编造出另一些情节,仍然在说假话。我们组有的成员心里冒火,准备动手教训他一顿,被我制止。我再三向大家说明,动武并不能解决问题,把人家打伤了,是一辈子的事,即使是现行反革命,也得由公检法部门来处理,我们应该通过说理,用政策攻心来让他真实交代。我们审问这位工人时,没有让他罚站,而是围绕桌子一起坐着谈问题。

后来,我们了解到,这位姓印的工人出身贫苦,从小就没有父亲,老母亲在镇江军分区姓徐的政委家当保姆，而且据他说，他去镇江看母亲时，徐政委还鼓励他当个好工人。我们从这一点出发，反复启发他的觉悟，要他老老实实交代，有什么就说什么，实事求是，才能对得起党，对得起家人，胡编乱造只能害了他自己。经过反复启发，他就大哭起来，说自己确实没有参加“五·一六”，因为怕挨打，才瞎交代的。说看到你们这样对待我，心里也很感谢，再不说真话，也对不起你们。后来经过反复核实，我们认为没有证据说明他参加过“五·一六”，最后，军代表也不得不同意将他结案释放。这位工人回到车间，十分兴奋，说在被审查期间没有受到一点苦，并且对我佩服得五体投地，到处宣扬“蔡指导员为人好，政策水平高”。我调到南京大学工作后，有一次在火车上，他见到南大的一位老师，还极力将我称赞一番。差不多与此同时，我原来所在热工车间的徐茂德来南大看望我，他告诉我，他参加审查“五·一六”时，当时军代表曾要他在内部监视我，我听了觉得十分可笑。我离厂后，军代表继续搞“深挖”，把两个中层干部（车间主任）也关押起来审查，搞逼供，但结果一个“五·一六”都没挖到。当军代表要撤走时，一些被挖的人，尤其是被拷打的人，不让他

与车间副书记（左一）送青工（中）上大学，1972年

走，要他有个说法。后来上级领导来做了工作，才把他放走。

另外一件事，就是保送青年工人上大学。1971年，高校开始招收工农兵大学生。1972年机床厂分配到一个上海第二医学院的名额。我们车间有一位姓蒋的无锡知青，他在建湖县插队时当过赤脚医生，针灸技术相当好。他进厂后，有些干部和工人犯了头痛、腰腿病，经他针灸，一般都能治好，大家都喜欢他。我把这个上大学的名额争取来以后，决定让小蒋去上海二医大，但在一些干部包括班长那里有阻力，不想把他放走。我认为"文化大革命"以来，大学多年不招生，损失很大，这样下去，国家的人才将会断档断代。为了争取上大学，小蒋的父亲还到厂里来请客，我私下跟他说，你请客可以，但我不参加。在我的坚持和说服之下，终于将青工蒋锡初保送到上海第二医学院培养。他通过勤奋学习和实践，现在已成为无锡第四人民医院一位著名的刀手(外科医生)。

此外，当时全国提倡工人学哲学，我为机床厂职工做了几次哲学讲座，并帮厂团委培植了一个青年工人学哲学的小组。

大学恢复招生以后，我就想回到大学重操旧业。经过一年多的联系，1973年我调入南京大学历史系，从事教学和研究工作。

二、参与编辑《严复集》

1973年5月中旬，我接到江苏省教委的调令，就到南京大学报到。当时的校革委会主任王荣、副主任戈平接见了我。历史系的领导茅家琦先生与我作了交谈，介绍了历史系的概况，并指定我除了担任中国近代史的教学任务，还要我帮助王栻先生编辑《严复集》。中国近代史的教学任务，主要是给工农兵学员上近代史基础课，这对我来说，并没有多大困难，而《严复集》的编辑是相当艰难的。

严复是中国近代著名启蒙思想家，他的一生见证和亲历了近代中国许多重大历史事件，积累了丰富的人生阅历。他早年投身海军，留学英国，归国后长期在天津水师学堂从事海军教育。他对国家的最大贡献，是在民族存亡的转折关头发表了一系列文章介绍西学，推动变法维新、救亡图存，特别是译述《天演论》一书，敲响救亡警钟，鼓舞了一代又一代中华儿女投身于救亡运动之中。此后，他又翻译了一系列西方学术名著，成为近代中国开启民智的一代宗师。离开天津水师学堂以后，他以教育救国为己任，先后出任安徽高等学堂监督、复旦公学和北京大学校长。辛亥革命后，他一度卷入洪宪帝制活动等。他在各个时期发表的许多文章和他的皇皇译著，是留给后世的宝贵遗产。但长期以来，严复的文献资料一直没有得到系统的收集整理和出版。严复研究的进展缓慢，主要受制于资料不足。如前辈学者王蘧常的《严几道年谱》、王栻的《严复传》，无不受资料不足的限制，留下不少遗憾。有鉴于此，王栻先生早在1960年就带领南大历史系部分教师，成立《严复集》编辑小组，开始着手收集整理严复的著作和译作资料，由于"文革"的干扰，这项工作基本停顿了下来。

我接受系领导分配的这项任务以后，首先向王栻先生请教，并查阅了已收集到并刻印的严复有关文章和译著的按语，确定了进一步收集资料的地点和目标。1973年秋，我带领本系孟昭庚先生出差到北京，住在中华书局招待所。我们先到中国历史博物馆，查阅和抄录了严复后人所保存、从我国驻印尼大使馆转来的一批资料，其中包括严复的日记和几种译著残稿等。然后到北京大学图书馆，查阅了林耀华先生1932年在燕京大学社会学系所作学士毕业论文《严复研究》手抄本。经北大历史系齐思和先生的推荐和介绍，我们还去中央民族学院访问了林耀华先生。此后，我们在北京图书馆查阅了天津《大公报》、《国闻报》、《中外日报》、《广益丛报》等报刊杂志，找到了严复发表的一些文章。另外，当时在中华书局标点古籍的张政烺先生还赠我一本《瘉壄堂诗集》。我们在北京工作了两个多月时间，查阅、抄录和收集到不少资料，12月中旬，回校向王栻先生和系领导作了汇报。

我们第二次外出收集资料，是1974年春夏之交，先到杭州大学访问严复的侄孙严群先生。他是杭大哲学系教授，曾留学美国哈佛大学，研究柏拉图哲学。他与我们交谈过两个下午。据他讲，他从小就见过严复，严复去世后，他一直注意收集严复的资料。他给我们提供了几件手抄的资料，并介绍了一些调查线索。接着，我们到上海第二医学院访问严群的儿子严名，他和严群一样，很关心收集严复的资料，也为我们提供了一些手抄材料。后来，严群父子还与我通过几次信，但并未寄赠严复的资料。

大约在1974年底1975年初春，我听说常州博物馆藏有一批“严复书札”，于是专程前往常州，到常州博物馆找到该馆的馆长陈晶女士，出示了南大的介绍信，并说明来意。陈晶女士即将“文革”初期“破四旧”时因抄家得来的“严复书札”二十多件给我查阅。我当时的第一印象，从这批书信的字迹上看，不像是严复的手迹；致函的对象为梁启超、杨度、庄蕴宽等，都是清末民初的重要人物。信函中的称呼都用字号，如称梁启超为任公、黎元洪为宋卿、庄蕴宽为士缄。当时还没有复印机，不可能复印，我也没有带照相机，征得陈晶女士的同意，我就将这批书札抄录下来。因为时间紧迫，我在常州住了一夜，第二天请常州一位北大哲学系毕业姓刘的学生帮我抄录。我将这批书札抄件带回，先向王栻先生汇报，并经他过目。我们都怀疑这批东西可能是伪造的。后来，我跟江苏人民出版社的高纪言出差北京，他从文物出版社一位朋友处得知，常州博物馆将这批“严复书札”送国家文物局鉴定，认为从字迹到所用的纸张看，都确证是伪造的。我们没有将这批材料收入《严复集》。2002年6月4日，陈晶在《文汇报》第11版，发表《严复书札存伪与杨度晚节正名》一文，说明常州博物馆收藏的“严复书札”曾送北京国家文物局鉴定，确实是伪造的。

1974年秋，正当我们大量收集严复资料之际，江苏省委宣传部、江苏省出版局以及江苏人民出版社下达给南大历史系一个任务，就是要在一年之内搞一本《严复诗文选注》。这个任务于1974年9月上马，当时南大已经招收工农兵学员。工农兵学员要做到“上、管、改”，也就是说他们不仅要上大学，还要管理大学，改造大学。与此同时，当时还提出工农兵要参与上层建筑领域的“斗、批、改”。因此，《严复诗文选注》工作必须与工农兵学员一起搞，同时还要与工厂的工人合作进行。系领导决定除《严复集》编辑组的人员外，还抽调近代史和古代史的几个教师，与1972级的学生结合起来，同时由红卫机械厂（即晨光机械厂)抽调几个工人,组成南京大学历史系、国营红卫机械厂《严复诗文选注》注释组。注释组成立、举行第一次会议时,省委宣传部部长戴为然、省出版局局长高斯、省人民出版社社长鲁光都到会讲话。

注释组首先选定严复在戊戌变法前为鼓吹变法维新、救亡图强,发表的《论世变之亟》、《原强》、《辟韩》、《救亡决论》等四篇著名论文,加上译《天演论》自序等共九篇文章,另外,选择了《天演论》、《原富》、《穆勒名学》、《法意》四种译著的部分按语,以及严复的《戊戌八月感事》等五首诗,作为我们进行注释的诗文。然后按诗文的篇幅分成几个小组,每个组由一位老师负责带领几个工农兵学员以及红卫机械厂的一两名工人进行注释。我负责带领注释严复最长的一篇文章《原强》。由于严复的诗文较难读懂,加上学员和参加注释的工人文化水平参差不齐,因此,每个注释组首先要由老师带领他们逐字逐句读懂读通所要注释的诗文,然后进行注释。为了使这本《严复诗文选注》能让工农大众读懂,我们确定,在每篇文章的开头,必须有题解性的"说明",说明这篇文章写作的时间,发表于什么报刊,文章的主要内容,它发挥的积极作用及其局限,对诗文的字句尽量作详细的注释,有的还要将一整句的文意作通俗解释。有的重要文章,在几个段落之后,还要加按语,说明以上两段或几段文字的主要内容。对当时西学的某些含义要进行通俗解释,并说明严复的认识和主张,等等。

严复诗文的初步注释大约进行了近两个月,然后由江苏人民出版社抽调南大哲学系的阎韬老师和我对各组注释的初稿进行修改,最后责成我住进省委党校招待所,历时三个月,负责全书的统稿并写出《前言》。1975年6月,《严复诗文选注》由江苏人民出版社出版。据江苏人民出版社负责人讲,当时社会读者的反映良好,书的销售量也不少。我想,因为"文革"期间,出版的书很少,不能满足社会的需求,所以我们的书自然受到欢迎。但是,今天回想起来,虽然我们把《严复诗文选注》作为一项重要科研任务来对待,但在当年极"左"思潮盛行、毛泽东主持的"批林批孔"运动和他倡导的"尊法反儒"氛围下,我们的《严复诗文选注》,不能不受到一定的干扰和影响。

三、整理点校《薛福成日记》

薛福成,字叔耘,号庸庵,江苏无锡人,清末著名思想家、政治家和外交家,生于清道光十八年三月十八日(1838年4月12日),同治四年(1865)被两江总督曾国藩招入幕府,为曾氏拟办过许多文稿,从而熟悉了兵事、饷事、吏事、文事,也熟悉了曾氏所办的"洋务"。同治十一年二月初四(1872年3月12日),曾国藩在南京病故,薛福成即离开两江总督衙署。光绪元年(1875)被直隶总督李鸿章延揽到北洋幕府中,作为办理洋务的重要助手。他在北洋幕府十年时间,多所赞襄策划,协助处理了许多重大事件,如处理"马嘉理案"、抵制任英人赫德为"总海防司",等等。

薛福成在北洋幕府期间,不仅参加处理许多洋务事件,而且通过对洋务的全面考察,写出了《筹洋刍议》十四篇,全面论述了他对筹办洋务的主张,在海内外广泛流传,尤其在《变法》一章中,他首倡"变法",在思想界引起了震动。

薛福成在曾、李幕中近二十年,直到光绪十年(1884)夏,被朝廷实授为浙江宁绍台道,才结束幕府生涯。当时,法国侵略者挑起的中法战争逐步扩大,薛氏到任后,加强防御准备,以对付法军来犯。薛福成因筹防浙东军务有功,后经浙江巡抚刘秉璋和两江总督曾国荃的奏保,获布政使加衔。光绪十四年九月(1888年10月),他升任湖南按察使,次年(1889)又被清廷任命为出使英、法、意、比四国钦差大臣,光绪十六年正月十一日(1890年1月31日),始由上海乘法国"伊拉瓦底"号邮轮,赴欧洲就任使臣之职。在国外五年,至光绪十九年十月(1893年11月)清政府召薛氏回国。薛福成于二十年四月(1894年5月)卸任,乘轮船于当年五月二十八日(1894年7月1日)抵上海。因途中"红海炎热,闽洋台风所苦",到上海后即卧病不起,医治无效,于六月十九日(1894年7月21日)病逝,年仅五十七岁。

薛氏的著作有《庸庵全集》、《庸庵文别集》、《庸庵笔记》等,均已刻印出版。其日记稿本三十九册,土地改革时,由其后人交苏南行署文管会保存,后由南京图书馆收藏。

《薛福成日记》自清同治七年正月初一日至光绪二十五年五月二十八日(1869年1月25日—1894年7月1日),前后二十五年。这二十五年是中国社会急剧变化的时期,薛氏日记对许多重大事件都有记录。日记大致可分出使前后两个时期。出使前的日记是记载他在曾国藩、李鸿章、张树声幕府近二十年的所见所闻,其中有许多非局外人所知的事,内容相当广泛。出使后的日记,是薛氏身临其境,对西方文明进行全方位考察的记录,“凡舟车之程途,中外之交涉,大而富强立国之要,细而器械利用之原,莫不笔之于书,以为日记。”其目的在于认识西洋富强之本原,以探求中国走向富强之路。这部分日记虽已刻为《出使英法义比四国日记》、《出使日记续刻》,但与稿本核对,还有不少重要内容为刻本所无,略举一二如下:

一、光绪十六年三月二十二日、三月二十五日、五月二十日、九月二十六日的日记中说到,陈敬如(名季同,驻法使馆参赞)为李鸿章向奥国商人伦道阿借银三千万两,借款利息四厘半,“由特旨准借,以后准伊代办一切债购件”。因李鸿章嘱陈“千万慎密”,故薛氏在刊刻日记时,将此四天日记中借银文字全部删去。

二、光绪十七年二月初十日记中,庆霭堂(庆常,使馆参赞)与薛氏谈及驻俄国公使洪钧在回国时,谒见俄皇亚历山大三世“辞行,与谈三刻之久”,有五百多字为刻本所无,大意是:“贵大臣回国后,……可劝政府务崇睦谊,切勿为浮言所惑。”所云“浮言”,指外国谓俄“欲与中国为难,又谓有窥伺朝鲜之意”。这些文字自然不便刊于刻本之中。

此外,在光绪十九年八月初三的日记中,有薛氏对出使各国使臣所作的评语,对有些评语不佳或名次低下的,薛氏后人在刊刻日记时(其时薛氏已去世),为了不得罪人,而将一些人的姓字以□□替代,略举三例如下:

> □□(稿本为“子峨”)才学亦颇为可观,□□(稿本为“马尾”)一役,身败名裂,故居第十二。
>
> 按:何如璋字子峨,前驻日本公使。

□□(稿本为“云生”)以气节自矜,居心实甚巧诈,建议亦多纰缪,足以贻误大局,故居第十五。

按:刘锡鸿字云生,前驻德国公使。

□□(稿本为“地山”)以□(“头”)等公使自夸,与□(“俄”)人商定约章,误国病民,为世大戮,故居第十六。

按:崇厚字地山,前驻俄大使。

以上如果不见稿本,就难以知道所云何人。此外就不逐一列举。

为了将薛氏日记提供学术界参考、利用,上世纪八十年代初,我提议由南京图书馆古籍部与南京大学历史系协作,组织人员进行整理,于1984年达成协议。具体分工是:日记原稿的1—19册,约70万字,由南图古籍部整理;原稿的20—39册,约70万字,由南大历史系整理。参加整理工作的人员有南图古籍部五位年轻馆员、南大历史系我的五位研究生,由我和南图古籍部的江世荣先生共同担任主编。由于整部日记涉及许多非局外人所知之事,以及中外人名、地名、职官制度等,内容非常广泛,要将其准确标点注释,实属不易。参加这项工作的青年同志,大多只能标点誊抄,考订、注释全由江世荣先生和我承担。工作进行了一段时间,江老先生病故,全书最后的校注、编审、定稿,只得由我负责。日记约150万字,作了近一千个注释,并附人名索引。这部书最后被列入国家清史编纂委员会文献丛刊,2004年由吉林文史出版社出

整理标点的《薛福成日记》,2004年

版，还获得“长白山优秀出版奖”。对我主持这部日记的编辑整理工作，国家清史编委会主任戴逸教授甚表赞扬。

四、“文革”后期承担南大的外事接待

这里再讲讲自己负责的一些外事工作。来南大后，校外事办公室得知我在北大搞过外事接待和留学生工作，从1973年起，就常抽调我参加学校和省外办的外宾接待。学校里的接待，原来历史系大多由王绳祖教授出面，他的腿跌伤以后，大多由我和哲学系的胡福明同志一起共同接待。

在“文革”和“四人帮”统治时期，凡是牵涉到政治问题的谈话，我们得十分小心，因为“四人帮”常安插他们的人陪同外国代表团，如果谈话不当，就会遇到麻烦。例如，1974年7月，美国加州大学伯克利分校历史系教授魏斐德(Frederic Wakeman)来南大访问，要求与历史系的教授会面，校外办决定由我和王栻教授出面接待。魏斐德是一个中国通，主要研究清代和近现代中国史，当时他在美国有“小费正清”之称。但是，由于我国与美方的交往长期处于封闭状态，对他的具体情况不太了解。于是我从校图书馆翻阅美国《亚洲研究》(*The Journal of Asian Studies*)杂志，正好找到一篇介绍他的经历和主要著作的短文。这样，我与他谈话心里就比较踏实。但是，我们没有想到他与我们会面时，一开头就提出：“我知道你们这几年经常要到工厂农村去劳动，这会不会影响你们的研究？”我很坦然地回答说：“我们从事学术研究的时间会少一些，但是，历史是工农大众、劳动人民创造的，我们知识分子参加工厂农村的劳动，对劳动人民深入了解，从根本上说，从长远来看，对于研究历史是有很大帮助的。”接着我们谈到各自研究的领域等，我还用英语列举了他的 *History and Will* 等著作。回国后，他把我们的这次谈话，全文发表在《中国季刊》(*China Quarterly*)上。改革开放后，我与他多次见面，成了好朋友。当我们谈起1974年他访问南大的情景时，我说你给我提了一个很难回答的问题，我明知道“文革”期间下厂下乡劳动影响我们的研究，但如果直接说出来，“四人帮”派人在

旁监听，说我否定“文化大革命”，那就遭麻烦了。他听了哈哈大笑，并说：“对不起，真是给你添麻烦了。”

1976年，接待埃塞俄比亚代表团，第三排右二为作者

到省里接待外宾，主要是接待亚、非、拉等第三世界国家政府代表团、共产党代表团和一些民间友好代表团。我记得，亚、非、拉一些国家访华团和共产党代表团，主要来华学习中国革命的经验，以及革命胜利后如何坚持民族独立、建设自己的国家。这就需要我们熟悉中国近代史和革命史，有针对性地、客观地作一些介绍。特别是与他们座谈时，对于他们提出的一些问题，必须根据中国的实际，客观耐心地进行介绍，并和他们讨论。例如，有一次埃塞俄比亚代表团提出：如何对待买办的问题，这是殖民地半殖民地国家民族解放运动中以及民族独立后普遍遇到的一个问题，而且是个十分复杂的问题。我在座谈中认为，在外国资本帝国主义侵略过程中，那些殖民地半殖民地国家里替外国资本家在本国市场经营商业、银行业、工矿业、运输业等的中间人和经纪人，都是买办，大多是民族革命、民族独立的敌人，但对每个人要作具体分析。在19世纪末20世纪初，中国有个著名人物郑观应，他早年曾两度充当洋行买办，后来，他在一些进步人士的影响下脱离洋行，积极主张和参与兴办民族工商业，并且发表一系列文章，主张与西方列强展开“商战”，推动变法维新，改革图强，这就不能把他看作买办，而是民族利益的代表者了。所以，对买办要作具体分析，有的人当过买办，但他后来转变了；也有人一辈子当买办，做外国侵略者的走狗，对待他们的政策，应该有所区别。我的这个发言，得到大家的认同。有些国家的共产党代表，例如巴西、阿根廷的代表团对中国革命实行武装割据、以农村包围

城市很感兴趣。我们在座谈中说明，这是大革命失败后，以毛泽东为代表的中国共产党人的一个独创，当时毛泽东、朱德带领一支武装力量上井冈山，而江西、湖南一带工农运动高涨，从中不断积聚和扩大武装力量，建立起许多革命根据地，国民党反动派进行多次围剿，也无法消灭革命力量。在中国所谓“东方不亮西方亮”，最后以革命武装打败了蒋介石，建立了新中国。这个宝贵的经验，兄弟党能否采用，要根据本国的国情来考虑。对于以国家领导人带领的代表团，和以政治局委员带领的共产党代表团的来访，江苏省委书记或省长都要出来接见，有的代表团还住进“美龄宫”。

在我参与接待过的民间友好代表团中，值得一提的是日本旧军人访华代表团和英中友好代表团。日本旧军人访华代表团来访是在1973年8月，由中央军委外事组的人员陪同来南京访问的，代表团的成员绝大部分是“九·一八”事变后来华进行武装侵略的日本军人，年龄多在五六十岁。据中央军委陪同人员介绍，他们这次来访带有悔罪和推动日中友好的目的。其中有一个军人，他在侵华时期，曾在山东犯下罪行，代表团到达济南后，一天晚上，他独自到济南烈士陵园忏悔了两个小时。代表团到南京后，其中有一个侵华时期驻南京的日本空军飞行员，到雨花台烈士纪念碑前进行静默悔罪，而且他讲述了当时南京的情况。在南京访问之后，代表团还到扬州访问，参拜了纪念鉴真和尚的平山堂。鉴真大和尚舍生忘死，十年岁月，六次东渡，将高度发达的盛唐文化，全面传到日

接待日本旧军人访华代表团，1973年

本，大大推动了日本文化的发展，被日本人民誉为佛教律宗的开山之祖、医药始祖、文化恩人。他们对鉴真大师舍生弘法的精神、博学多才的智慧、济世爱民的高尚人格，十分敬佩，表示日中两国人民要世世代代友好下去。代表团里有一位是东京大学的教授小岛晋治，他是最后一批应征的军人，在他来华前，日本就战败投降了，后来他进入东京大学历史系，研究太平天国农民运动，在访问过程中，他与我交谈得最多，改革开放后，我们成了学术交流的好朋友。

接待英中友好代表团，1976年

英中友好代表团是1976年夏天由中国对外友协的人员陪同来南京访问的，成员大多是文化界的人士，有的多次来华访问过，其中不仅有会讲汉语的，还有一位年长的女士翻译过《水浒传》。我们在座谈过程中，重点谈中英之间的文化交流，我提到严复曾留学英国学习海军，后来翻译了许多西方名著，他们中间有的人对严复有所了解，非常感兴趣。那时，正好南大历史系编著的《严复诗文选注》刚由江苏人民出版社出版，书店里可以买到，他们派人到新华书店为每个代表购得一本，并让我在书上签名留念，这是我没有预料到的一件很有意义的事。

五、改革开放初期担任外国留学生工作

“文化大革命”期间教育是重灾区，高等教育更是如此。粉碎“四人帮”后，

教育战线率先开始拨乱反正。在邓小平的倡导下，1977年下半年，正式恢复高校统一招生制度，与此同时高校也恢复接收外国留学生。当时，小平同志特别重视科技和教育工作，他指定中央政治局委员方毅同志来抓科技、教育。方毅同志曾指示有关高校要做好外国留学生的工作，“要像对待自己的子女和亲友一样，去关照他们”。

1977年下半年，南京大学开始接收外国留学生。这时接收的留学生，与“文革”之前不同，大多是来自发达资本主义国家的学生。我记得，南大历史系1977—1978年间接收的留学生，主要来自英国、法国、西德、意大利、加拿大、澳大利亚、新西兰、芬兰等国。1979年1月1日，中美两国建立外交关系，两国实现关系正常化之后，就有大量美国的高级进修生（正在攻读博士学位的学生）和访问学者（一般已获得博士学位的学者）来华进修和访问。由于我在北京大学担任过留学生秘书，从事过相当长时间留学生的教学和访问学者的辅导工作，所以南大校系领导1977年就指派我担任历史系留学生的中国近代史课程的教学，后来又委任我为历史系留学生教研室主任。因此，我就全身心地不辞劳苦地投入这项工作。我请系领导配齐了中国古代史、中国近代史、中国现代史、古代汉语等各门课程的教师以及教学辅助人员，组成一个有六七人的教研室。我除了给留学生讲一门中国近代史课程外，从1977年起，还要每年指导一二个访问学者和几名外国高级进修生。

1980年陪同高济宇副校长（前排右三）接待美国客人，前排右二为作者

1979年中美建交，这年秋天，美国派来一位访问学者和五名高级进修生到南大历史系作为期一年的访问和进修。这是改革开放以后，中美两国恢复学术交流的第一年，校系领导都很重视。访问学者是来自华盛顿州立大学的助理教授裴宜理（Elizabeth J. Perry），学校安排了茅家琦教授和我作为她的导

师，由茅教授指导她研究太平天国运动，由我指导她研究秘密社会。另外，我还指导来自加州大学洛杉矶分校的夏明德（Linda S. Bell）、吴凯芝（Kathy Walker）和斯坦福大学的邵然蒂（Randy Stross）三位高级进修生，分别研究无锡、南通和江苏西部工商业史。为了他们研究的方便，我还专门开设了《中国秘密社会研究》，以及用当时美国流行的“欠发展的发展（Development of Undevelopment）”的理论开设了《中国近代江南民族工商业的发展》两门讲座课程。在讲授过程中，我运用了大量档案和报刊资料，并指出和纠正美国一些权威学者在资料引用上的错误。这两门课程不仅历史系的留学生来听，还吸引了外系许多留学生。夏明德在听课之后感慨地说：“研究中国历史，一定要到中国来，否则，在资料上不仅缺乏，而且在运用方面还会发生错误。”

在接收和指导外国访问学者和高级进修生方面，最大的困难是图书资料的供应问题。由于“文革”十年动乱，学校的图书、期刊管理几乎无人过问，各地档案馆大多封闭。因此，当南大接收第一批美国高级进修生时，最初因为找不到所需的图书和报刊而产生误解。当时刚从社会知青中招收来的图书馆员，由于文化水平有限，业务不熟，很难适应外国学生的要求。在老图书馆员唐春和先生（他对南大图书馆的藏书最熟悉）、老期刊部负责人汪孟举先生的帮助下，我和另外两位老师亲自动手，进馆搬运一批必备的图书和期刊，开架陈列在图书馆的一个大房间，开辟成“外国留学生阅览室”，专供留学生使用。当我们到大图书馆旁的平房里搬运期刊时，发现书架上的期刊，很多已霉烂不堪，有的刊物已被虫子蛀空，只剩油漆皮的封套，真使我们痛心、惋惜。有时，留学生从图书馆借不到的书，如果我们当老师的有这种书，就毫无保留地借给他们使用。例如，有一位加拿大多伦多大学的学生卜达文（David Brown），是研究中国古代史的，他需要一套《前汉书》，在图书馆借不到。我得知以后，就将我二十年前在北京中国书店购买到的一套铜版珍本线装《前汉书》32册，用自行车带到学校借给他，他内心十分感动，并深表谢意。

随着访问学者和高级进修生专题研究的深入，大多需要进档案馆查阅档案，有的还要到一些地方进行田野调查和访问。那时，中国虽实行改革开放，但档案馆方面除了第一、第二档案馆对外开放外，许多地方的档案则不对外开放。有一位从美国波士顿来的高级进修生，她研究国民政府时期南京市的社会管理问题，需要查阅南京市档案馆的档案。经过校外办向省市外办多次申请，最后经南京市委书记储江的批准，才得以进馆。为此，当时美国波士顿的报纸发表了专题评论，盛赞南大和南京市政府的开放精神。其实，当时的第一、第二档案馆虽然开放，但实际上有些资料还要通过熟人的关系才能搞到手。例如，裴宜理研究中国北方农民起义，需要查看中国第二历史档案馆收藏的民国时期白朗起义的档案，我明知道这套资料已经过整理，准备出版，但一时不能公开，后来我通过该馆的一位馆长、我的同行朋友，临时借来供她使用。

外国学者到一些地方进行访问和田野调查，是一件很复杂的事情，因为当时有许多地方还没有对外开放。例如，裴宜理1978年在美国密歇根大学通过答辩的博士论文，做的是淮北农民起义与共产主义革命的关系。在她写论文的时候，中美尚未建交，还不可能到中国大陆来访问和收集资料，只是到台湾利用明清档案和国民党的档案，以及日本东洋文库和东京大学保存的资料，所以她一直希望有机会到淮北地区访问。1980年春她正式提出申请，经南大外办多方联系，因为她所要访问的地区还没有对外开放，最后经南京军区批准，同意她进入该地区访问。这次调查访问，由我陪同，从1980年4月底到5月中旬，我们先后访问了蚌埠、蒙城和涡阳。在蚌埠，我们访问了治淮委员会的干部，了解治淮水利工程给皖北农村带来的变迁，并到淮河边作了实地考察。在蒙城和涡阳，我们访问了许多农民和李东山等多名当地的民间文学和史学工作者，了解有关该地区自19世纪中叶捻军起义到民国时期农民暴动的历史。我们还到捻军头目张洛行的家乡做了考察访问。我们还听到许多老农和新四军的干部讲述抗日时期红枪会的活动，特别是讲到为了坚持抗日，新四军利用青帮（当地称“三番子”，即青帮的潘门）将淮北食盐通过日寇的封锁线，贩运到沦陷区，来解决抗日经费的故事。在涡阳我们观看和欣赏了“梆子戏”，获得了对这个地区大众文化更清晰的感觉。由于当地大多数农民以前从未见过外国人，特别是美国人，所以，我们每到一地，都引起了当地人极大的兴趣。在蚌埠时,正逢"五一"国际劳动节,那天下午,我们到公园里去散步,人们听说有美国人,而且是年轻女子,顿时就有大批群众聚拢过来围观。考虑到安全问题,我们不得不从众多的围观群众中突围,"逃"向我们所住的宾馆。在蒙城,我们去百货公司,刚进去的时候还没有几个人,我们在公司的楼上走了一圈,不到半个小时,当我们下楼时,楼下就有数百双少年儿童的黑眼睛盯住了我们。在涡阳看梆子戏,得由当地的数名保卫干部在前面开道,我们才能顺利进出剧场。所以,这次访问我不仅要充当向导,还要关注她的安全,甚至还要做地方语言的"翻译"。2003年,裴宜理在我"执教五十周年暨七十华诞纪念文集"中发表了一篇文章《我的老师,我的朋友——记蔡少卿教授》(载《我看中国秘密社会》,广西人民出版社),对这次访问,有这样一段回忆:"在整个行程中,蔡教授都是研究和旅行方面的极好搭档。我无法向当地人表达自己的意思时,他便接过话头,将我的意思表达得更明白。有时候当地的被访者不愿意回答我的问题,蔡教授便鼓励他们,使他们的态度变得更友好。他尽量使我弄懂所讨论的内容,并为我指点许多有趣的沿途景点。我简直想象不出,还有哪位老师比他更细心、更周到了。"这次访问应该说是很成功的,最后我们从蚌埠到达徐州,在徐州参观了淮海战役纪念馆等名胜,乘坐火车返回南京。裴宜理回国后,在亚洲研究年会上,将这次淮北调查访问做了介绍,引起了与会学者的极大兴趣。同时,她还出版了一本《中国人对捻军起义的看法》(*Chinese Perspectives on the Nien Rebellion*)。

在改革开放之初,外国留学生到中国老师家进行家访,也是一件有困难的事情。因为当时老师家的住房普遍拥挤,市场的食品供应不足,像鸡蛋、牛奶、肉类都实行凭票限量供应,要在家里宴请一次外国学者和学生,是很不容易的。为了做好留学生工作,教育部和校外办都提倡家访。历史系的留学生第一次到任课老师家访问是1978年的春节期间。当时我们要求做到两点:第一,住房拥挤不要紧,但卫生工作要做好,房间必须搞得整洁干净;第二,招待什么食品,根据实际可能,喝杯清茶、吃一碗馄饨都可以。

我记得这次到我家来访问的有加拿大学生2人、澳大利亚学生1人、新西兰学生1人、芬兰学生2人、美籍华裔学生1人、斯里兰卡学生1人，当时我们把春节供应的鱼肉蛋等食品都拿出来招待了。这次家访的效果很好，留学生普遍反映：中国老师的生活和工作条件并不好，但他们在教学和研究方面做出的贡献都很出色，真是令人敬佩！随着美国学者和学生的来校，外国学者到我家来做客，就已不足为奇了。裴宜理教授有这样一段回忆："刚到南京不久，蔡教授就成了我的良师益友。他和他的夫人潘女士，多次邀请我到他们家里，在无拘无束的聊天中度过了许多美好的傍晚。那时候在中国，外国人还较少被邀请到私人家里去，因而南京大学的外国留学生和访问学者，都非常羡慕我有这种机会，能在这些愉快的场合与蔡教授及其家人进行非正式的交往"(引文同前)。

留学生家访合影，1988年

当然，如果一次来访的人数多了，招待是相当困难的。当时日本外务省派来三位学生跟我进修，他们有时与一些高级进修生一起七八个人来我家，我们就用炸鸡蛋、炸花生、腌黄瓜、扬州酱菜以及自家包的饺子来招待他们，大家吃得很开心。他们认为，并当面跟我讲，南大和北大两校环境是最宽松的，日本来华留学的学生，他们的大使馆首先而且把大多数学生分到北大和南大。日本驻华大使樱内先生还专程来南大访问，赞扬南大的开放精神。但当时我也有说不出的苦衷，我家还有一个三四岁的小儿，因为市场供应紧张，每人每月只供应一斤鸡蛋，我们全家三口，每月三斤鸡蛋，大人不吃，全给小儿吃，每天也只能吃一个鸡蛋，一次家访用掉十个鸡蛋，就影响孩子的营养。1981年，教育部派人来检查南大的留学生工作，在全校的留学生工作会议上，我们把几年来工作的成绩和困难实事求是地做了汇报。教育部的代表对我校的留学生工作充分肯定,校党委书记章德同志在会上对我和中文系留学生教研室主任徐曼华同志的工作加以表扬,并提出今后的家访,留学生食堂应该提供一些紧张食品,不要把老师家的鸡蛋吃掉了,影响孩子的成长。这个建议和指示,就解决了我们的实际困难。

我担任历史系留学生教研室主任,忙乎了八九年时间。后来学校创办了中美文化研究中心,1986年我访问美国回来以后,接任中美文化研究中心的教学工作,因此就辞去了留学生教研室的行政职务,但仍承担留学生部高级进修生和访问学者的指导工作(包括中美文化研究中心的部分高级进修生),直到2003年退休。这期间我先后指导了75位来自美国、日本、加拿大、澳大利亚、英国、法国、韩国、俄罗斯、芬兰、丹麦、新西兰等国的高级进修生和访问学者。他们已成为所在国的教学科研的骨干,有的已是国际知名学者,而且与我们结下了深厚友谊。

其中最突出的是裴宜理,她现在是哈佛大学亨利·罗索夫斯基政治学讲座教授,并担任哈佛燕京学社社长。1979—1980年她在南京大学做访问研究时,是一个助理教授,年轻聪明,谦虚和蔼,勤奋好学,待人诚恳。虽然我是她的指导老师,但我一直以合作者和朋友的身份与她来往,相互帮助,切磋学问。1980年春,她的博士论文《淮北的造反者与革命者,1845—1945》在美国出版。她在这部著作中提出,捻军在本质上是“掠夺性的”,他们以暴乱手段来夺取食物和生活必需品;红枪会在本质上是“防卫性的”,他们所关心的是反对土匪、军阀部队和政府的抢劫搜刮,以保护农民家产;而20世纪三四十年代的共产主义运动,则超越了这些传统模式,成为一个全国性的社会革命。她的这部著作受到学术界的高度关注和评价。这时,我陪同她到淮北进行实地调查访问,主题集中于当地造反与革命的传统,通过大量的访谈资料,印证了她书中提出的许多论断,使她感到十分轻松和满意。1983年,我又陪同她到凤阳县访问。那时,凤阳县小岗村农民冲破重重阻力,实行包产到户,获得粮食丰收,改善了他们的生活。我们在小岗村通过挨家挨户的访问,以及与干部的座谈，不仅深入了解到当地农民的生活状况和民间文化习俗，而且搞到了一套家庭联产承包责任制的资料，包括账册等。裴宜理用这些资料写成论文，提供给1984年韩国汉城举办的国际学术会议。我陪同裴宜理到淮北的两次访问，给当地的农民和干部留下了深刻的印象。2010年，凤阳县外办的张玉峰（当时他是参与接待的年轻干部）还给我打电话，询问裴宜理的情况。

1985—1986年，我应邀去华盛顿州立大学访问，裴宜理为我做了很周到的安排。从那时起，她从研究中国农民政治开始转向研究中国工人政治。她准备研究上海的工人运动，我记得她向上海社会科学院写的申请书，由我帮助译成中文。我当时告诉她，最近出版了一本《上海职业与上海职工》，是研究上海工人运动的重要参考书。我回国后，又把我所有的《中国劳工运动文献》、《中国工会历史文献》等研究工人运动不可缺少的资料赠送给她。她在上海社科院利用大量的档案资料和工人访谈录，以及工厂档案、政府文件等，通过比较研究，其中包括不同类型的工人对罢工的不同态度等等，以及与国际工运的比较，写出了《上海罢工——中国工人政治研究》，1993年出版，同年获国际劳工史学会优秀著作奖和美国历史学

与裴宜理访问凤阳县，1983年

与裴宜理访问小岗村，1983年

会东亚史研究最佳著作奖“费正清奖”。接着，1997年她又出版了《无产者的权力——文革时期的上海》，2006年出版《保卫革命——工人纠察队、公民权与现代中国国家》。这一时期，差不多每隔四五年，她就有一本著作问世。

她的《上海罢工》一书出版后，我曾建议她研究安源路矿工人运动，因为安源的工人运动与上海有很大的不同，而且在中国革命史上有极为特殊、极其重要的作用。果然，2006年裴宜理带着中国社科院的于建嵘教授，专程来南京大学访问我关于编写安源路矿工人运动史的情况，由此我才知道，她在于教授的安排和帮助下，正在研究安源工人运动。我很高兴，大约花了两三个小时，谈了在北大时两次到安源调查和编写工运史的情况。我告诉他们，当年我们访问了数十位老工人和在安源工作过的老干部、老将军，资料还保存在北大历史系图书馆，并特别要他们到中国革命历史博物馆去找当年安源工人夜校使用的教材。同时，我详细叙述了访问李立三的谈话内容，特别是我在访问中提出有关朱少连的重大问题和李立三作出的解答，这是其他人不知道的。在这次访谈中，我得知当年刘少奇接见过的朱少连的女儿朱子金也已去世，更不用说参加1922年大罢工的老工人张竹林、贺梅生、袁品高等等，但我还是尽量提供了一些访问线索。

令我惊喜的是，2012年暑假，裴宜理教授代表哈佛大学来南大社会学院参加合作举办的暑期培训班时，专门抽时间来看望我。我们会面时，她将刚刚出版的《安源：发掘中国革命之传统》英文版赠送给我，书的扉页上写明此书献给于建嵘和蔡少卿。今年(2015)暑假，她来南大政府管理学院参加合作举办的中国政治研修班时，又将这本书的中译本赠送给我。在这部重要著作中，裴教授将关注点转移到中国革命的源头——安源路矿，通过20世纪20年代安源路矿工人大罢工，到本世纪初安源工人生活面貌的变化，跨越近一个世纪的革命历程的叙述，深入分析了文化在革命运动中的重要意义。她在书中提出了“文化置位”(Cultural Positioning)和“文化操控”(Cultural Patronage)两个核心概念，为社会运动的研究提供了一个深刻的分析框架，这是特别值得重视的。对于裴教授这项研究的贡献，我深表敬佩；对于她将此书题献给我的深情厚谊，我实在感到受之有愧。

裴宜理教授和我在人才培养方面合作得也很好，她派来的博士研究生搜集资料，作短期研究，我总是尽力提供方便。例如，她在加州大学伯克利执教时的博士生艾露彬来研究凤阳县，我就派博士生姚传德陪同去安徽凤阳调查访问。她的一个以色列博士生来研究中国的婚姻问题，我还请我的爱人（她在江苏省高级人民法院工作）与这位以色列学生作长时间的交谈，回答了许多疑难问题。裴宜理到哈佛大学担任东亚研究中心主任和哈佛燕京学社社长期间，我有6位弟子先后去那里访问研究，得到她的热情指导和帮助。特别是周晓虹教授和李里峰教授，在哈佛访问期间，在裴教授和哈佛其他著名教授的指导关照下，业务水平和英语能力有很大提高。周晓虹回校后担任社会学系主任，把社会学系办得有声有色，已扩大成具有三系一所的社会学院。2011—2012年，由周晓虹与裴宜理教授牵头，南京大学社会学院与哈佛大学、哈佛燕京学社等国外学术机构合作，举办了两期"中国研究国际暑期班"，主题分别为"中国社会阶层的变动：城市移民与中产阶级的成长"和"改革开放以来中国人的日常生活——从社会学的角度审视当代中国的家庭、教育体制、宗教信仰和消费文化"，聘请国内外10余所著名大学的教授来授课，有中外名校的上百名青年教师、博士和硕士研究生参加培训，大大提高了南大社会学院的知名度，推动了中国学研究的发展。今年（2015）暑假，裴教授又代表哈佛燕京学社，与南大政治系年轻的系主任李里峰，联合举办了"中国政治研究的质性方法：历史与田野"首期高级进修班，这不仅对南大政治系，而且对全国政治学研究的发展提高，都有重大的推动作用。当然，裴宜理不仅对南大的学术交流做出了贡献，她对中美两国间的学术交流和学者互访，也做出了很大的贡献。

关于留学生教育，另外一件需要谈谈的事是南大中美中心的创立。1983—1984年，经中美双方协商决定，由中国的南京大学与美国的霍普金斯大学合作，在南京大学成立"南京大学—约翰斯·霍普金斯大学中美文化研究中心"（The Johns Hopkins University-Nanjing University Center for Chinese and American Studies），经过两年的筹建，于1985—1986年正式开张。由中美双方每年各自招考50名高校毕业生或研究生，到南京大学学习一年，任课教师也由南京大学和霍普金斯大学各自招聘，中国学生的课程由美方的教师用英语讲授，美国学生的课程由中国教师用汉语讲授，课程的内容有政治学、经济学、历史学、哲学、文化学等。中心有自己的图书馆，馆内收藏了大量中外文人文社会科学的图书和报纸期刊，尤其是美国和欧洲新出的图书和期刊，不仅为中心的师生提供方便，而且为南大人文社会科学的老师及时提供国际学术信息。我从1986年下半年起，先后在中心开设过中国近代史、中美文化比较研究、中国秘密社会和土匪问题研究等课程，受到美方学生的欢迎。同时，我还指导过在中心学习的几位美国高级进修生，他们是分别来自康奈尔大学、华盛顿州立大学等单位已获得硕士学位的学生。中心的教学制度比较严格，教师不仅要按计划授课，还要定时辅导和举行课堂讨论，每门课程要通过读书报告或短篇论文的考查和考核给予成绩。我在中心执教期间，中心还没有实行学位制度（最近几年已有硕士学位项目），但每年结业的学生，无论在中国和美国找工作或继续升学读学位，都很受欢迎，有不少中国学生从中美中心结业后，考入哈佛、耶鲁等名校。1996年我在圣地亚哥大学讲学，就遇到四五位在中心学习过的中国学生在该校攻读博士学位。2007年6月23日，在南京举行中美文化研究中心成立20周年的庆典会上，我还见到几位教过的美国学生，他们都找到了比较好的工作，并对我当年对他们教育培养表示谢意。

我在中美文化研究中心从事了五年的教学工作，与美方的教授和学生进行了愉快的多方面的交流，给我留下了深刻的印象和美好的回忆。1990年起，由于我在历史系承担指导和培养中国博士研究生的繁重任务，就不再担任中心的教学工作。

六、潜心培养研究生

我辞去中美文化研究中心的教学工作以后，担任历史系中国近现代史教研室主任，主要精力用于培养本国的硕士、博士研究生。上世纪八十年代初，国务院设立学术委员会，研究决定在教育部部属重点大学的一些学科，设立首批博士学位点，并相应的批准了第一批博士研究生指导教师。在我国的高等院校设立博士学位点、招收和培养博士研究生，这在新中国教育史上还是第一次。南京大学历史系是首批准予设立博士点的单位，第一批被批准担任博士生导师的是韩儒林、王绳祖、蒋孟引三位教授。我是第三批经国务院学术委员会批准的中国近代史博士生导师，从1990年开始招生。按照教育部的规定，每个专业的导师，要设立3—5人的指导小组（其中包括副导师和专业课教师）。我设立中国近代社会史和思想史两个研究方向的招生计划，每个博士生除了必修学校开设的政治理论课、第一外语和第二外语，还必须研修指导小组开设的中国近代社会史研究、社会史的理论与方法、中国近代史料与史论、中国近代思想史研究和专业外语。后来一位从日本来的博士生川村规夫需要利用明清档案，我还专门为他开设了“明清档案导读”的课程。

由于当时国内高校的中国近代史博士点不多，所以从全国各地来投考我设定的两个博士学位研究方向的人数相当多，加之本校文科的一些青年教师要求在职攻读博士学位，因此每年经推荐和考试，到我门下攻读博士学位的约有五六人。经十多年的艰辛指导，到本世纪初，我已培养了60多名博士、博士后，如果加上1980年代以来指导的25名硕士、8名进修教师以及75名外国高级进修生，那么，正如新华社一位记者采访时所说，这批人才就足够组成一个加强连了。

曾经有朋友劝说我，不要那么辛苦，少带几个学生，多花点精力写几本传世著作。但我的想法是，自己当然应该有著作，但一个人写一两部著作，远不如培养一批学生写出一大批著作来得重要，况且，培养学生是教师的天职。据统计，在我指导培养过的这些硕士、博士生中，目前已有40人晋升为教授，20人担任博士生导师，6人担任厅局级领导，32人任高校内的学院院长、系主任、研究所长，还有10余人担任政府机关部门的处长一级中层领导。凡是在高校和科研机构工作的，他们的博士论文早已出版，有的还出版了一系列著作，总数在200部以上，发表的论文不计其数。这些学生，在南京大学工作的，已有2人成为国家高层次人才特殊支持计划（即“万人计划”）哲学社会科学领军人才、教学名师，3人入选教育部长江学者特聘教授，1人入选江苏社科名家。还

与博士生合影,1994年

有一些学生入选其他各种省市级人才计划。由于我在培养研究生方面作出了一点成绩,曾获得"江苏省优秀研究生导师"的荣誉称号。

俗话说:"师父领进门,修行在自身。"各行各业都必须有老师,做学问也是一样,虽然修行——在学业上求得博大精深要靠自己的努力,但没有领进门的老师,也是不行的。从我自身的经历,就体会到,我今天在研究秘密社会的领域能取得一点成绩,如果没有邵循正先生当年对我的指导,那是不可能的。怎样把一个弟子领进学术之门,是很有讲究的。根据我对前辈学者培养学生途径的观察,以及我个人的实践,我觉得必须注意以下几点。一是在招收每位学生入学之前,应该对这位学生的求学经历、知识结构、研究专长和兴趣、领悟能力、勤奋程度以及家境状况等作一番了解,这样,就可以根据学生的实际情况,适时确定和调整指导培养的方案,也就是通常所说的"因材施教"。二是在选择和确定博士论文题目时,导师应与学生商讨,征求学生的意见,如果学生事先已有所考虑,他所选择的论文题目既有学术价值,又能做出新意,而且资料的收集和挖掘不会有多大的难度,就可以尊重他的选择,鼓励他做好这个课题，并在理论方法上作必要的指导。如果学生选择的题目大而不当，或者是炒冷饭，或者是资料缺乏，那么，就要劝他改题。有时我认为某个学生适宜将某个重要课题作为他的博士学位论文题目，而且我自己已收集了相关资料，我就把这些资料毫无保留地提供给这位学生，让他做出合格的论文，及时毕业并获得博士学位。三是有些学生，特别是边远地区来的学生，非常勤奋刻苦，学业优秀，但家境贫困，就要设法解决他们生活上的困难。

根据我的体察，要将一个研究生引进学术之门，导师负有特别重要的责任。自从我担任硕士和博士研究生导师之后，虽然自己的学识有限，但在指导培养学生方面，平心而论，我是不辞劳苦、尽心尽力、全心全意的。所以，我进入耄耋之年后，弟子们仍一如既往地爱戴我，师门至今仍有相当的凝聚力。

第六章　社会史研究五十载

一、涉足太平天国史研究

新中国成立后，太平天国史成为中国近代史研究中的一个热点。南京大学历史系是研究太平天国史的重镇，太平天国史则是南大人文社会科学研究的重点之一。罗尔纲先生和陈恭禄先生为南大历史系的太平天国史研究奠定了很好的基础，后来茅家琦先生成为历史系太平天国史研究的学术带头人。我对太平天国史也很有兴趣，曾积累过不少资料，所以我到南大以后，也搞过一段时间的太平天国史研究，主要是在上世纪七十年代末到八十年代中期。我的研究重点是太平天国与秘密社会的关系和太平天国后期的土地政策，先后发表了近二十篇文章，其中包括三批我在国外收集到的太平天国档案史料和我的一

五·二〇科学讨论会上宣讲论文，1978年

篇译文。

1978年，南京大学举行了“文革”后的第一次“五·二〇”科学讨论会，我在历史系的讨论会上，提交了一篇《论太平天国与天地会的关系》的文章。我在这篇文章里，就太平天国起义在各个不同时期与天地会的关系，作了全面的考察和分析。这篇文章发表在《历史研究》1978年第6期，受到学界的高度重视，被认为是论述太平天国与天地会关系最全面最系统的一篇文章。文章里原来还有一段就天地会头目洪大全的身份与罗尔纲先生商榷的文字，《历史研究》编辑部的同志征求罗先生的意见，将这段文字抽出来单成一篇《关于洪大全的身份》，待罗先生的一篇答辩和说明的文章写好后，同时发表在《历史研究》1979年第6期。

《关于洪大全的身份》一文，主要对罗尔纲先生关于“洪泉”的考证和解释提出了异议。1956年南京博物院发现了咸丰元年四月初十的一篇上谕，其中提到贼首“洪泉”等语。另外，英国人密迪乐（Meadows）在《中国人及其革命》一书中，引用了周天爵致湖北巡抚的信，其中论述太平天国领袖时，也有以“洪泉”为最的说法。“洪泉”究竟是谁？是洪大全还是洪秀全？不能确知。为了弄清这个问题，罗先生以咸丰元年三月十三日周天爵致密友周二南的信来旁证。他说，在这封信中，周天爵谈到太平天国的领袖只有洪秀全、冯云山两人，既没有提“洪泉”，也没有提“洪大全”。据罗先生说，他使用的周天爵这一封长信，是根据同治十一年壬申（公元1872年）刊刻的汪鋆《十二砚斋随录》著录的全文。另外，罗先生又提到光绪五年《申报》刊载过《致周二南》的全文。根据罗先生的提示，我们将《申报》刊载的全文与汪鋆书的著录文对勘，不仅发现罗先生引用的并不是《致周二南》的原文，《申报》刊载的才是原文，两者文内有数十处不同，而且在罗先生所引的两段文字中作了重大的修改，特别是将原文的“洪泉”改成了“洪秀泉”，因而使罗先生在他的文章中作出一些不符实际的推断和解释。

太平天国与秘密社会的关系，是个很复杂的问题。太平天国起义从酝酿到胜利进军、建都南京，直至衰败的各个时期，与各地的秘密社会（不仅南方的天地会，而且南方各地的教门尤其是斋教）有着密切的关系。以往的研究中，人们比较注意考察太平天国与各地会党的关系，尤其是与天地会的关系，但是很少有人考察太平天国与各地教门的关系，特别是与斋教的关系。有不少著作，尤其是罗尔纲先生的一些著作，把湖南的斋教误解为天地会，把太平天国时期湖南的斋教起义说成是天地会起义。由于这种见解的影响，人们也就把太平天国与这些地方教门的关系，一概视为与天地会的关系。这不能不说是一个缺陷。有鉴于此，我连续发表了《关于雷再浩与李源发起义的几个问题》（《太平天国学刊》第2辑，中华书局）和《论太平天国与斋教的关系》（《南京大学学报》1983年第1期）两篇论文。前者，我对雷再浩起义时的棒棒会和李源发起义时的把子会进行了考辨，确认无论棒棒会还是把子会都是由青莲教演化而来的。青莲教，在湖南通常称为“斋教”，是属白莲教系统的一种教门组织，内部实行吃斋诵经，持有度牒，雷再浩、李源发起义失败后，在他们的部众身边还搜出《大乘经》、小铜佛像等等。虽然棒棒会和把子会在不同程度上都受到天地会的影响，但因此就把雷再浩和李源发起义说成天地会起义，是不恰当的。在后一篇文章里，我也从南方存在大量斋教的史实考辨入手，认为太平天国起义前夕，由于社会动荡不安，大批劳动群众破产失业，为了谋求生存之路，纷纷加入秘密社会，不仅天地会系统的会党势力迅速发展，教门势力也在相应扩大。当时斋教活跃在两个地区：一是以江西省的封禁山（旧名铜塘山）为中心，蔓延于闽、浙、粤、赣诸省；一是以湖南的宝庆、衡阳、永州各府为渊薮，散布于两湖、川、黔等地。然后，我从太平天国起义酝酿、发展到衰败的各个时期入手，系统考察了它与各地斋教的关系。我的这些文章发表以后，受到一些学者包括日本学者的好评。有的同志说，过去只知道太平天国与天地会的关系，从来也没有听说太平天国与斋教还有密切关系，认为我的文章是突破旧框框的创新之作。还有日本青年学者根据我的意见，专门去研究云南哀牢山地区的斋教问题。罗先生还托他的女婿、中国社科院近代史所的研究员贾熟村先生带信给我，表示对我提出的意见很重视，并称赞我做学问很仔细、很认真。对于太平天国研究一代宗师罗尔纲先生的宽大胸怀，从善如流、奖掖后学的精神，我由衷地感到敬佩。同时，我也体会到，做学问要尊重权威，但不应迷信和盲从权威，权威学者也会有疏漏之处，要敢于和权威争鸣，提出不同意见，这样才能推动科学的前进。

关于太平天国后期的土地政策问题，我主要受邵循正先生《太平天国革命后江南的土地关系和阶级关系》（原载1961年2月2日《光明日报》）和《关于〈漏网喁鱼集〉的一些说明》（原载《漏网喁鱼集》一书卷首）两篇文章的启发。前者是邵先生对近代史所农业经济史学家李文治先生在《光明日报》1961年1月16日发表的《太平天国革命对变革封建生产关系的作用》一文，提出质疑，进行商榷和探讨。李文治先生引用1888年镇江英国领事报告，说太平天国革命后"镇江附近……大地主已不复存在了，仅剩下自耕农。在长江以南十分之九的土地为耕者所有"，从而得出"江南土地十分之九都归自耕农所有"的结论，邵先生认为这和实际情况是不符合的。他根据可靠的史料，具体考察了南京、镇江一带阶级关系和贫农、中农数量变化的情况，文章很有说服力。后者，是邵先生将常熟东乡横塘市柯某（佚名，自署悟迟老人）所作《漏网喁鱼集》中记载太平天国革命时期常熟地区的情况，参照《海虞贼乱记》、《常熟记变始末》、《守虞日记》、《庚申江阴东南、常熟西北乡日记》、《庚申避难记》和《镜稊轩自怡日记》等书的记载，对太平天国时期常熟地区的土地政策、田赋、收租等变化情况作了说明。因为我出生在常熟，对家乡的历史很关心，想着有朝一日，对太平天国时期江南，特别是苏州常熟一带的土地政策也做一些研究。1979—1982年，正是太平天国研究处于热潮时，连续举行两次国际学术研讨会，我就太平天国后期的土地政策发表了三篇论文：《李秀成与太平天国在江浙地区的土地政策》（载南京大学《太平天国史论丛》1979年；《太平天国史国际学术讨论会论文集》中华书局，1980年）、《从〈柳兆薰日记〉看太平天国的土地政策和历史作用》（载《南京大学学报》1980年第3期）、《关于太平天国后期土地政策几个问题的考察》（载《太平天国史学讨论会论文集》，三联书店，1983年）。这三篇论文，利用新发现的资料，在前人研究的基础上做了进一步的考察和补充。特别是《柳兆薰日记》中具体地记载了由于太平天国革命对封建势力的猛烈打击，迫使江南许多地主、官僚、商人逃奔上海等城市，将他们积累的货币进行投资成为中国民族资本最早的供给者，证明太平天国对中国资本主义的发生客观上所起的实际推动作用，这是我研究的一大收获，也是我的一个新见解。

这时，由于中华书局约我写一本中国近代会党史研究专著，我就中止了太平天国史的研究，全身心地投入中国秘密社会史和中国社会史的研究。直到2002年，我应邀参加由哈佛大学和波士顿大学共同举办的“比较视角下的中国千年王国”国际学术研讨会，才写了一篇《太平天国起义与千年王国》论文，发表在《学术研究》2002年第8期。据一位太平天国史研究专家讲，这是中国学者用千年王国思想考察太平天国起义的第一篇文章。

二、构建秘密社会史研究体系

中华书局编辑部约我写一本中国近代会党史研究，因为他们知道，我在上世纪六十年代初，第一个进入中央档案馆明清部，用两年多时间查阅了该馆经过整理的秘密结社档案，积累和抄录了大量秘密会党和秘密教门的档案史料，并且已经发表了《关于天地会的起源问题》、《太平天国与天地会的关系》等几篇有影响力的论文，所以，他们希望我尽快写出一本会党史研究专著，来填补中国近代史研究中的空白环节。在他们的鼓励和推动下，我利用教学的业余时间，经过六年的努力，终于系统地写出了十多篇论文，计约三十五万字，汇集成一本《中国近代会党史研究》，1987年由中华书局出版。

《中国近代会党史研究》初版，1987年

这本书的十五篇文章是按会党发展史

的顺序编排的，从1761年天地会起源，到1952年中国大陆基本上取缔会道门，时段约二百年。第一篇文章是综论，对秘密社会的定义、主要系统、会党产生的社会根源、它的性质和作用作了分析论述，并对它的历史分期作了界定；第二篇阐述天地会的起源；第三篇详细论述了天地会首次发动的大规模起义即台湾林爽文起义；第四篇分析了天地会在清嘉庆道光年间发展的特点和传播情况；第五至第七篇论述了太平天国起义与南方会党、教门的关系，并对天地会首领洪大全的身份提出了自己的看法；第八至第十篇论述哥老会的源流及其反抗斗争，指出十九世纪六十年代以后，哥老会在长江流域兴起，是会党史上一个重大变化，并详细论述了哥老会与长江教案的关系；第十一、十二篇主要论述辛亥革命时期会党与资产阶级各派势力的关系，介绍了资产阶级革命党人联络会党的活动及其经验教训，肯定了会党在辛亥革命中的历史作用；第十三篇介绍民国初年会党活动的特点；第十四篇系统阐述新民主主义革命时期会党与工农运动的关系，以及中共在各个时期对会党的政策方针；第十五篇研究南洋华侨中的秘密会党。这十五篇文章，分则可以单独成篇，合则前后关联、首尾贯穿，构成比较完整的系统。其中有不少是研究的空白点，既无前人的成果，材料也难于发掘。因此，本书的写作过程，也是我在研究方面攻克许多难关的过程。当然，在资料方面，我掌握大量第一手档案史料，这是研究的基础和优势，但是有些问题的研究分析单靠档案记载是不够的，还得收集和阅读文集、笔记、地方志、报刊、回忆录及外文资料，有的还要进行社会调查。有时，为了一篇论文的准备、某些观点的阐发论证，要花上一两年时间。例如，中共在民主革命时期与会党的关系，是个相当敏感的问题，材料既缺乏又零乱，常常要在众多的回忆录和一些地方出版的档案、报刊、文史资料里，多方搜索，沙里淘金，才能找到有用的材料。运用这些材料，论证某个问题和观点，还得反复思考，即使是一孔之见，也要付出艰辛的劳动。所以，书中一篇三、四万字的《新民主主义革命时期会党问题概述》，是花了很长的时间才写出来的。另外，学术研究决不能闭门造车，不仅要利用本国的资料，了解本国的学术信息，而且还要利用外文资料，了解国外研究的成果和相关的信息，要将自己研究的成果置于国际学术研究的行列，才能见高低，起到学术交流、推动学术进步的作用。在我的这本书里，几乎每篇文章都引用过外文资料或国外研究的成果以及相关信息，这主要得益于国家的改革开放，让我有机会与许多外国学者进行交流。有的学者主动提供和赠送国外学者研究的著作和相关的信息，同时，我也利用出国讲学访问的时机，购买和复印了大量外文资料。

我这本书一出版，就得到国内外学者的好评。中国史学会会长、著名历史学家戴逸，以“会党史研究的新成果”为题，在1987年9月16日的《光明日报》发表评论：“蔡少卿同志是最早利用我国的档案对秘密会党进行长期、系统研究的一位学者，他对会党发展的全过程进行比较深入的研究，对许多重大问题做了分析阐述，发人所未发，言人所未言，不仅填补了许多空白点，而且将中国会党演变的过程勾画出一个比较完整清晰的脉络和轮廓，这是一项很有意义的开创性工作。”著名史学家李侃，在1988年7月19日的香港《大公报》上，也发表书评，称“蔡少卿先生的这部著作，是一部勇于探索，求是求真的承前启后之作”。会党史专家、上海师大教授周育民在《江海学刊》以《对中国秘密社会奥秘的探索》为题发表书评，认为这本著作有三大特色：第一，作者独辟蹊径，把视线转向第一历史档案馆，在本书中所引用的1500余条史料中，大部分来自清宫档案，直接利用档案资料，就为会党史的研究提供了大量第一手材料，为这一学科的建立和繁荣奠定了基础，蔡少卿先生在这方面的筚路蓝缕之功实在是巨大的；第二，第一次比较系统、完整地论述了中国会党史的整个发展过程；第三，比较系统地提出了会党史研究中一系列理论问题，如中国秘密社会的定义、分类、社会根源、社会功能问题、会党的性质、历史作用和历史分期问题，在这些重大问题上，作者都根据自己的研究作了回答。总之，《中国近代会党史研究》是一部理论性强、观点鲜明、论证严密、资料丰富、探索深入、富有特色的学术著作。

外国学者Stephen Morgan在一份英文报纸“Standard”（《虎报》）上，用“教授揭开中国秘密社会盖子”（Professor lifts lid on Chinese Secret Societies）为标题，对我的秘密社会研究作了长篇报道和评论。苏联学者科斯加耶娃在俄文杂志《远东问题》1990年第4期上发表长篇书评，对我的《中国近代会党史研究》作了高度的评价。韩国高丽大学有一位博士研究生，以我这本书引用的资料为基础，写出博士论文，获得了博士学位。这本书出版十多年后，在东京大学获得博士学位的孙江教授说："蔡先生的秘密社会研究很为欧美和日本学界所知。我翻阅过英文、法文和日文绝大部分秘密社会研究论著，发现蔡先生的论著被引用率一直很高。"（见孙江《蔡少卿先生与中国秘密社会研究》，载《我看中国秘密社会》，广西人民出版社，2002年）

Sunday Standard, November

Hongkong Now

Professor lifts lid on Chinese secret societies

Special Report
By Stephen Morgan

Professor Cai Shaoqing.

Secret societies grew rapidly in the chaotic and worsening economy of the late Qing, and many peasants and artisans turned to the societies for support.
— Professor Cai Shaoqing

英文报纸的报道，1987年

虽然我的这本书出版后获得国内外学界的好评，但我认为这项研究只是初步的，还不够完整。此后，我又进一步研究，发表了20余篇论文。2009年，新中国成立60周年，中国人民大学出版社在全国文史哲学界选了70本著作，作为"当代中国人文大系"丛书再版，他们也将我的这本《中国近代会党史研究》列入其中，我从后来发表的论文中选择8篇有代表性的文章增加进去，作为增订版出版，这样就使这本书的内容更加全面完整。这是南大人文学科被选入这套丛书的唯一的著作，使我倍感光荣。

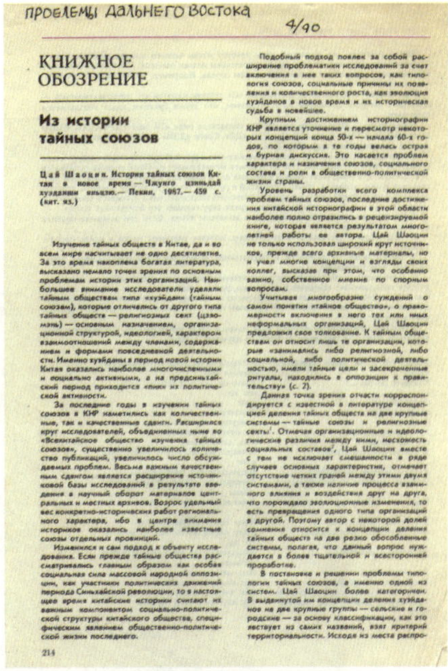
ПРОБЛЕМЫ ДАЛЬНЕГО ВОСТОКА 4/90

КНИЖНОЕ ОБОЗРЕНИЕ

Из истории тайных союзов

Цай Шаоцин. История тайных союзов Китая в новое время — Чжунго цзиньдай хуэйданши яньцзю.— Пекин, 1987.— 459 с. (кит. яз.)

Изучение тайных обществ в Китае, да и во всем мире насчитывает не одно десятилетие. За это время накоплена богатая литература, высказано немало точек зрения по основным проблемам истории этих организаций. Наибольшее внимание исследователи уделяли ...

Подобный подход повлек за собой расширение проблематики исследований за счет включения в нее таких вопросов, как типология союзов, социальные причины их появления и количественного роста, как эволюция хуэйданов в новое время и их историческая судьба в новейшее.

Крупным достижением историографии КНР является уточнение и пересмотр некоторых концепций конца 50-х — начала 60-х годов, по которым в те годы велась острая и бурная дискуссия. Это касается проблем характера и назначения союзов, социального состава и роли в общественно-политической жизни страны.

Уровень разработки всего комплекса проблем тайных союзов, последние достижения китайской историографии в этой области наиболее полно отразились в рецензируемой книге, которая является результатом многолетней работы ее автора. Цай Шаоцин не только использовал широкий круг источников, прежде всего архивные материалы, но и учел многие концепции и взгляды своих коллег, высказав при этом, что особенно важно, собственное мнение по спорным вопросам.

214

《中国近代会党史研究》俄文书评，1990年

在中国历史上，存在着众多的秘密社会。据中国第一历史档案馆的记载，清代

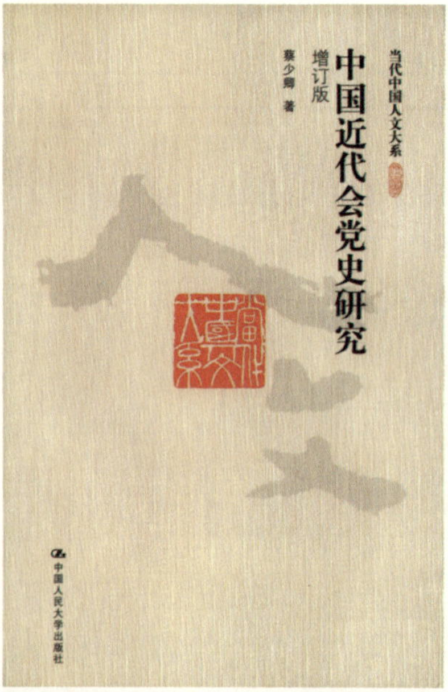

《中国近代会党史研究》增订版，2009年

秘密社会的名目就有二百一十五种，如果加上地方志和其他文书所记载的名目，估计不会少于三四百种。当然，其中也包括了同一组织的许多变名。秘密社会的名目虽然繁多，但从它的类型来分析，基本上可以分为两大系统，即一个是以天地会、哥老会为主体的会党系统，一个是以白莲教为主体的教门系统。这两大系统的异同，我在《中国近代会党史研究》的综论里曾作了阐述，但具体研究时，只是对会党系统作了考察和分析，从构建整个秘密社会研究的体系来说，还是不够全面的。因此，在《中国近代会党史研究》一书出版后，我又写了一本《中国秘密社会》，从社会史的角度，对中国历史上以至现实生活中产生过重要影响的天地会、哥老会、青红帮、白莲教、大刀会、义和

《中国秘密社会》大陆版，1989年

《中国秘密社会》台湾版，1996年

拳、红枪会、一贯道等组织,即会党和教门的两个系统作了全面的考察,既叙述了他们发生、发展和消亡的历史过程,又论述了他们的社会功能和历史作用,而且对这些组织的内部结构、宗教信仰、结拜仪式、隐语暗号、帮规条例等也作了详细介绍。这本书由浙江人民出版1989年出版。这就构建了秘密社会史研究的完整体系,它不仅对秘密社会的研究产生了很大的影响力,而且对政府部门,特别是公安部门的社会治安综合治理,具有重要借鉴意义。在公安部门的要求下,浙江人民出版社又加印了两万册,作为公安政法干部的读物。1996年,台北南天书局又将此书在台湾出版发行。

三、系统研究民国时期的土匪

当我从事的秘密社会史研究工作初告一个段落时,即着手进行有关土匪资料的收集和研究。土匪在旧中国,与会党(统治者称之为会匪)、教门(统治者称之为教匪)一样,是下层群众的组织,成了当时比较严重的社会问题。尤其是民国时期的土匪,活动特别猖獗,它不仅人数众多(全国约有两千万),分布面广(遍布全国各地),而且还拥有自己的武装和根据地;在许多地方,它还左右当地政治、经济和社会生活,形成“官匪分治”的格局。土匪之中虽不乏劫富济贫、伸张正义的绿林好汉,但多数匪帮纪律松弛,所过之处洗劫一空,给人民带来无穷的灾难。民国时期的土匪,不仅成为当时报刊议论的主题,而且成了各派政治势力竞争利用的对象,军阀反动势力招募利用过他们,革命党进步势力也争取过他们。对于这样一个严重的社会问题和历史现象,我国的学者一直未予重视,长时期内没有一部论述民国土匪的著作,书市上流行的只是一些趣味性的故事汇编,没有揭示土匪产生的社会根源及其活动规律和内幕。国外学者的著作,并没有利用大量的第一手资料,尤其是档案资料。有感于此,我产生了研究民国土匪的念头。

1985年8月至1986年12月,我利用赴欧美讲学访问之机,系统阅读了《时报》、《顺天时报》、《北华捷报》(North China Herald)等几份重要报刊,和一些西方传教士、新闻记者有关中国土匪问题的回忆录。回国以后，又与我的研究生花两年时间，收集了大量档案、地方报刊、方志和文史资料。在综合分析资料的基础上，我拟定了全书的写作提纲，确定了写作的理论方法，然后分工撰写。我撰写综论性的引言和第一、二、三章，其余第四至第十一章，分别由我的研究生撰写。因为我当时身体不太好，就请我的弟子李良玉教授帮我做全书的统稿工作。经过两年多的努力，终于完成了《民国时期的土匪》一书的撰写工作，全书28万多字，1993年由中国人民大学出版社出版。

《民国时期的土匪》，1993年

在写作本书之前几年，我已读到英国的马克思主义史学家埃里克·霍布斯鲍姆(Eric Hobsbawm)的开拓性研究成果《土匪》一书，他的这本著作对许多国家的学者来说，特别具有吸引力。我读了霍氏的这本书以后，也深受启发。我还在为研究生开设的“外国学术名著选读”的专业课上，将霍氏的这本书作为重点研讨的课题。霍氏关于土匪研究的理论框架和对世界许多地区土匪活动规律的分析都非常深刻，尤其是他提出的“社会土匪”(Social bandits or Social banditry)的概念及对其活动规律的阐述是很重要的贡献。但霍氏对中国的土匪并未深入研究，这是一大缺陷。继霍氏之后，安东·布洛克(Anton Block)、安东尼奥·希尔维诺(Antonio Silvino)、贝思飞(Phil Billingsley)等也就土匪问题发表论著，各抒已见。我们在写作《民国时期的土匪》一书时，在理论框架方面，既参考霍氏的见解，又根据中国土匪活动的实际情况，对什么是土匪、什么人充当土匪、土匪组织的内幕、土匪猖獗的原因等一系列重要问题提出了自己的见解。大约在1991—1992年间，我们读到了贝思飞《民国时期的土匪》中译本，我们发现该书的理论框架与霍氏基本相同，在具体考察民国时期的土匪活动时，只限于中国北方河南河北一带的土匪，其个案考察主要是白朗起义活动，而我们掌握着民国时期全国各地区土匪活动的丰富资料。因此，我们这本书的写作，以马克思主义理论为指导，运用历史学、社会学、民俗学等多种学科的理论方法，比较系统地分析民国时期土匪活动猖獗的原因和规律，以及不同地区不同类型土匪活动的规律和特点，基本勾画出这一时期土匪活动的全貌。从以上的叙述可以看到，贝思飞与我们的著作，都是以民国土匪为研究对象，书名也相同，如果说贝氏著作的特点在于继承霍氏的观点、方法，对民国土匪做了开创性研究，那么，我们的著作既在观点、方法、理论方面对霍氏作了批判性继承，又在体系、内容等方面有所创新，尤其是我们以丰富的资料对全国各地区的土匪活动及其特点作了比较系统的考察，这是贝氏著作不可企及的。如果说贝氏著作是外国学者第一本研究民国土匪的开创性著作，那么，我们的著作是中国学者第一次系统研究民国时期的土匪。所以，这本书出版后，在史学界得到了广泛的好评。后来国内也陆续出版了一些类似著作，但在理论和资料方面都未达到这本书的广度和深度。

四、推动新时期的社会史研究

改革开放以后，我国的学术研究日益繁荣，为了推动学术的发展，很多学科设立了学会、研究会等机构。涉及我所研究的领域，也先后建立了以下几个研究机构。

首先是建立中国会党史研究会，推动中国秘密社会史研究的全面展开。

中国秘密社会史的研究很早就有学者涉足，但取得突破性的进展，则在20世纪60年代，“文革”时期中断。改革开放以后，随着档案资料的开放，研究者日益增多。经过筹划，1984年10月，由上海师范大学历史系承办了第一届中国近代秘密社会史学术研讨会，与会学者70多人，会议由上海师大历史系主任魏建猷教授主持。会上争论的热点是天地会的起源问题。天地会起源于乾隆二十六年即公元1761年的观点，是我1964年提出来的，是根据中国第一历史档案馆的第一手档案史料，经过考辨论证得出的结论。早在1979年，胡珠生先生就撰文批评我的观点。在这次研讨会上，秦宝琦教授也根据档案史料撰文，提出与我相同的说法，支持我的观点。因此，批评的矛头大多数指向秦宝琦先生，其中批评最为激烈的是胡珠生和赫治清两位先生。其实我心里明白，他们也是在批评我的观点。我比较宽容地看待大家的不同意见，没有插话。因为我坚信，我的观点是建立在可靠材料基础上的，通过争辩，推动研究的深入发展，总会有个水落石出。果然，1986年秦宝琦先生在中国第一历史档案的《外纪簿》中，找到了乾隆五十四年五月初三闽浙总督伍拉纳、福建巡抚徐嗣曾关于审讯天地会创始人万提喜之子行义、嫡传弟子陈彪的奏折。这个奏折明确记载："提喜于乾隆二十六年倡立天地会名色"（见秦宝琦《天地会起源"乾隆说"新证》，载《历史档案》1986年第1期），这就使我首先提出的天地会创立于乾隆二十六年之说，更进一步得到了证明。在这次大会上，我应邀作了一场关于中国近代秘密社会史分期的学术报告，陈旭麓教授作了关于研究中国秘密社会史的重要意义的报告。经著名学者魏建猷、陈旭麓、王戎笙、姜义华等人的倡议，会议期间成立了全国性的研究学会，因孙中山先生将秘密社会称为"会党"，就定名为"中国会党史研究会"，推举魏建猷先生和我担任正副会长。研究会的宗旨是贯彻党的"双百"方针，团结国内外有关学者，推动中国秘密社会史研究的全面深入发展。研究会机构常设于上海师范大学，并确定每隔四年举行一次全国性或国际学术研讨会。这次会议的论文，由学林出版社出版了《会党史研究论文集》。

1988年举行第二次中国近代秘密社会史研讨会时，因魏建猷先生年老病故，这次会议就推举我担任研究会会长，选举秦宝琦、赫治清为副会长，上海师大历史系的周育民为秘书长，并推举胡珠生、刘子扬（第一历史档案馆）等为研究会理事，代表不同学派（当时学者戏称"档案派"、"故事派"）的团结协作。这次会议讨论的问题更为广泛和深入，会议的成果十分明显。

随着国内外学术界研究中国秘密社会的人员和研究成果显著增多，我们认为举办中国近代秘密社会史国际学术会议的时机已经成熟。经我们向教育部呈报批准，第一届中国近代秘密社会史国际会议于1993年6月1日至3日在南京大学举行。来自全国各地及日本、美国、澳大利亚、德国、韩国的专家学者近百人出席,其中国内学者80人,国外学者18人,共收到论文60多篇。讨论的问题涉及秘密社会的产生、发展及其活动规律;天地会、罗教、一贯道、红枪会、青帮研究;秘密社会的作用;秘密社会与国际黑社会的联系和区别等。由于出席会议的许多国内外著名学者的鼎力支持,与会学者的学术热情、论文的高质量、争论的热烈程度,使会议的开放性、学术性达到了相当高的水平,获得了舆论的广泛好评。《文汇报》、《新华日报》、《南京日报》、《扬子晚报》等媒体作了报导,认为会议"基本上反映了国内和国际中国秘密社会史研究的深入发展,具有积极的推动作用"。

1993年,在第一届中国近代秘密社会史国际学术会议开幕式上讲话

1998年,由中国会党史研究会与上海市警察学会在上海联合举办第四届

中国秘密社会史研讨会，这次会议除了讨论历史上的天地会、哥老会、青帮和一些民间宗教问题外，对当代中国黑社会的问题作了重点探讨。有的省市黑社会犯罪问题特别严重，当地的学者提交会议的论文，十分令人瞩目。例如，我的一位硕士研究生周心捷，跟我专门研究过当代中国黑社会的问题，九十年代到广东省公安学校工作，他与广东省公安厅和深圳市公安局合作，对境外黑社会向内地渗透的研究很有成绩，他的论文成为会议讨论的一个热点。他现在已成为研究黑社会问题的专家，曾应邀赴美国进行过学术访问。这次会议，有相当一部分学者，由研究历史上的秘密社会转向关注和研究当代黑社会犯罪的问题，体现着研究者对现实社会的殷切关怀。历史上的秘密社会和当前的黑社会有一定的关联，研究历史上的秘密社会有助于政府和公众更好地了解当前的黑社会问题，对当代中国"打黑除恶斗争"有重要的借鉴意义。所以，这次研讨会对学者从研究秘密社会史转向关注和研究当代黑社会犯罪，关注现实社会安全的综合治理，具有一定的推动作用。

2004年12月19日至21日，"中国近代社会与秘密社会史国际学术讨论会"在上海召开，这是研究会举办的第二次国际学术会议。这次会议有两大议程：一是对中国近代社会与秘密社会这个主题进行广泛深入的讨论；二是改选研究会的领导机构。参加这次会议的国内学者近百人，来自日本、韩国、美国等国的学者约20人，提交的论文近80篇，后经选择由商务印书馆出版了一本《中国会党史论集》。我在会上作了"研究中国秘密社会四十年"的学术报告，从我最早进入第一历史档案馆、利用档案史料研究、1964年在《北京大学学报》发表《关于天地会的起源问题》、提出天地会创于清乾隆二十六年起，后经过系统研究，写出专著，建立了研究秘密社会史的新体系，到我从事当代中国黑社会研究，首先提出"扫黑必先反腐"，必须打掉黑社会的"保护伞"，得到中央领导的表彰性批示，并获得国际大奖"特雷什高级研究奖"，直到我2003年12月退休，前后40年时间。另外，我从1984年第一次秘密社会史研讨会上建立"中国会党史研究会"，到2004年的研讨会，已担任了20年的研究会副会长、会长。这二十年内，经过研究会全体同仁的努力，研究的队伍已扩大到一百多人，先后出版了数十本著作，特别是我们研究队伍中涌现出许多优秀的中青年学者。因此，我认为改选研究会领导机构的时机已经成熟，我主动提出应从研究会会长的岗位上退下来，让年轻有为的同志来接任。经选举，由周育民任研究会会长，孙江、刘平、吴善中、孟超任副会长，邵雍为秘书长，我退任为荣誉会长，原副会长秦宝琦、赫治清以及老同志胡珠生担任顾问。为表彰我在研究秘密社会史以及在研究会工作方面做出的贡献，在全体会议上最后由大会执行主席宣读了公开表彰书，并授予我“突出贡献奖”，使我受到一次莫大的荣誉。

中国会党史研究会颁给突出贡献奖，2004年

第二个，是成立社会史研究室和社会史学会，出版社会史理论、方法著作和专题研究丛书，推动国内社会史研究的发展。

社会史是上世纪80年代中国史学界新兴的一门学科。1986年底，第一届中国社会史研讨会在天津召开，以后越来越多的学者关心这门学科的进展，发表了大量的学术论著，一些专门性的社会史研究机构相继成立，中国社会史研究呈现出兴盛的势头。但是，什么是社会史，它的研究对象是什么？我国史学界存在较大的分歧。1985年8月至1986年底，我利用赴美国和欧洲讲学、访问之机，对欧美社会史的研究状况，作了比较系统的考察。据我了解，按照国际上比较流行的说法，社会史就是社会关系的历史，就是社会结构的历史，就是日常生活的历史，就是私人生活的历史，就是社会团结与冲突的历史，就是独立分散的或互相依赖的社会团体的历史。从这个定义，我们就可以明确，社会史主要是研究历史上各种社会关系、社会结构、社会团体、社会生活状况以及它们的运动体系。社会史不同于专门的经济史、政治史、思想史等，它与经济史、政治史、思想史的关系，犹如身体的骨架和血肉的关系。人们通常说，经济、政治、思想三大块是历史的骨架，有了社会史，才能够使历史有血有肉，丰满起来；否则，经济史就是贫乏的，政治史也是莫名其妙、难以理解的。

从社会史研究的实际状况和社会现实的需要，可以看出，以下的历史现象和社会问题，应该是社会史研究的重要范畴和课题：即历史人口问题，社会的组织与结构问题，如血缘团体（包括家庭、家族、宗族等）、地域团体（包括村寨、同乡团体、乡土观念等）、职业团体（包括同业行会、商会、劳动组合等）、阶级与阶层、政党与公开或者秘密的结社、军阀与土匪、社会的习俗与风尚、社会思潮、社会生态环境、社会的控制与调节，以及地区的社会变迁，等等。人们对社会史研究的范畴，理解有宽有窄，这并不影响社会史研究工作的实际展开。

我回国以后，即与校系领导以及有关部门商定，于1987年3月27日，召开了南京大学中国社会史研究论证会，主管文科的副校长余绍裔、学报负责人蒋广学，以及历史系、政治系、社会学系的部分师生约有50余人出席。我在会上介绍了西方学者关于社会史定义和研究对象的认识，并说明，随着改革开放政策的全面推行，我国史学也正处于革新之中。史学改革和创新的途径可以有多种，开展和加强社会史研究，应是一条切实可行的重要途径。这样做，不仅可以打破我国史学研究长期处于经济、政治、思想三足鼎立的通史、断代史著述和教学的格局，而且可以别开生面，推动社会科学边缘学科的发展，多方面地揭示历史演变的真实过程和不同层次的发展规律。更重要的是，开展社会史研究，将有助于全面深入地认识我国的国情和民情，为“四化”建设提供重要借鉴，为社会主义的精神文明建设服务。这些看法，得到了与会者的一致认可。会议建议在历史系成立社会史研究室，开设社会史课程，做好规划，与其他高校相关研究机构联系，进行合作。余绍裔副校长表示学校将给予全力支持。学报表示将每年开辟社会史专栏。此后历年所发表的专栏论文，在学术界引起了广泛的注意，有比较高的转载率，成为南大学报1980年代至1990年代具有竞争性的重要特色之一。

我们召开社会史研究论证会的消息传出后，我首先接到南开大学冯尔康教授的来信，主要内容是说明，1986年他们发起并组织在南开大学召开国内第一届社会史讨论会，从此固定地每两年召开一次会议。他邀请我们共同推动社会史研究，建议我们承办第二届社会史讨论会。我接受了冯教授的建议，答应承办这次会议。差不多与此同时，浙江人民出版社派编辑汪维玲同志来南京大学，与我商谈合作出版中国社会史丛书的问题。汪维玲是一位很在行、非常有责任心的优秀编辑，在她的支持下，首先出版了一本由我主编的介绍西方社会史理论的著作《再现过去：社会史的理论视野》。这本书从西方社会史学家的著作中选择了17篇论文，其中既有英国马克思主义学者E·J·霍布斯鲍姆等人的文章，又有法国“年鉴派”费尔南·布罗代尔等人的文章，还有美国著名社会史学家查尔斯·蒂利等人的文章，由青年教师孙江帮助和组织翻译成中文，我写了《序言》。这本书基本上反映了西方学者关于社会史的理论思考和史学实践，介绍了某些西方学者的成就，阐述了社会史与其他学科的学术方法的关系，是研究社会史的重要理论工具书。为了提交给1988年我们举办的第二届社会史研讨会，汪维玲同志以最快的速度完成出版，受到与会学者的热烈欢迎，并对以后的中国社会史研究起到了重要的启示和推动作用。

《再现过去：社会史的理论视野》，1988年

第二届中国社会史学术研讨会，经过一年多时间筹备，在江苏省社联领导胡立锋、江苏省社科院领导徐福基，以及著名学者陈旭麓、李世瑜、冯尔康、赵清、王家范、万仁元、余明侠等人的通力支持下，于1988年10月25日至29日在

第二届中国社会史学术研讨会开幕式，1988年

与陈旭麓（左二）、李世瑜（左三）教授等合影，1988年

南京举行，与会学者120多人。会上，我作了《回顾与前瞻——关于社会史研究的几个问题》的主题报告（载《历史研究》1989年第4期）。会议就社会史的定义、中国知识分子、近代城市的结构与管理、商人及其社团、秘密会党、社会风俗等问题展开热烈的讨论，给所有与会人员留下了深刻的印象。会议期间，江苏省社会史学会宣告成立，由我担任会长，这是国内最早成立的省级社会史研究学会。会议闭幕时，著名历史家陈旭麓先生作了关于社会史研究的讲话，他在讲话中赞扬社会史研究已形成了“北冯南蔡”的局面，这既是对我和冯尔康教授的肯定，也是对这次会议的肯定。

从1989年起，我主编的《中国社会史丛书》先后分五批陆续出版，于1996年出齐，一套共20本。1989年出版的第一批丛书《中国秘密社会》、《中国婚姻家庭的嬗变》、《动荡时代的知识分》、《十字架与龙》，是我们社会史研究室的同仁首先推出的。这套丛书比较完整地反映了中国社会史的历史面貌，从制度、思潮、法律、宗教、宗法、伦理、风俗、阶层等各个方面分析了中国的历史与社会结构。在上世纪八九十年代的丛书中，它是我国第一套也是唯一的一套大型

中国社会史研究丛书，它的系统性、学术风格的统一性和学术水平，也都堪称一流。它不仅反映了当时我国学者的研究成果，而且培养了许多青年学者。有不少青年学者从参与写作和阅读丛书中受到启示，后来成长为中国社会史研究的骨干力量。

主编的中国社会史丛书

继1988年的会议之后，我们在1990年和1992年分别在南京和无锡举行了两次江苏省社会史年会，讨论了打击黑社会势力与社会治安，江苏省的民俗、地方史和改革中的农村社会经济等问题，推动了社会史研究在江苏各地方以及省内许多高校的迅速发展。1995年，江苏省社会史学会被评为江苏省社科联先进学会。1990年在成都举行的第三届中国社会史研讨会上，成立了中国社会史研究会，我当选为研究会的主要领导成员之一。

从20世纪80年代后期到90年代末的大约十多年时间里，南京大学社会史研究室的成立、学报社会史专栏的推出、第二届社会史研讨会的召开、江苏省社会史学会的成立及其活动的开展、中国社会史丛书的出版，是我校社会史形成学科特色的重要标志。我们在社会史研究方面组织的这些活动，对于推动当代中国的社会史研究，对于提高南京大学在这个领域的地位，对于培养年轻一代学者，作出了重要贡献。因此，南京大学就成为国内公认的社会史研究的

《中国近代社会史研究》，2014年

一大重镇。

第三个机构是与公安部门合作建立的民间社会研究中心。

我从事中国秘密社会研究，一直受到公安部门的关注。早在1980年代初，江苏省公安厅就有人与我取得联系，希望进行合作。1989年我的《中国秘密社会》刚出版，公安部某负责同志即派专人与我联系，明确提出要与我们进行合作研究，并请我担任他们的顾问。1992年，公安部责成江苏省公安厅和我们在南京大学设立民间社会研究中心。这年秋天，中心成立时，江苏省公安厅厅长凌福根、南京大学主持工作的党委副书记许廷官、副校长董健出席会议，宣布民间社会研究中心由南大和省公安厅共同领导，开展对会道门与当代黑社会、邪教的合作研究，由我担任研究中心的主任。在合作研究过程中，除了定期进行一些资料和信息的交流和对现实社会治安问题讨论外，我们还编辑出版了一套《中国秘密社会丛书》。其中有江苏省公安厅一处的陆仲伟同志

成立民间社会研究中心，1992年

撰写的《一贯道内幕》，利用他长期治理会道门过程中掌握的丰富资料，进行了多层次的分析，受到读者的欢迎。省公安厅政治部的吴东升，从事公安工作十多年，结合实际斗争的需要，对江苏、安徽一带的邪教作了系统深入的研究，推出了一本《邪教的秘密——当代中国邪教聚合机制研究》，以丰富鲜活的资料，进行深层的分析，令人耳目一新。公安部一局的彭邦富写了一本《孤岛黑流——台湾黑帮大透视》，也很受读者欢迎。在由我主编、江苏人民出版社出版的这套丛书中，有三分之一的著作是由公安机关的同志撰写的。

另外，为了提高公安部门工作人员的理论和知识水平，更有效地进行社会治安的综合治理，促进国家的长治久安，由公安部负责人谭松林担任主编，由我担任第一副主编，多位学者合作，经过十年的努力，编写了一套七卷本的《中国秘密社会》，由福建人民出版社于2002年出版，公开发行，并由公安部指令各省市公安机关作为干部的读本。应该说，这是一项立足点高、具有远见的基

主编的《中国秘密社会丛书》

七卷本《中国秘密社会》，2002年

础建设工程,也是学术界与实际工作部门一次很有成效的合作。

五、破解当代中国黑社会问题

当研究中国秘密社会史告一段落时,我在一本著作的结论中说:"新中国成立后,经过国民经济的恢复工作,以及土地改革、镇压反革命等运动,使中国社会长期存在着的帮会游民土匪问题得到妥善的解决,旧中国的百年匪患也随之消灭,这是中国历史上的一件大事。"但是,这本著作出版后不到两年时间,我们发现,随着我国改革开放事业发展的同时,早已在中国大陆销声匿迹的帮会黑社会势力又沉渣泛起,严重扰乱社会秩序。这引起我强烈的关注,使我从秘密社会的历史研究迅速转向研究当代中国的黑社会等现实社会问题上来。我首先从深圳特区打击黑社会所公布的资料,以及许多报刊媒体报道其他省市帮会活动的信息,进行综合分析研究发现,黑社会组织犯罪对当今社会的危害相当严重,而且已不是个别地区的现象。1990年10月,我在四川大学举行的中国社会史第三次研讨会上,作了《黑社会势力沉渣泛起威胁社会安全》的报告,将矛头直指当时尚未引起学术界广泛关注的黑社会问题,呼吁加强对当代黑社会问题的研究,警惕黑社会势力的蔓延,提醒有关部门应与黑社会势力进行斗争。这篇报告引起了与会学者和媒体的广泛关注。新华社记者以"黑社会势力沉渣泛起威胁社会安全——蔡少卿教授谈当前中国黑社会组织特点"为题,在新华社《内部参考》上作了详细的报道,这是学术界首次对当代中国黑社会问题作出的比较全面的论述,受到中央及一些地方政府的重视。在我的这篇报告里,提到我国北方某省的一个黑社会,我对它作过调查,作出准确定性。该省的主要领导在"内参"上见到后,询问省公安机关,他们对这个黑社会组织的名称都不知道,立即与我联系,我向他介绍了有关资料的来源和信息,为他们的工作提供了方便。

我在这个报告的基础上,扩展成一篇学术论文《当代中国黑社会问题初探》,发表在1992年第3期的《南京大学学报》上。这是国内第一篇较为系统地探讨当代中国黑社会问题的学术论文，文章从当代黑社会组织的特点、黑社会势力沉渣泛起的原因及对策思考等三个方面进行了探讨。

我认为，当代中国黑社会大致有以下几个特点。(1)在全国范围相继出现，名目繁多。黑社会势力抬头，已不是个别现象，而是全国范围比较普通的现象，无论城市还是农村，都出现了一些名目不同的带黑社会性质的组织，特别是一些大中城市和沿海开放地区，黑社会的活动相当频繁。(2)从组织形态上看，这些帮会团伙大多属于初露头角的暴力型组织，活动大多带有社区性。由于在本社区活动，就有更强的凝聚力，发展比较快。(3)犯罪形式多样化，从经济上的攫财到政治的反动，犯罪工具日趋现代化、技术化。(4)受到港台黑社会势力的渗透和影响。(5)组织成分复杂，以青少年为主，文化水平比较低。参加现代帮会团伙的成员有农民、企业职工、无业人员、劳改释放分子等，多为男性。(6)现在的帮会团伙基本上继承了传统帮会衣钵，建立了一套完整的组织机构、帮规条例、隐语暗号。

黑社会势力为什么在当代中国再度泛滥？我认为有以下几个原因。(1)社会转型的"综合症"，包括流动人口的大量增加，就业体制不尽完善，无业、待业人员大量存在，成为犯罪和重新犯罪的"潜在源"。在社会变革过程中，传统的价值观念、道德规范、思维模式、行为方式受到冲击，而新的观念、规范、方式没有完全建立起来，在这种新旧交替过程中，社会规范对一些人的行为失去了应有的约束力，一些人的心态失衡乃至失控。(2)社会规范软化，包括反黑斗争得不到各方面的有力配合；"保护伞"的存在更使一些黑社会分子犯罪肆无忌惮；基层组织软弱，不能使黑社会组织消弭于萌芽状态，客观上为黑社会分子犯罪开了绿灯；社会传媒净化不力，文化市场"黄"水泛滥，客观上起到对犯罪分子的教唆作用等。(3)教育的偏差，是青少年犯罪一个不容忽视的原因。(4)帮会意识根深蒂固，使团伙犯罪独具"魅力"。

对于黑社会势力泛滥的对策，我认为，在综合治理的过程中，应贯彻治标与治本结合、严打与预防救治结合、速决战与持久战结合、公安机关治理与群众防治结合的"四结合"原则。同时，应做好宣传教育、制定反击黑社会的法规;健全就业机制、广开就业门路、做好剩余劳动力及闲散人员的就业工作;加强城市流动人口的管理、加强对青少年犯罪防范和治理、加强城乡基层政权建设;健全防范机制、杜绝境外黑社会势力的渗透等几项具体工作。

我们这篇论文发表于1992年,那时中国黑社会尚处于萌生和恢复性发展阶段,我们的一些分析思考,应该说是带有前瞻性的。国际著名检索期刊——美国《历史文摘》(*Historical Abstracts*)很快收录了这篇文章。此后,不少学者从法学、犯罪学等角度,发表了一些有关当代中国黑社会的研究论著,但是总体看来,其研究理念基本上没有超出这篇论文的框架。

这项研究的实际意义并没有局限在国内,在境外警方也引起一定反响。有一次在美国西雅图发生了一起恶性凶杀案,犯罪嫌疑人是一名从越南逃往美国的华人,虽然证据充足,但因嫌疑人的辩护律师称其患有精神病而令法庭无法定罪。美国警方束手无策,于是通过辗转的途径与我取得联系,恳请我协助他们破案。依据美方提供的现场凶杀照片,以及我所掌握的华人帮会的知识,从凶手行凶的部位、手法等蛛丝马迹中作出判断,本案是一起华人帮会中传统的带有血祭性质的恶性犯罪案件,凶犯有精神病的说法不攻自破,从而成功协助将凶犯绳之以法,这在美洲华侨报刊上一时传为佳话。

如果说我1992年刊文探讨黑社会问题时,中国的黑社会尚处于萌发期,只算是"带黑社会性质的组织"即黑社会雏形的话,那么,经过十年左右的发展,中国黑社会已基本具备了中国历史上及世界著名黑社会组织的特点,只是规模上有大小之分而已。我注意到尽管政府掀起几次"严打"浪潮,但是某些地方的黑社会势力越来越猖獗,他们的触角已不断向党政机关、政法部门、企业集团渗透,影响更为恶劣。例如,沈阳市的黑社会老大刘涌,最初是一介贩夫,组建黑帮,购买枪支弹药,疯狂作案30多起,致死伤数十人。他暴敛财富,创办企业,收买官员,以民营企业家为外衣,还当选为市人民代表,又以此为政治资本,进一步实行官匪勾结,称霸沈阳。他能摆平红黑两道,公然对抗公安机关和行政管理部门。他的嘉阳集团辖有26家公司,员工2500人,资产7亿元人民币。这个黑社会集团覆灭后人们发现,黑老大刘涌背后的"保护伞"可谓庞大:沈阳市检察院原检察长刘实是他的"干妈",市中级法院原副院长、市政协原副主席焦玫瑰是他的情人,经深追,发现沈阳市市长慕绥新是他的总后台,一个副省级干部也被拉下了水。这虽然是官匪勾结比较突出的一个案例,但这种情况,在全国范围内已不是个例。

2000年9月,新华社记者就如何治理黑社会的问题专门采访了我,我以《扫黑必先反腐》为题,在《中国新闻周刊》第20期上发表了这篇专访文章。记者首先问,今年以来,"扫黑"捷报频频,但警方提及黑帮时,几乎无一例外地称"带有黑社会性质的犯罪团伙",到底什么是黑社会?警方这一称谓与黑社会组织有何联系和区别?我的答复是,黑社会,国外一般称地下社会(underground society)或者有组织犯罪(organized crime),是一种独立于正常社会,具有反社会价值观念、文化心理、严密组织形式的犯罪团体,拥有政治和资本支持,进行职业犯罪活动。根据我们的研究,中国黑社会一般具有五个特征:通过结拜把兄弟等方式结伙;内部有严密的分工和纪律;有内部的隐语暗号;活动处于隐性状态;有政治保护伞。根据这些标准,我认为中国当前已实际存在黑社会组织,像刘涌犯罪团伙就是典型的黑社会组织。由于目前中国大多数黑帮的组织发展还不够成熟,所以警方称之为"带有黑社会性质的犯罪团伙"。

中国黑社会到底"黑"到什么程度?尽管这一问题不好用数理统计明确化,但我认为:"黑"得不轻。目前中国黑社会犯罪比较猖獗,已经到了不打不足以维持稳定的程度。而且,最近出现了一种新的现象,即几个团伙跨地区、多帮派联合行动,这种联合并非局限于大陆,而是内外勾结,主要是港澳台地区的黑社会向内地的渗透和影响所致,其目的主要是谋取钱财。有的黑社会在从事经济活动的同时,还从事非法的政治活动,如上海、湖南、广西等地的"中国黑手党"、"梅花帮"、"群龙帮"等,其目的是颠覆共产党政权,制造影响国际的政治事件。我估计,中国黑社会成员至少有100万人左右。这一估计无论在中国学术界,还是警方,都是第一次。这个数字,不是我凭空猜测和捏造,而是根据警方历年公布的犯罪团伙的数据推算出来的。

这几年中国警方扫黑的力度不可谓不大,黑社会却屡打屡现。为什么遏止不住黑社会犯罪？我认为，除了一些社会的客观原因，从主观上说，腐败官员、腐败干警是扫黑的主要障碍。扫黑的良策，主要是打黑与反腐的结合。从技术层面上看，"严打"不懈，加强《刑法》的惩罚力度，都很重要。但就现实而言，扫黑必须和反腐结合起来。因为目前黑社会非常注意贿赂国家党政干部，培养黑社会的保护层，实行"官匪勾结，警匪一家"，已是公开的秘密，但过去没有人敢点破这个"秘密"。出于学者的正直良心，和对社会治安问题的关注，我必须将它揭穿！我认为真要"除恶务尽"，首先就要除掉黑社会的"保护伞"。

我的这篇访谈稿发表后，引起了国内外的极大震动和反响，各种媒体纷纷报道和前来采访。中共中央政治局常委、中央政法委书记罗干亲自批示："请中政委（或通过江苏）与研究黑社会问题的专家联系，向其请教，以便我更好地开展打击黑社会的活动及惩治我司法队伍中的腐败问题。"江苏省政法委派两名处级干部来我家专访时，我又着重谈了新出台的《刑法》中没有惩治干警包庇黑社会的条款，请他们向中央反映。2000年12月9日，最高人民法院作出司法解释，国家机关工作人员组织、领导、参加黑社会性质组织的，将从重惩罚。最高人民法院宣布，该司法解释于2000年12月10日起施行。12月14日，中央决定开展全国性的"扫黑除恶"专项斗争，中央政法委书记在全国打黑除恶专项斗争电视电话会议上要求全国各级党委、政府和政法部门，要把打黑除恶与反腐斗争结合起来，要坚决打掉黑恶势力的后台和"保护伞"，不管是什么人，也不管在什么岗位上，都要坚决查处，坚决防止黑恶势力向我内部渗透。这次"打黑除恶"的专项斗争，警方出动了100万警力，除了打掉大批黑恶势力，最突出的是打掉一批黑恶势力的"保护伞"。如浙江温岭市张畏黑恶集团案，挖出67名国家干部涉黑，原市长周建国判无期徒刑，公安局长杨卫芳判有期徒刑14年。福州市黑恶势力陈凯集团的"保护伞"，原福州市委副书记兼政法委书记宁立诚、市委常委兼市委秘书长万长明、市公安局局长徐聪荣等，受到法律的严厉惩处。广西百色地区粉碎了丁旭、张寿山为首的黑社会集团，挖出公安局长侬家益、政委马斯克等一伙"保护伞"。陕西富平县公安局长丁叔亮、副局长陈文忠、惠夏志、杨耀等6人充当董天运黑社会集团的"保护伞"，被捕判刑，等等。其中，湖南省最大的、以谭和平为首的黑社会犯罪案，由公安部、最高人民法院、最高人民检察院和湖南省委、省政府督办，娄底市检察院长达156页的起诉书，记录了26项罪名，230余名成员，作案220余起，开审时57名罪犯坐在被告席上，创下了全国审判史上一次出庭人数之最。事后有关人士对我说，这次打黑除恶斗争的路子基本上是按照我的文章和访谈精神走的。我对他说，只能说我的文章和谈话起了舆论先导作用，因为我挑开了“官匪勾结、警匪勾结”的严重问题，才引起了中央领导同志的重视，以致这次行动特别注重打击黑势力的“保护伞”。这说明社会科学的理论研究要与实际相结合，才能发挥作用。

This

AWARD

Certifies That

Professor Cai Shaoqing

Is A Recipient of the Frederic Milton Thrasher Award for Superior Research in the Year 2001.

The Frederic Milton Thrasher Award was established by the *Journal of Gang Research* in 1992 to honor and recognize outstanding scholarship, leadership, and service contributions by individuals and programs in dealing with public safety issues like that posed by gangs.

The Thrasher Awards Committee for 2000 received a formal nomination for the present professional being recognized and further this nomination was investigated by an editor in good standing serving the *Journal of Gang Research*. The Committee met and unanimously voted to grant this recognition from experts in the profession. Therefore the undersigned chairperson of the Committee by affixing his signature below, and accompanied by the Official Seal of the National Gang Crime Research Center, hereby makes known this Award this seventeenth day of August in the year of our Lord two thousand and one.

George W. Knox, Ph.D., Director
National Gang Crime Research Center

特雷什奖，2001年

由于我在帮会和黑社会犯罪领域的研究取得了一定的成就，2001年8月在美国芝加哥举行的“第四届国际帮会研究专家会议”上，我被授予“弗雷德里克·密尔顿·特雷什奖”（The Frederic Milton Thrasher Award），成为荣获这项专业性国际奖项的中国第一人。此奖设立的宗旨，“旨在表彰那些在防止和治理全球所共同面临的帮会犯罪问题方面作出卓越贡献的领导者和取得杰出学术成就的学者”。获得此奖的学者，在美国可以晋升为终身教授。会议主席、美国国立帮会犯罪问题研究中心主任乔治·W·诺克斯博士在会前写信给我说，本年度奖的提名工作始于2000年，大约有10万人在网上提名，经评奖委员会讨论并投票，一致同意本年度的“弗雷德里克·特雷什奖”授予蔡少卿教授。我为这次会议准备了一篇英文演讲稿，题目是“中国的秘密社会与当代的黑社会”，长约一个小时。获得“特雷什奖”后，我没有声张。到了10月中旬，我的博士弟子来我家看到墙上挂的奖状，才在南大校刊上作了报道。我在校园里遇见校长蒋树声，他说：“我刚看到你获奖的报道，正要打电话祝贺你，这不仅是你个人的光荣，也是南大的光荣。”后来《新华日报》、《南京日报》都作了专题报道。2001年12月10日，新华社河北分社主办的《人物周刊》第一版以“蔡少卿：破解中国‘黑社会’”为标题，以整版的篇幅做了长篇报道，并登了我的大幅照片，并在第一版的背面，整版刊登了我在《中国新闻周刊》的谈话全文。

新华日报

2001年10月20日 星期六

研究黑社会犯罪成就杰出

南大蔡少卿成为荣膺“特雷什奖”中国第一人

本报讯 记者从南京大学获悉，不久前在美国芝加哥举行的“第四届国际帮会研究专家会议”上，我国著名社会史学家、南京大学历史系蔡少卿教授由于在“帮会、黑社会犯罪研究领域作出了杰出的学术贡献”被授予“弗雷德里克·密尔顿·特雷什高级研究奖”(The Frederic Milton Thrasher Award)，成为荣膺该奖的中国第一人。

据悉，该奖由美国国家帮会犯罪研究中心于1992年创立，每两年评选一次，每次授予一名外国学者，旨在表彰那些在防止和治理全球所共同面临的帮会犯罪问题方面作出卓越贡献的领导者和取得杰出学术成就的学者。

蔡教授是我国最早对黑社会问题进行研究的学者。1992年他发表了《当代中国黑社会问题初探》一文，这是我国学界最早探讨当代黑社会问题的论文，并为美国的《历史杂志》转载，直到目前，相关论著未有出其右者。尤其值得提出的是，2000年9月他在《中国新闻周刊》上发表了《扫黑必先反腐》的重要文章。该文一经发表，即被国内外数十家报刊争相转载和摘登。（远来 亚明 郭亮 秦红）

《新华日报》的报导，2001年

人物周报

关注成功人士 坚守平民立场 中国独一无二的人物新闻周报

蔡少卿：破解中国“黑社会”

《人物周刊》报导，2001年

研究黑社会问题的同时，我还对当代中国的邪教问题作了一些研究。因为近三十年来，随着世界性宗教热的出现，邪教活动也趋于活跃，其中最引人注目的邪教有美国的大卫教和人民圣殿教，瑞士、加拿大、法国的太阳圣殿教，希腊、英国的黑魔教，俄罗斯、乌克兰等国的大白兄弟会，日本的奥姆真理教。随着改革开放，中国也出现了“被立王”、“门徒会”、“主神教”、“灵灵教”等名目繁多的邪教。它们的猖狂活动，不仅在宗教界引起混乱，而且酿成了严重的社会危害。邪教问题也就作为一个亟待治理的社会问题，摆在政府和人民的面前。我们认为，只有从理论上正确区分正统宗教与邪教，才能在实践中做到打击邪教，保护合法宗教，彻底贯彻宗教信仰自由政策，最大程度地维护广大人民群众的合法权益，保护社会的团结和稳定。

因此，我与我的博士生孔祥涛在《江苏社会科学》1997年第6期发表了《试论当代邪教的基本特征》一文，这篇论文是中国大陆较早研究当代邪教的学术论文。文章首先对什么是邪教做了界定。我们认为，邪教是吸收正统宗教的某些成分所形成的不服从正统宗教的，在正统宗教的神职系统之外动作的，思想上、行动上具有反社会倾向的极端主义的异端教派。一方面，邪教由于或多或少吸收了正统宗教的某些成分，所以在教义、仪式等方面与正统宗教有相似之处，常打着正统宗教的旗号活动，有相当大的迷惑性；另一方面，由于邪教是正统宗教的极端主义的异端教派，所以又与正统宗教以及一般的异端教派（比如"新兴宗教"等）有着质的区别，这种区别已超出了宗教领域内教派分歧的范围，在相当程度上成了一个严重社会问题。

从这一本质区别入手，我们将邪教归纳为以下几个特点。

第一是反正统性，神化教主崇拜。

基督教的上帝、伊斯兰教的安拉、佛教的佛、道教的太上老君等，都是超人间的神，它们的神职人员，只是神的仆人，并不是神本身或者神的化身，因此不被作为神来崇拜。而邪教教主，几乎无一例外地自封为神，或称"上帝"，或称"耶稣再世"，或称"弥勒佛转世归凡"，甚至自吹超过以往诸神。

第二，反现世性，偏执于灾劫说教。

正统宗教有许多"大灾大难"、"末劫"、"世界末日"之类的宣教，视现实世界为丑恶、虚幻之世，以彼岸世界为人类最美、最终的归宿，希望死后灵魂升天，反映了正统宗教的出世性一面。但正统宗教还有与现实世界相容的一面，并不刻意排斥现实世界。它们除了强调世界末日、神的救赎、天国幸福之外，还关注人们的现世生活，给人们以安慰、劝勉和鼓励。如基督教教人博爱、宽容、忍耐，佛教教人慈悲、宽大，而将世界末日置于遥远的未来。所以，在一般情况下，正统宗教能够发挥稳定社会、扶助人生的作用。而邪教则偏执一端，对现世采取不可调和的立场，视现世为极度堕落、注定要毁灭之世，要迅速逃离或摧毁。邪教教主都狂热渲染灾劫的恐怖性和紧迫性，倡言世界末日将至，天国将临，只有入其教才能获救。

第三，反社会性，实行非法、非人道的教内生活。

正统宗教一般都力求与社会相适应，随着时代的发展不断改革自身。当代不少正统宗教都强调世俗化，积极努力为社会服务。如佛教倡导“人间佛教”，兴办教育、医疗事业等，组织和教务管理方面也日趋民主化。其宗教戒律大部分与法律相符合，教内制度并不危及宪法、法律赋予信徒的基本权利，神职人员并不过多干涉信徒的日常生活。而邪教立言行事正好相反，它们公然违背人类社会公认的伦理道德、法律准则，使用欺骗恐怖的手段，对教徒的精神生活和世俗生活进行全面控制，对他们的合法权利进行强力剥夺，对他们的身心进行摧残。它们往往对教徒：榨取钱财、破坏家庭；欺骗女性，摧残生命；建立秘密地下王国，实行专制统治。

第四，反政府性，即叛逆的政治性格和暴力倾向。

以上是当代邪教的几个主要特点，突出反映了邪教“邪”的总特征。由于它本质上不仅是反正统的，而且是反社会，甚至是反人类的，具有很大的危害性，所以政府必须采取措施，予以取缔打击。我们的这项成果发表以后，对于识别和打击邪教的斗争发挥了重要作用。

第七章　学术交流四大洲

一、美、加、日三国讲学

我第一次出国是1980年9月18日至12月16日，应邀赴加拿大、美国、日本的17所大学讲学访问。那时，国门初开，中国与西方发达国家之间还存在很多隔膜，彼此都想尽快地了解对方。中国与西方在人文社会科学方面展开大规模的交流是在1979年中美建交之后。为了促进中美两国的交流，美国成立了“美中学术交流委员会”，分批邀请中国学者去美国访问，一切费用由美方支付。加拿大则与中国签订了中加文化交流协定，分批邀请中国学者赴加访问。在开始交流时，中国学术界存在这样一种观点，认为中国的自然科学研究是落后的，社会科学的研究是先进的。可是到国外一看，情况并非如此。西方国家对中国的人文社会科学研究在许多方面已远远超过我们，他们研究经费充足，图书资料的运用十分方便。有的学者不了解国外讲学的习惯，常常把讲稿写得太长，加上翻译，往往把讲课时间拖延得使人厌烦而听不下去。有的学者讲究谦虚，明明他是某个问题的研究专家，但是在开讲时总要说自己对这个问题没有什么研究等等的“客套话”，听众就在下面议论：“没有什么研究，你来讲什么？”还有的学者一到国外，见了繁华的都市、摩天大楼、高度发达的交通设备等，不免头昏目眩，在这种“文化冲击”（Culture Shock）面前产生自卑感。还有的学者不习惯喝凉水、吃生菜，等等。这些都是长期封闭造成的。

我出国讲学访问大概属于外派的第二批或第三批。去加拿大是根据中加文化交流协定，教育部派厦门大学副校长傅衣凌教授和我，加上傅先生的一个翻译，组成中国历史讲学代表团，于1980年9月18日至11月14日，到不列颠哥伦比亚大学、维多利亚大学、渥太华大学、卡尔登大学、多伦多大学、约克大学、蒙特利尔大学和麦吉尔大学讲学访问。傅衣凌先生主要讲明清社会经济史。我主要讲中国近代秘密社会史和太平天国的一些专题研究。我的研究专长不仅在《北京大学学报》、《历史研究》等刊物发表的论文有所反映，而且通过在南大的访问学者和留学生也能反映到他们国内。为了搞好这次讲学活动，我向有关方面了解到以前出国讲学的一些经验教训，认真做了准备，例如将讲稿尽量写得精练生动一些、估计可能会提出的问题等等。因此，我的讲演效果是好的，各校普遍反映比较满意。不列颠哥伦比亚大学的教授认为，我讲的秘密社会与辛亥革命内容生动，很难有机会听到。维多利亚大学社会学系华裔教授温云芳说："你给维大社会学系学生讲的秘密社会的类型、组织结构与功能，大家都很感兴趣。"她还告诉我当地的博物馆收藏有天地会洪门的文书，只准给华人看，你可以去看看。约克大学的拉瑞教授在我回国后还来信说："我们现在还念叨着你在我们大学的情景，大家认为你的讲演很有意义。"我的《秘密社会与近代中国的工农运动》等三篇讲稿分别被多伦多大学、蒙特利尔大学和麦吉尔大学复印，准备在他们学校的研究刊物上发表。

我们在每所大学都受到较好的接待，学校的校长或副校长出来接见。10月14日，加拿大社会科学与人类学研究委员会主席安德烈·弗梯尔(Andre Fortier)在首都渥太华设宴招待我们，我国驻加拿大大使王栋也出席。他们发表了热情洋溢的讲话，衷心希望加中两国的文化交流得到进一步的发展。各校还分别组织了一些很有意义的参观访问和座谈会。在西部，我们参观了印第安人的文物遗址和华侨博物馆，在首都渥太华参观了国会大厦；在多伦多和蒙特利尔参观游览了尼亚加拉大瀑布，访问了白求恩纪念馆。在各校的座谈会上，加方学者都希望与我们开展学术交流，愿意为中国培养人才。卡尔登大学的法勒(Farrar)教授说："你们不要一想到加拿大就是小麦、木材，实际上我们的科学技术不比美国差，你们应该派学者和学生来研究，我们的费用比美国低得多，但条件并不差。”许多学者希望能尽快到中国、到南大来访问，并要增派学生来南大留学。不列颠哥伦比亚大学的欧大年(Daniel Overmyer)教授是研究中国民间宗教的，他主持了我的讲演，还请我到他的办公室交谈，希望来南大跟我研究民间宗教的宝卷。我答应了他的要求。1981年他来到南大，在我的帮助下，在苏州等地的图书馆找到了许多宝卷。约克大学的李友华(Diana Lary)教授，我在多伦多期间，她邀请我在她家住了一个星期，她热情友善，对华友好，所以取名李友华，她希望来南京中国第二历史档案馆利用民国期间的历史档案。1981年她也来到南大，后来被任命为加拿大驻华使馆的文化参赞。我们成为多年的好朋友。

在李友华家合影，1980年

我们到加拿大讲学，在当地的华侨中引起了热烈的反响。华侨报纸登载了我们活动的信息，各校华裔教授，如麦吉尔大学著名教授林达光(Paul Lin)、多伦多大学的朱雷明教授(Remin Chu)等都邀请我们去他们家做客。在温哥华，10月1日当地的华商协会和中华文化中心庆祝新中国成立31周年举行盛大的国庆酒会，邀请我们坐首席，并将我们与领事馆的高领事一起向全场介绍。特别令人感动的是，当地一批伐木华工和开餐馆的华人听说我们代表新中国组团来加拿大讲学，他们倍感光荣，主动邀请我们去游览公园，请我们吃饭，表达他们的爱国和友情。还有部分华工的后代请我去座谈加拿大洪门的来历，我告诉他们美洲发现金矿以后，从广东、福建一带来的淘金和筑铁路的华工为了实行互助结成洪门团体，后来演变为美洲致公堂。他们认为我讲的情况是符合实际的，有的青年说：“我听我的爷爷讲，他的上辈就是这样来加拿大的。”

在加拿大期间，我还遇到三位曾在南大历史系留学的学生卜达文(David Brown)、田巴利(Barry Till)和博玛丽(Mary Boyd)。卜达文、田巴利在多伦多听我的讲演，还参加了迎送我的宴会。博玛丽家在哈利法克斯(Halifax)，她专门乘飞机到蒙特利尔，住在她姐姐家，每天来陪我活动，前后有一个多星期。她带我参观大教堂，到书店购买在中国大陆买不到的图书，如《杜月笙传》1—4册、《香港黑社会》、《加拿大华侨史》、*U. S. Mafia* 等等，并帮我寄回南大，使我在加拿大生活得十分愉快。

11月14日，我们在加拿大的讲学访问结束。因为傅衣凌教授1979年已访问过美国，他就从加拿大回国，我则从蒙特利尔飞往美国波士顿，访问哈佛大学。哈佛大学东亚研究中心主任孔飞力(Philip Kuhn)教授安排柯保安(Paul Cohen)、韩书瑞(Susan Naquin)两位教授到机场迎接。在哈佛，由于孔飞力的介绍和引荐，我见到了费正清(John K. Fairbank)和许华茨(Benjamin Schwartz)两位著名教授。费正清就是哈佛东亚研究中心的创始人，所以该中心又称费正清研究中心。他虽已退休，但还常去他的办公室。他得知我是邵循正的学生，便亲切地笑着说："很高兴见到你，欢迎你来哈佛，邵是我的老朋友！"后来，我在他的《中国缘：五十年回忆》(*China Abound: A Fifty-year Memoir*)一书中见到他1973年初访问北京大学时还与邵先生会面的一段回忆。许华茨教授当时还没退休，他请我到他家做客，我同他交谈了他的名著《寻求富强——严复与西方》(*In Search of Wealth and Power: Yen Fu and the West*)，我还告诉他，王栻教授正在编辑《严复集》，他希望能早日见到这部严复资料集的问

与哈佛大学孔飞力(右一)、柯保安(左一)教授等合影，1980年

世。在哈佛,孔飞力教授不仅主持了我的讲演,还尽力陪同我游览参观。他与韩书瑞教授陪同我参观波士顿郊区一所基督教教堂,并在教堂内与信徒们一起听“福音”,晚上还陪同看黑手党电影《教父》。他还介绍我与哈佛燕京图书馆的陆馆长见面,在馆内复印了许多资料。孔飞力教授在与我交谈的过程中,对我利用明清档案资料研究秘密社会的情况很感兴趣,大加赞扬,并表示以后要去北京访问明清档案馆。大约过了两三年时间,他在中国人民大学档案系韦庆远教授的帮助下,进中国第一历史档案馆查阅了大量清代档案,撰写和出版了一本具有很大影响力的名著《叫魂》(*Soul Stealers*)。

我在哈佛待了几天,便去哥伦比亚大学、普林斯顿大学、芝加哥大学、加州大学洛杉矶分校、加州大学圣特巴巴拉分校和华盛顿州立大学访问。在哥伦比亚大学由曾小萍(Madeleine Zelin)教授主持我的讲演,并带我参观纽约的世贸大厦和百老汇大街。我在哥大讲演的题目是“关于天地会的起源问题”,介绍了我利用清代档案,对天地会起源的时间、地点及其创始人所作的研究,得出了新的结论,推翻了前人的种种成说,受到听众的欢迎。会后,纽约另一所大学的一位华裔女教授向我索要《北京大学学报》发表的这篇论文的抽印本,准备翻译成英文,在 *Chinese Studies in History* 上刊载。在普林斯顿大学,由刘子健教授主持我的讲演,莫特(Mott)教授带我参观。在芝加哥大学,由艾恺(Guy Alitto)教授接待。我们一见面,他就告诉我:“刚接到孔飞力教授的信,他说你是中美建交以来中国派来的最年轻的历史学家,可是你的讲演却是最好的,派你来美国具有真实的交流意义。”艾恺教授非常热情友好,他安排我住在他家里。一天晚上,还请何炳棣、邹谠教授到他家进行小型的聚谈。何先生、邹先生对我在北大时期的老师邵循正先生、齐思和先生、周一良先生都很熟悉。何先生对我说,邵心恒(邵循正,字心恒)很聪明,可惜去世太早。他还说,当年庚款留学,是齐思和先生主考他的世界史。邹谠先生说,他与周一良先生的关系特好。整个聚谈气氛十分亲切。艾恺教授还带我拜访了芝加哥大学的图书馆馆长钱存训教授,他是金陵大学的老校友,十分惦念母校,希望有机会回来看看,与南大图书馆多做交流。当场,他还把几本定期出版的目录送给我，要我转交母校图书馆。我访问加州大学时，徐中约教授亲自到机场迎接，主持我的讲演，并用车带我上山去他家的别墅里做客长谈。后来我听南大徐福基副校长说，芝加哥大学艾恺教授和加州大学徐中约教授都给匡亚明校长写信，表扬了我在他们学校的讲学交流活动。

西雅图的华盛顿州立大学，是我此次访美的最后一站。这所大学是美国西部研究中国实力较强的一所学校，著名学者萧公权曾在此主持中国研究，他虽已退休，还保留办公室。主持接待我的是中国研究系主任杜敬轲（Jack Dull）教授，他是秦汉史专家。他与我交谈了与南大学术交流的一些设想，并带我参观了该校的中国图书馆，我在那里复印了一批太平天国档案史料，后来在中华书局的《太平天国学刊》公开发表。我在访问华大期间，正逢美国的感恩节，裴宜理教授带我到她的老家过节，由她的老妈妈亲自制作了火鸡招待我，这是我平生第一次尝到火鸡的美味。

访问东洋文库，1980年

结束了在华盛顿州立大学的访问之后，我应日本东京大学东洋文化研究所所长佐伯有一教授的邀请，于12月6日从西雅图飞达日本东京，到东京大学访问。佐伯有一教授亲自到机场迎接，同时来机场迎接的还有东京大学小岛晋治教授（他是我的老朋友，日本著名太平天国史研究专家）和日本上智大学的顾琳（Linda Grove）教授。在东京大学的头三天，主要是安排我进行参观访问。首先是佐伯先生带我参观东洋文化研究所的图书馆，那里不仅收藏了大量中国图书、刊物，而且藏有中国许多地方的地契。佐伯先生就河北省某县地契中的一些问题与我作了商讨。第二天，由顾琳教授和日本著名的明清史专家山根幸夫教授带我参观东洋文库，那里收藏了约有七十万册以上的中国图书资料，它跟美国的哈佛燕京图书馆一样，藏有大量藏文经卷。东洋文库还有苏州、吴江等地地主收租的文书，日本学者松村祐次的《租栈》一书，就是利用这些资料写成的。我在东洋文库整整参观了一天，后来，又参观了博物馆和美术展览馆。12月10日晚上,安排我做一次学术讲演,我讲的题目是"天地会与台湾林爽文起义"。讲演从7点钟开始,讲了不足一小时,便开始提问和解答问题。参与听讲的有许多研究中国的学者、教授,还有不少研究生和访问学者。我记得著名学者滨下武志和韩国的朴元镐当时还是在读的研究生,还有不少在东京留学的台湾学生,整个讲堂都坐满了。他们从不同角度提出来许多问题,我都一一作了具体回答。帮我翻译的是北京外语学院一位在东大进修的日语老师,他翻译得很流利而确切。整个会场的气氛一直很热烈。从演讲开始到提问结束共花了四个多小时,这是我在国外演讲时间最长的一次,似乎也是我平生经历过的一次最严格的考试答辩。因为我利用清代大量档案史料,对台湾林爽文起义做过全面深入细致的研究,已写出六万多字的论文初稿,所以我对听众提出的问题都能对答如流,顺利通过了这场"考试"。从晚上11点半演讲散场,到我们去酒店吃完饭,已是深夜两点钟。

与东洋文化研究所所长佐伯有一教授(右一)等合影,1980年

佐伯有一先生带我去他家住宿，第二天早上八点还拜见了他年近90岁的母亲。在东大期间，小岛晋治和佐伯有一都分别请我到他们家做客住宿，这是对客人的最高礼遇。

佐伯有一先生对我这次到东京大学访问非常满意，他在欢送的酒会上说："您这次来，与我们作了多方面交流，你的讲演，讲了自己的研究成果，内容丰富，有说服力，很受欢迎。大家认为，资料就像印在你的脑海里似的，应用熟练。过去我们曾请过中国地位高的近代史专家来讲演，讲的是批判××的修正主义，我们不感兴趣。你讲的是真正的学术问题，大家很有兴趣。这些话我说多了，你可能会不好意思，但是我们要给中国教育部写信，希望以后多派像蔡先生这样的学者来日本。"

在东京大学访问之后，我又到京都大学访问了两天，那里有以日本历史学家井上清教授为首的一批左派学者。到车站来接我的是狭间直树先生，他曾在北京大学历史系做过研究，陈庆华教授是他的指导老师。我去的时候正好陈庆华先生在京都大学讲学，大家见了面都感到非常亲切。狭间先生除了带我参观京都大学中国研究所的藏书、赠送我一些图书资料外，还特意带我去岚山参观周恩来总理青年时代在日本留学写下的诗碑，并带我瞻仰了日本早期马克思主义理论家河上肇的墓碑。晚上还有井上清先生、小野信尔、小野和子夫妇以及吉川春夫等学者一起与我会餐座谈。他们回忆了1960年代，北京大学历史系主任、著名马克

1980年访问京都大学与小野信尔(后排左一)、小野和子(前排右一)夫妇，井上清教授(后排中)、北大陈庆华教授(后排右一)合影

思主义史学家翦伯赞先生访问京都时,为了防止日本右派的破坏,他们曾在街头站岗放哨的情景。他们表示,今后不仅要向北京大学派学者作访问研究,还要向南京大学多派学者、学生来进修访问。结束了在京都大学的访问之后,我即返回东京,由佐伯有一和顾琳教授送我上飞机回到北京。

我这次出访3国17所大学,作了34场讲演和座谈,与100多位学者进行了交流,没有出什么差错,可以说是旗开得胜,基本上完成了教育部和南京大学派出的讲学和交流任务。

二、美国一年

1985年9月至1986年11月,我第二次出国访问,先在美国西雅图华盛顿州立大学当了一年客座教授,然后转往欧洲,在德国汉堡、意大利都灵参加世界东方学会议和欧洲汉学家会议,之后赴法国、英国讲学访问。这次出访,是时间最长、所到国家和地区最多、学术交流最为广泛、见闻和收获最丰富的一次。

在华盛顿大学,我承担了国际学院中国研究系的一门研究生课程,每周讲授一次并进行讨论。同时,我也选修了人类学、农民政治以及英语口语几门课程,以充实我的社会科学知识,提高我的英语水平。在华大图书馆,我系统阅读了当时国内不易找到的《时报》、《顺天时报》和《北华捷报》(North China Herald)

华盛顿大学校牌前留影,1985年

在华盛顿大学给研究生上课,1985年

在中国系主任拉迪教授家做客,1986年

等报刊有关民国时期土匪活动的报道,并做了大量的摘录和复印,为我日后研究民国时期的土匪作了准备。在华大还能听到许多名人的讲演,如哈佛大学著名经济学家珀金斯(Perkins)关于中国改革开放后沿海地区经济的发展、加州大学施坚雅(Skinner)关于中国近代历史研究的几个问题的讲座等。中国驻美大使韩叙也来访问,作过中美关系的讲演。1985年11月6日晚,美国前总统卡特到华大礼堂(Meany Hall)作美苏关系的讲演。人们出于好奇心,下午4:30就去排队,6:30进场,9:30散场,讲演中座无虚席,秩序井然。

在华大,我的生活并不寂寞。工作之余,不仅可以与美国朋友聊天,而且还能遇到从中国来华大访问的学者,如中国社科院的蒙元史专家蔡美彪教授和北京大学法律系赵震江教授。我们本来就熟悉,在国外相遇格外亲切,经常傍晚在一起聚谈。在我住所的周围还住着一些来进修的中国学者和留学的研究生,相互之间也有来往。华大中国研究系的相关教授,有时还设家宴招待我们。感恩节和圣诞节,都由美国朋友邀请去他们家里过节。春节期间中国学者聚在一起，自己动手做菜、包饺子，吃年饭，过得十分愉快。

1986年3月20日至23日，美国的亚洲研究年会(Annual Meeting of the Association for Asian Studies)在芝加哥召开，我应邀参加了这次会议。3月20日上午11时我从西雅图乘飞机，下午5点半到达芝加哥，来机场接我们的是我在南大指导过的美国高级进修生夏明德(Linda. S. Bell)和章西宁(Hellen Chauncy)等。从机场乘地铁到市中心，由夏明德的丈夫用车送至希尔顿饭店(Hilton Hotel)报到。很幸运的是，我被分在2313号房间住宿，这是一间总统套房，宽敞无比，设备齐全，过去肯尼迪总统、麦克阿瑟将军在此住过。这是我平生第一次住过的高等客房。晚上由夏明德、章西宁在中国城请客，参加晚宴的有吴凯芝(Kathy Walker)、叶汉明等七八人。他们大多在中国进修过，已获得博士学位，找到了工作，聚在一起，十分愉快。第二天早餐时，遇到孔飞力、韩书瑞、德里克、易劳逸、周锡瑞等许多美国老朋友，而且与社科院历史所的刘永成、复旦大学的葛剑雄、厦门大学的杨国桢、广东社科院的张磊等会面。我们都是由美国鲁斯(Luce)基金会资助来访问的。会议期间，每日早晨我都应约与美国朋友韩书瑞等共进早餐，晚上分别由周锡瑞、袁清教授等在中国城请客。由于我的房间是总统套房，每天都由服务员送来一盘巧克力糖，所以经常有中国朋友和美国朋友来我的房间吃巧克力、喝咖啡、聊天，甚至在房内跳舞。

整个会议安排了许多关于亚洲国家的各种专题研讨会(Panel)。我参加了几次关于中国近代历史的研讨会，特别是夏明德、吴凯芝关于近代无锡、南通经济史的专题研讨，因为她们在南京大学做研究是我指导的，我听了她们的发言，觉得富有新意。后来，她们的博士学位论文都在美国公开出版，得到学术界的认可。

亚洲年会于3月23日下午闭幕，我即按预定计划，到各个设有中国研究中心的大学访问，首站是杜克大学。在杜克大学，德里克(Arif Dirlik)教授安排我在亚太研究所做几次系列讲座，由魏乐伯(Robert Weller)教授主持，后来亚太研究所为我出版了一本《中共早期历史上的秘密社会与劳工组织》工作论文。在杜克待了四五天，即往美国首都华盛顿访问，首访美国国会图书馆。先

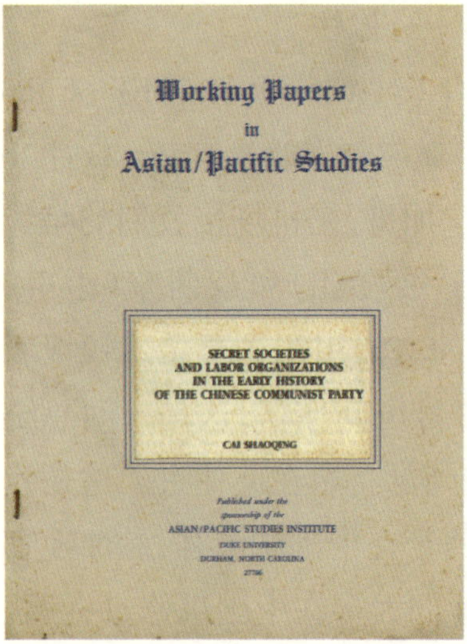

在杜克大学讲学的工作论文，1986年

由梁士平小姐带领游览国会山庄，参观了几所博物馆，晚上在肯尼迪剧场观看中国芭蕾舞团的表演。次日中午，居蜜教授安排我在国会图书馆作讲演，下午由张煦华教授开车游览，参观林肯、杰斐逊等人的纪念馆。晚上居蜜教授设家宴招待我和刘永成。3月29日星期六，上午由兰金(Mary Rankin)教授开车至华盛顿纪念馆参观，下午至乔治城(Georgetown)参观。30日由南大中美中心沈崇美、蔡佳禾带领游览国会大厦，参观上下院开会地址，下午至我国驻美大使馆休息。

3月31日，早晨8点，由章西宁开车至华盛顿国家机场(National Airport)，送上飞机至康奈尔大学访问。康奈尔大学是美国著名大学之一，胡适早年曾在此留学，吴汝康、张梦白先生都来过，现在还有不少中国学生在此留学，有南京农业大学在此对口交流的学者和研究生，有北大和北航来的学生。南大外语系陈嘉教授的学生在此研究美国文学，他陪我参观了康大美丽的校园。此处有著名建筑学家贝聿铭设计的具有独特风格的建筑。第二天下午由邀请我的主人高家龙(Sheman Corchen)教授主持我的讲演，听众40多人，前清华大学校长梅贻琦的侄子梅教授作陪，遇有难以用英语精确表达的问题时，他帮助翻译，效果极佳。晚上由高家龙送我上飞机至耶鲁大学访问，当晚10点半到纽黑文(New Haven)，史景迁(Jonathan Spence)教授来机场迎接，住假日旅馆(Holiday Inn)。次日上午参观耶鲁校园，11点半听史景迁讲座(Spence Course)，这在耶鲁大学是最响亮最叫座的，参与的听众大约有300人。他讲的是中国现代文学史上的丁玲、周立波。中午与史景迁及其研究生共进午餐。第三天(4月3日)上午11时在洛克菲勒楼作演讲，由白彬菊教授主持。她对利用档案作历史研究特感兴趣，所以她要我介绍如何利用明清档案作研究的经验，很受听众的欢迎。中午，文采莲女士带领研究生与我共进午餐，下午至东亚图书馆复印有关秘密社会的资料和著作数种。晚五点半，由余英时教授等陪同晚餐，余先生赠我一本他最近发表的有关明清时期资本主义问题的论文，并征求我的意见。

4月4日上午，史景迁教授送我到纽黑文火车站，乘火车至波士顿，再次到哈佛大学访问。下午4点半，由孔飞力教授主持我的讲演，我讲的题目是“中国共产党与秘密社会的关系”，很受听众欢迎，提问也很多，叶文心博士的翻译极为流利。次日参观哈佛东亚图书馆，由戴先生带领，看馆藏善本书，见到一些宋版书，以及《四库全书》、《永乐大典》等。晚6点，叶文心博士在张大千饭店请客，吃特色中国餐，由张磊师兄作陪。叶文心是严复的曾外孙女，她主要跟我谈有关严复的几件事：一是南大正在编辑《严复集》，我原是编辑组负责人，希望尽快编好出版；二是她本人及她的母亲，尤其是她的外祖母，听说“文革”期间，严复墓在福州阳岐乡遭到破坏，切盼当地政府尽快加以修复。我告诉她，《严复集》的稿件已送中华书局，不久即可出版发行；严复墓的修理，我回国后立即向福建省福州市有关部门反映意见。

4月7日早晨，由张磊、葛剑雄带我与孔飞力教授告别后，即赴安阿伯(Ann Arbor)，访问密歇根大学，由杨格(Ernest Young)教授到机场迎接，午餐后陪同参观东亚图书馆。晚上与研究生座谈。次日上午，与费维恺(Albert Feuerwerker)教授会面交谈，他是美国较早研究中国问题的著名学者，著有《中国的早期工业化：盛宣怀与官办企业》(*China's Early industrialization: Shengxuan - huai and Mandarin Enterprise*)。我告诉他，你的这部著作很有名，我在学生时代就听老师介绍过。他立即问，你的老师是谁？我说是北大的邵循正教授。他高兴地说：“嗬，我对他也很了解，读过他关于洋务运动方面的文章和他注释的《盛宣怀未刊信稿》。”他说：“我相信盛宣怀一定还有很多档案信件没有发表。”我告诉他，上海图书馆藏有大量盛氏档案。下午3点半我作讲演，晚上由中国研究中心在中国饭店宴请。赴宴的有费维恺夫妇、德沃思金(Dewoskin)夫妇、威特(Wyte)夫妇、张春树夫妇，以及杨格教授。饭后，张春树教授带我到他家喝中国的五粮液，并畅谈北大罗荣渠教授在密大进行的现代化研究,以及他笔力遒劲、法度森严的书法作品。

4月9日,我结束了密西根大学的访问,中午白若兰女士开车接我到俄亥俄州的肯尼恩学院(Kenyon College),这是她丈夫韦斯蒂执教的一所贵族学校,校长出来接见,并赠送礼物领带一条以示纪念。晚上,系主任举行宴会招待,十分热情。次日,由韦斯蒂、白若兰夫妇带领至霍姆斯县(Holmes County)的阿米什人(Amish)聚居地区参观。阿米什人据说是欧洲宗教改革时来到这个地方,他们比较保守,在高度现代化的美国,他们不用电灯,不坐汽车,不与外界通婚,商店卖的多是手工制品。在阿米什人食堂用膳,鸡鸭鱼肉饭菜量大,饱餐之下,还有剩余。这可算是美国境内一个特殊的少数民族。这年我在美国,两次到少数民族地区参观。第一次是1985年10月,随中央民族委员会代表团在华盛顿州的印第安人保留区参观。当地的酋长向我们介绍了他们地区的历史和发展概况,看了渔业区、工场等。印第安人我们早就知道,但阿米什人确实第一次听说和亲眼所见。在肯尼恩学院,韦斯蒂夫妇还带我到学校附近的一家农场参观,农场主任是大学教务长的秘书,她的丈夫是兽医,有两个儿子。他们接待非常热情,不仅带我看了农场的粮仓和牛群,而且还设家宴招待,让我品味了一阵美国田园生活,这是终生难忘的。

在俄亥俄州参观农场,1986年

接着,韦斯蒂夫妇将我送到科伦布(Columbus)访问俄亥俄大学。在这里,我见到了朱昌峻、袁清、秦博理(Barry Keenan)诸位老朋友,晚上由秦博理教授在俄大主持我的讲演,然后至昌峻教授家晚餐。第二天,应邀听昌峻教授讲中国现代史的课,这是我们之间的教学交流,他来南大访问也听过我的课,彼此感觉十分亲切。我在俄大东亚图书馆复印了一些图书资料,馆长胡应原,江苏阜宁人,待人热情,他跟我讲思念故乡,颇有归国之心。晚上,由秦博理教授接至他家，由他夫人陈慧颖（老家在台湾）下厨，做了一桌美味的中国饭菜招待，并在他家住宿。

4月14日上午，在科伦布机场搭机赴堪萨斯大学访问，该校东亚研究中心主任裴士单（Daniel Bays）教授到机场迎接，晚上他家有招待会（reception），到会十余人，南大外办的桑秉南、博士生王惠中以及金陵大学的老校友李楚秦等都到场。次日上午，裴士单教授陪同我至东亚研究中心和东亚图书馆参观。下午3点半作演讲，题目是“1891年的长江教案”，在场听众包括裴士单教授，大多是基督教信徒。在讨论时，大家都说明，这是中国历史上的教案，并不影响现实生活中的宗教信仰。

4月16日清晨，裴士单教授来宾馆，送我至机场，乘联合航空公司的航班至丹佛转机，抵达旧金山的奥克兰（Oakland）机场，自乘出租车至加州大学伯克利（Berkeley）分校访问，住在预订的杜兰特宾馆（Durant Hotel）。次日上午九时，魏斐德教授（Frederic Wakeman）来宾馆看我，先赠给我他新近出版的巨著《洪业》（*The Great Enterprise*），然后约我在伯克利访问一周时间，作两次讲演。讲演的内容他已为我定好，一次讲哥老会的源流，另一次讲中国共产党与秘密社会的关系。前者我已在美国的《近代中国》（*Modern China*）发表过长篇论文，后者是他接到叶文心的电话，说这是我在哈佛大学作过的演讲，很受欢迎。接着，由康女士带我到东亚图书馆，汤迺文馆长出来接待。汤先生是南大的校友，1947年在中央大学外语系就读，其父汤兴（鑫）是黄埔四期学生，二十多岁即当将军，与宋希濂是密友，1949年后定居台湾。

汤先生带我参观东亚图书馆，中午在中国饭店请客。下午参观华侨图书馆，复印美国华侨报刊总目一本。下午5时，汤先生开车带我参观旧金山金门大桥，晚上在旧金山湖南饭店用餐，饭后带我游中国城及旧金山中心区银行地带，并至大旅馆内看特色建筑。次日上午，由南大留学伯克利的博士生罗哲西开车带我重游金门大桥，并参观渔人码头。罗哲西是中国学生联谊会主席，凡是从南大来访的老师，他都热情接待。下午，至旧金山总领事馆与朋友会面。4月19日早晨8时，伯克利东亚研究所的行政负责人高若思（Prof. Kallgren）接我去共进早餐，商谈合作交流。她说魏斐德所长答允，今后我可以派最好的研究生来这里培养，助学金从优，并说对南京和南大的印象极好，希望有机会来南大的中美文化研究中心教书。周末，我独自游览伯克利。伯克利分校是美国最好的大学之一，既雄伟且秀丽。在校园书店，还购得*Vision and Method in Historical Sociology*和*Retrieving the Past*两本西方社会史研究理论方法的书籍，以及费正清的*Chinese Thought and Institutions*一书。费正清的书讲的是中国人的思维方式，并介绍中国历史。

魏斐德教授主持讲座，1986年

4月21—22日，我连续两次在伯克利的巴洛斯堂（Barrows Hall）做讲演，都由魏斐德教授主持。在第一次讲演开始时，魏斐德首先介绍说蔡教授和我已是12年的老朋友了，12年前即1974年我们在南京会面，后来我经常读到他发表的文章，今天讲的哥老会源流，曾在Modern China发表过。这篇文

与魏斐德（右一）、于子桥（左一）教授合影，1986年

章一发表，我就写信给蔡教授，认为他对这个复杂问题，以丰富的资料，纵横交错进行了多层次的分析论证，无论是方法和研究结论，我都很赞同。现在大家能同他见面，听他的演讲，机会难得。讲演之后，他带我和研究中心副主任去泰国饭店吃虾炒饭。第二次我讲中国共产党与秘密社会的关系，主要是介绍民主革命时期中共对秘密社会的方针政策以及利用和改造秘密社会的状况。伊利诺大学的于子桥教授（于右任之孙）专程来听我的这次讲演，会后我们和魏斐德三人合影留念。

4月23日晨7时，由东亚研究所秘书送上公交车，去斯坦福大学访问。9时左右，顾德曼（Goodman）教授安排我在教员俱乐部（Faculty Club）住宿，然后与厦门大学杨国桢教授一起游览校园。中午范力沛（Lyman van Slyke）教授带我至峨嵋餐馆吃午饭，并开车至硅谷地区转了一圈。下午4点讲演，晚6点杨国桢教授夫妇在住处请吃晚饭。次日晨，参观斯坦福校园，校舍为西班牙建筑，景色诱人，实为我所见的美国最漂亮的一所大学。上午进胡佛图书馆，复印何西亚《中国土匪之研究》等资料数种，并参观胡佛生平展览。下午两点，范力沛来宾馆赠书两本，并感谢我在南大指导他的多位博士生进行研究，随即送我至旧金山机场。3点45分登机，5点35分到西雅图，由何汉德（John Herman）夫妇来机场迎接，送往我的住所。至此，我这次周游美国、访问各大学的行程宣告结束。

范力沛主持讲演，1986年

这次访问，与各大学进行了广泛的交流，结识了许多朋友，增加了见识，旅途虽然紧张、疲劳，但心情十分愉快。

此次出访后，我在华大三个多月时间，主要从事以下几项工作。（一）继续在华大图书馆阅读报刊、档案，收集民国土匪资料，复印了多种欧美学者研究黑手党的著作，以便与中国青红帮做对比研究。(二)了解西方社会史的研究状况，选择其主要流派的研究成果及其理论方法，准备向国内学界介绍，以此为借鉴，推动中国社会史研究向前发展。(三)应第32届国际东方学会议和第30届欧洲汉学家会议，以及法国科学院现代中国研究中心、英国伦敦大学东方学院的邀请，撰写论文，办理签证手续，准备赴西德的汉堡和意大利的都灵，参加东方学会议和汉学家会议，并赴法国和英国讲学访问。

汤森教授设家宴欢送，1986年

我在华盛顿大学当了一年客座教授，结识了许多朋友，很有感情。在我离校前一周，从国际学院到中国研究系的领导和教授们都分别举行欢送会、座谈会，并设宴招待。在该校访问进修的中国学者和一些研究生以不同方式，或聚餐或合影表示欢送，甚至我的房东老板夫妇还专门开车带我到海滨风景区游览，并在海鲜餐馆请客欢送，真让我对美丽的西雅图和华大依恋不舍，不想离开。

三、西欧四国访问

1986年8月20日早晨5点，华盛顿大学研究生凯文(Kevin)送我至西雅图机场登上飞机，下午5点半到纽约，改乘飞往西德法兰克福的航班，经过一整夜的长途飞行，于21日早上7点45分达到法兰克福。我在法兰克福游览了三天，24日上午8点乘火车前往汉堡，沿途风光优美，大田、山河、城镇安排得井井有条。联邦德国是欧洲最发达的国家，名不虚传。列车经汉诺威到达汉堡，行车五小时。在汉堡住弗雷塞纳宾馆(Fresena Hotel)，这个宾馆在会议大厦对面，非常方便。当晚会议设啤酒咖啡茶点招待会，联邦德国的霍夫曼教授带我观赏汉堡夜景。

8月25日，第32届国际东方学会议正式开幕。开幕式在会议大厦的中心礼堂举行，先由日本学者山本达郎致开幕词(他是31届会议主席)，然后分别由德方主席、外交部副部长、市政代表、汉堡大学校长和大会秘书长讲话，会议仪式简朴，安排紧凑，值得效法。

与东方学会议德方主席合影，1986年

参加这次会议的学者来自50多个国家1500人左右，收到论文750篇，其中以西德、日本、美国、印度等国的人数居多。中国学者来自大陆的约有20人。由于当时国家的外汇紧张，有些学者是从国外讲学访问转道而来的，如北京大学的汤一介、乐黛云教授夫妇来自加拿大，北大考古系邹衡教授来自英国等。直接从国内来的有北大政治系教授夏吉生，中央民族学院教授王尧，中山大学教授何肇发、胡守为，山西师大的潘家懿等。从台湾、香港来的学者也将近20人。会议除组织参观游览，大部分时间分成大组和小组进行交流和讨论。有的大组，如中国组即中国分会、印度组即印度分会，规模在二三百人以上。西德方面很注重与大陆的友好关系，除了指定我担任中国分会主席外，还指定何肇发、胡守为、王尧和我轮流担任中国组大会发言的执行主席。我提交大会的论文是《中国近代工人运动与秘密社会的关系》。在专题组宣读和讨论我的论文时，与台湾学者翁同文先生在一起。他是浙江温州人，1949年前北

东方学会议会场一角，1986年

京清华大学毕业。我们对天地会源流问题的意见虽有分歧，但讨论时气氛友好。大会通用的语言是英语，我的感觉是，日本学者的英语水平较差，有的人宣读论文时，发音古怪，根本听不懂他在讲什么。

这次会议，历时一星期。会议结束前一日，德国海德堡大学艺术系主任雷德侯教授在一家广东饭店设晚宴，请我和王尧教授、耿升等中国大陆学者赴宴。8月31日下午，我即离开汉堡，赴意大利参加欧洲汉学家会议。

我从汉堡到意大利都灵机场时，正好与中国社科院历史所的张振鹍、周良霄教授相遇，同时出机场。我国大使馆高秘书以及汉学家会议秘书斯达夫德女士（她原是北大历史系留学生）来接，安排我在欧罗巴（Europa）宾馆住宿。按照计划，这次会议共开5天。9月1日上午，由法国法兰西学院教授巴斯蒂夫人（Marianne Bastid-Brugure）带我至会议中心，与会议主席拉西昂见面。开幕式以后，与我国驻意大利大使杜攻会面。杜大使1948年北京大学西语系毕业，他来向会议祝贺，并看望我们。随即由都灵科学院主席带领参观科学院图书馆，该馆藏书30万册，极为精美。下午在科学院举行赠书仪式后，由都灵省

与张振鹍教授(左一)、杜攻大使(左二)及会议主席拉西昂(右一)合影,1986年

长设宴招待杜攻大使和与会学者。杜大使将我们三位中国学者一一介绍,并获得带有都灵省徽的礼品。从9月3日开始,进入分组发言讨论。5日上午9点,由拉西昂主持大会发言,他指定我第一个用英语宣读我的论文和解答听众的提问。我的论文是《略述晚清时期中国的秘密社会》(*An Overview of the Secret Societies of China During the Late Qing Period*),与会者对这个问题比较感兴趣,提问和讨论相当热烈(这篇论文收入和并发表在会议的论文集,在国内刊载于《清史研究通讯》1988年第1期)。会后,民主德国学者和波兰学者前来道贺。瑞典的马悦然先生请我喝咖啡,他是诺贝尔文学奖的评委,与北大翦伯赞教授是老朋友。1948—1950年他曾经在四川做过方言调查,夫人也是四川人。这次他当选为新的学会主席。下午,由会议组织参观菲亚特(FIAT)汽车厂,由于该厂规模大,自动化水平高,只能坐在车内参观。这个工厂后来与我国南京汽车厂合作,很有成绩。

9月6日会议结束,上午11点半,巴斯蒂夫人带我从意大利都灵上车,去法国访问。列车经过约7个小时的行程,到达法国巴黎已是下午六点。巴斯蒂立即为我安排好食宿，住宿在市中心区一家旧式旅馆Hotel Nicole，此处交通方便，每日早餐免费供应面包、咖啡。当日晚上在附近的一家华侨餐馆竹林饭店就餐，是地道的中国风味，价廉物美，饭店的厨师和勤杂工全都来自浙江温州，就餐时我还可以跟他们聊天。第二天上午，巴斯蒂来宾馆与我商谈访问的具体计划：(一)在巴黎待两周时间，做两次学术讲演，食宿讲演费用由Massion基金会提供；(二)可以在巴黎图书馆、外交部档案馆以及相关单位利用图书、档案资料；(三)自由参观游览博物馆、展览馆、纪念馆以及其他名胜景点。她当场提供我一笔赞助费和一幅巴黎的地图，要我按指示的路线，独自去参观游览名胜。

从这天起，我差不多用三四天时间参观游览了卢浮宫、埃菲尔铁塔、凯旋门、拿破仑广场、拿破仑墓、军队博物馆、巴黎圣母院以及塞纳河畔的风景，拍摄了数十张照片，包括用长镜头照下的埃菲尔铁塔全景。在卢浮宫，我几乎花了一天时间。进入宫内，首先展示的是古埃及的历史文物，如埃及武士像、兽身人面像等等。据说这些东西都是法国国王买来的，但我想也许是拿破仑这些人出征时抢掠来的，英法联军大肆抢劫北京圆明园的文物不是很好的例证吗？进入中央大厅，展示的是文艺复兴时期以来的法国油画作品，以人物画像为主，裸体画像尤为展览的特色，与中国画显然不同。

第四天上午，与巴斯蒂去科学院见Massion基金会主席、副主席，以及现代中国研究中心的负责人，商谈未来学术交流事宜。交谈中得知，我们(尤其

毕仰高教授主持讲演，1986年

是我本人)可以派研究生来留学,经费可由Massion基金会提供,在我回国后,巴斯蒂教授将派一位女研究生吴伟景来南大跟我作短期研究,经费由吴伟景本人承担。下午,由著名中国现代史研究专家毕仰高(Lucien Bianco)教授主持我的第一场讲演"天地会的源流"。由于我不会法语,而且听众大多是研究中国的学者和研究生,所以我用汉语演讲和解答问题。第二天上午,巴斯蒂带我去巴黎国立图书馆办理阅览证,在该馆的东方部,查阅了1951年巴黎大学汉学研究所傅惜华所编的《宝卷总录》。真巧,我在此处发现了一本天地会文献,据图书馆编目人员说,系1842年得自越南的凉山,据我考证,是清咸丰以后的抄本,内容颇有特色。我花了一天时间全部抄录下来,这是我的一大收获。后来我又在东方部调阅了《金刚经二十八戒》等敦煌文书,这些大概就是伯希和从中国搞回去的敦煌资料。当天晚上,巴斯蒂请我到她家吃饭,吃由她亲手做的法国菜,非常可口。巴黎第八大学的鲁林教授作陪,他是研究上海工人运动史的学者,谢诺(Jean Chesneaux)的学生。他告诉我,英国外交部档案馆藏有上海青帮黄金荣、杜月笙等人的资料。

9月17日,是我在巴黎访问第二周的星期三下午,我在现代中国研究中心作第二场讲演,讲的题目是"上海青帮与法租界的关系",听众都很有兴趣,提了不少问题。但当我问起法国外交部是否有上海租界青帮的档案时,大家都表示茫然。这次演讲会上,我遇到常熟同乡蔡若明小姐,她在此留学当研究生,感到非常亲切。同时还与巴斯蒂教授的研究生吴伟景见面,她向我讲述了去南京做研究的一

凡尔赛宫前留影,1986年

些想法。因为当天下午恐怖分子在附近炸了一座大楼，她们就把我护送回旅馆。第二天，我请巴斯蒂陪同去法国外交部档案馆，帮助查阅上海法租界的档案，却一无所获。接着又去法国的汉学研究中心，也是一无所获。这样，我就抓紧时间游览，去蓬皮杜中心参观抽象派画展及大厦建筑结构，参观巴黎的新建住宅区，处处繁华。我还花一整天时间去参观凡尔赛宫，宫殿规模宏大，金碧辉煌，宫内展出的油画及王室家具展品之精美珍贵，令人惊叹。宫殿四周是大片园林，景色迷人。在巴黎待了十多天，这座世界文化艺术中心，最大最美的城市，给我留下了终身难忘的印象。

9月22日，我乘车离开巴黎，下午1点半登上轮渡船过伦敦海峡，上岸后乘火车抵达伦敦维多利亚车站。伦敦大学的柯文南教授（C. A. Curwen）到车站迎接，安排我在伦敦大学的招待所住宿。

我这次到英国访问，历时一个月，内容与访问法国基本相同，不外乎作学术演讲，与当地学者交流，利用图书馆、档案馆，收集资料，进行研究；参观展览馆、博物馆和各地名胜，观赏风景。这些内容一般多穿插安排，周末大多用于游览和家访。我到伦敦的第二天，就去闻名于世的大英博物馆参观。首先参观历史文物展览，其古代东方部所展物品，与巴黎卢浮宫相似，但东西更多。馆内同时展出了古希腊等地以及英伦三岛的大量文物。下午参观大英博物馆的图书展览，真使我大开眼界，各种图书特别是中国图书的各种版本和稀有的印刷品，很多是我从未见过的，其保存之完好也是无可比拟的。柯文南在旁跟我开玩笑说："帝国主义也有一个优点，就是把抢来的图书文物保存得很好，可以供学者研究使用。"他还说："这个图书馆收藏的中国书刊资料，非常丰富，你一定能找到自己所需要的东西。"于是，我们立即到图书馆办理了阅览证，并与该馆东方部McKillop小姐取得联系。她告诉柯文南，我明天就可以去看他们新近收藏的

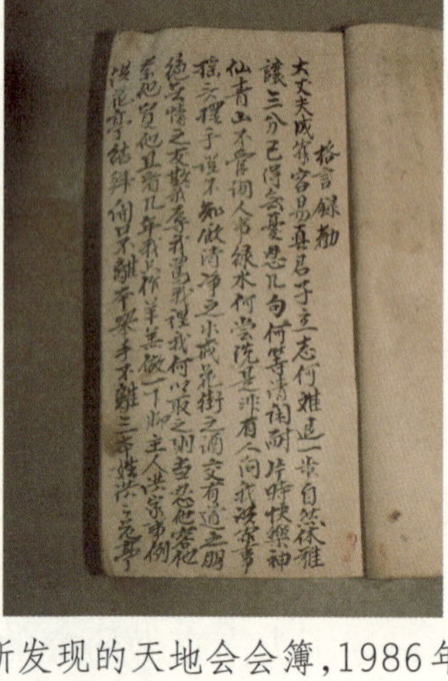

新发现的天地会会簿，1986年

一本洪门天地会文书,真使我喜出望外。

我去大英博物馆的图书馆,首先借到那本新近收藏的天地会文书。据馆内人说,这本书是在泰国发现的,泰国也是华人洪门天地会盛行的地区,这显然是华侨传布天地会带去的,最初由荷兰图书馆收藏,后来又转卖给大英博物馆。由于这本天地会会簿文字内容比较丰富,我花了几天时间才把它抄完。后征得McKillop小姐的同意,我将会簿第一页的全文拍摄下来,以便留存真本的原貌。我在研究天地会起源时,就读过萧一山所编《近代秘密社会史料》,并且知道这批资料是他从大英博物馆抄录得来的。我就利用这个机会,将萧一山所编的史料,与大英博物馆所藏的原件对照着看,发现萧一山所编的《近代秘密社会史料》存在着严重的缺陷和错误:一是他将原件的内容割裂开来,不按顺序编排;二是他将某些不易理解的文字和段落故意省略删掉;三是他对原件的某些字句任意篡改。这就大大降低了这本天地会文书的学术使用价值。由于原件是用密密麻麻的文字和图像书写在一张大纸上。要想照原本抄录下来,得花很长时间。考虑到我的时间有限,只能设想以后有机会再来抄录,或派研究生和其他年轻学者来完成这个任务。接着,我又在馆内抄录了一批道教的经卷、符篆和咒语,这些在国内也是难以见到的,对我研究秘密社会和民间宗教是很有用的。以上是我在大英博物馆图书馆所得的收获。

马克思墓前留影,1986年

另外,我又在伦敦大学东方学院图书馆复印到一些重要资料,尤其是《中国的鸦片贸易》一书(*The*

Opium Traffic in China），是一本打印稿，国内图书馆无存。它记载和揭露了上海青红帮在帝国主义、军阀势力庇佑下包销包运鸦片毒品的情况，特别是蒋介石在南京执政以后，他本人和政府在鸦片贸易中也是重大利益的获得者。我在柯文南的办公室，还读到贝思飞（Phil Billingsley）的博士论文《民国时期的土匪》打印稿，与他后来正式出版的书相比，后者显然作了很多修改和补充。

在伦敦收集资料，我心里最迫切的是想去英国国家档案馆查阅上海青红帮与黄金荣、杜月笙等人的档案资料。在我即将结束访问英国前一个星期，我终于乘车到达伦敦郊区的Kew Garden，进入英国国家档案馆，在外交部（F.O）档案中查到了上海青帮的目录，花较高的费用复印了数十页黄金荣、杜月笙的档案，为我的学生撰写博士论文提供了第一手资料。

在伦敦的生活内容是丰富多彩的，参观游览了很多名胜。在参观大英博物馆时，柯文南带我去看了当年马克思在此做研究的两处座位：L排13号、O排9号，并且在两个座位上座下。不久前中共中央总书记胡耀邦来访问时，也在这两个座位上坐了一下，英国的报纸作了报道。我觉得，这是难得的机会，很有纪念意义。后来，凡是逢周末节假空闲日子，多由我在北大执教时的学生叶凤美（她在伦敦大学进修）以及在南大学习过的Gasberg和Evans带我参观浏览。我们参观过唐宁街、议会大厦、大钟楼、圣保罗（St. Paul）大教堂；在泰晤士河畔游览，并乘船去海军博物馆；到海德公

在柯文南教授家做客，1986年

园听各种演说；Gasberg还专门带我去马克思墓前瞻仰，并与义务守墓的英国老工人合影留念。柯文南教授还带我到远处看过丘吉尔家的庄园和莎士比亚的故居。除了参观游览，在朋友家作客和聚餐也是很愉快的。在伦敦的第一个周末，柯文南邀请我到伦敦郊外的别墅住了一晚。他的夫人是法国人，做了法国的饭菜招待我。第二天由柯文南提议包饺子，这个手艺我在北京时学过，忙了半天，由于饺馅里的盐放少了，味道不够鲜美，但总算吃了一顿中国饺子。此后，狄德满教授等英国朋友也轮流请客。中国大使馆的朋友还请我在使馆吃过几顿中国饭，并到唐人街吃过广东点心。这些，都给我留下了美好的记忆。

我这次来英国访问，只在伦敦大学作过一场学术演讲，时间是在10月15日下午，讲的是"中共领导的民主革命与秘密社会的关系"。值得一提的是英国研究毛泽东的著名专家施拉姆(Stuart Schram)也来听我的演讲，而且连续向我提出许多问题。我知道他从20世纪60年代起就注意和探讨过这个重大问题，1966年还在《中国季刊》(China Quarterly)发表过《毛泽东与秘密社会》一文，他还与一些西方学者到湘赣革命根据地井冈山一带做过调查访问。但从他的提问可知，他对这方面的资料知之甚少，而且带有偏见。我对他提出的问题一一作了回答，他表示满意，而且说我的这个演讲是难以听到的。演讲会散场以后，主持人柯文南教授对我说："这个人是最骄傲的，在别人面前总是指手画脚不可一世，但今天对你的讲演，表示满意和赞扬，确实是少见的。"

在此期间，柯文南还带我到剑桥大学、牛津大学和李约瑟的研究所参观访问。剑桥大学和牛津大学都坐落在古老的城镇上。剑桥大学有22个学院，最老的建立于13世纪，最新的学院是1977年才建立的。我们参观了5个学院，其中包括李约瑟曾工作过的学院。牛津大学的情况与剑桥相似。这两所著名大学是许多前辈学者来镀金的地方，其中有不少人成了著名的学者。我所认识和熟悉的南大地理系的已故任美锷院士，在剑桥大学还挂有他的画像。北大历史系已故著名法国大革命史专家杨人楩教授和南大历史系已故著名国际关系史权威王绳祖教授，都是牛津大学毕业的。我们在这两所大学参观访问时,两校历史系已没有中国近代史的专业和学者,因此我们并没有进行专业交流。李约瑟研究所大楼是一座东方式的建筑,还在装饰之中,只是参观一下,没有见到李约瑟本人。

10月21日,我结束了在英国的访问,上午11点在伦敦国际机场登机,于10月22日到达香港,在香港新华社住了一个星期,会见了一些朋友和报社记者,27日回到南京。

四、两次访问澳洲

1990年6月29日至7月29日,我第三次出国,应澳大利亚费约翰(John Fitzgerald)教授邀请,与本系张宪文教授一同去澳洲作过一个月的学术访问。首先是在布里斯班的格里夫斯大学(Griffith University)参加澳大利亚的亚洲研究年会,然后去澳洲国立大学、墨尔本大学、悉尼大学、纽卡斯尔大学讲学访问。

6月29日,我们在上海虹桥机场起飞,至广州转国际航线,经一夜航程,次日上午抵达悉尼。在悉尼休息停留两天,7月2日到布里斯班的格里夫斯大学报到。澳洲亚洲研究年会从7月3日开幕到5日结束,会期三天。3日傍晚,会议主席沙学汉(David Shak)在市内华侨饭馆举行盛大的酒会,由于中国大陆学者首次来参加亚洲研究年会,所以,酒会上不断有澳洲学者来向我们祝酒、道贺、交谈,气氛友好热烈。我们的论文安排在第二天报告,我用英语宣读了论文并回答问题,获得与会学者的好评,说我的英语清楚,回答问题恰当,尤其是费约翰教授,特意前来祝贺道谢。会议主席沙学汉当场还送我一本他的著作。澳洲的亚洲年会,从会议的规模、学者研究的广度和深度来看,与美国的亚洲年会相比较,显然逊色许多。

会议结束后,主人要我们在格里夫斯大学停留三天,由赖特(Tim Wright)教授带我们在布里斯班参观游览。第一天先上山俯瞰布里斯班的全景,然后参观植物园和动物园。橡树是澳洲特色树木,袋鼠和考拉(koala)小熊是澳洲特有的动物。我还抱着考拉熊照相留影。第二天去黄金海岸(Gold Coast)参观游览,日本商人在此置地建了很多别墅房产,海上冲浪是此处一大运动特色。晚上由印度裔的普拉地(Pradeep)教授代表沙学汉教授,在布里斯班唐人街的香港饭店请我们吃饭,表示欢送之情。第三天(7月8日)中午,由冯教授(Edman Feng)送至机场,从布里斯班飞往堪培拉访问。在堪培拉,我们停留了五天,安排我住在布赖恩·马丁(Brian Martin)家里。这是特意的安排,因为马丁是一位研究上海青红帮、黄金荣、杜月笙的专家,在外出访问之余,我们可以对青红帮的研究多做交流。

与马丁合影,1990年

在堪培拉的第一天(7月9日)上午,我们到澳洲国立大学远东历史系,拜访了吴缉华教授,由他安排了我们活动的日程,下午由研究生斯蒂芬(Stephen)带我们参观了堪培拉的风景和国会大厦。第二天(7月10日)上午,我在国立大学远东历史系做学术讲演,主要讲当代中国的黑社会问题,由白健民教授主持,听众约20多人,讨论气氛相当热烈。下午参观国会图书馆,在馆内居然找到我和张宪文近期出版的著作。后三天(11—13日)主要是参观国立大学图书馆,与国立大学远东历史系讨论学术交流事宜。由远东历史系陈炎生教授和芬彻(Fincher)教授介绍,1991—1992年相继派石林和斯蒂芬两位研究生来南大跟我做研究,并要求利用苏州档案馆和第二历史档案馆的资料。我与马丁在他家里相互介绍了一些青红帮的资料,我特别介绍了在伦敦大学复印的《中国鸦片贸易》(*The Opium Traffic in China*),他非常满意。

7月14日上午，费约翰(John Fitzgerald)来马丁家带我上车，由他开车将我和张宪文送到墨尔本，全程667公里，上午10时出发，晚上8时半到墨尔本。途中我们参观了澳大利亚土匪(Ned Kelly)的博物馆，Kelly是澳洲的“水泊梁山英雄”。这对我来说，是非常感兴趣的，因为我正在研究民国时期的土匪，可以进行比较。我们在墨尔本待了一个星期，先是访问墨尔本大学和拉筹伯(La Trobe)大学，我在这两所大学各做一场演讲，墨尔本大学的校长、副校长出来接见，并由亚洲学院院长、远东历史系主任设宴招待和商谈合作交流。在墨尔本的两次参观活动特别有意义，一次是在墨尔本大学的分校所在地巴拉腊特(Ballarat)参观金矿遗址，这是19世纪50年代澳洲发现的金矿，当时成千上万的华人从广东、福建一带来到澳洲的“新金山”矿区淘金，巴拉腊特是一个重要矿区，先后有3—4万华工在此淘金。他们生活于此死亡于此，我们在墓葬区看到无数华工的墓碑，这是一段辛酸的苦难史。另一次是去菲列浦岛(Philip Island)参观企鹅，傍晚时刻，有无数的企鹅在海浪中漂游，刚出世的小企鹅则在窠里和草丛中叫唤。在岛上眺望，大洋无边无际，一直向南就会到达

悉尼留影，1990年

南极。这是一次心旷神怡、难以忘怀的游览。

7月23日我们离开墨尔本，到悉尼大学访问，由黄宇和教授主持我的讲演，然后刘渭平教授带我们到悉尼歌剧院参观。接着我们又到纽卡斯尔(New Castle)访问，由Henry Chen教授(华侨第三代)接待。他非常热情，安排我作了两场讲演。纽卡斯尔大学规模不大，但整个学校都处在密密的树林之中，非常幽静美丽。我们在这里住了三天，又返回悉尼，7月28日由悉尼大学的李教授(Mabel Lee)和我的进修生福格林送上飞机，29日回到南京。

2000年7月，我应邀赴澳大利亚墨尔本，参加“华人历史与澳洲联邦”(The Chinese Heritage of Australia Federation)学术研讨会，我提交的论文是《论澳洲的华人秘密社会》。我的论文首先从1992年澳大利亚本迪哥华人协会(Bendigo Chinese Association)发现的一本天地会洪门会簿谈起，叙述19世纪50年代澳洲发现金矿后，成千上万华人来到澳洲淘金，天地会洪门就在澳洲华人中广泛传布，在华工中起到实行互助、抵御外来强暴欺压的作用。150余年来，华人不仅在澳洲从事过淘金开矿工作，而且还从事农业种植、家具制

访问澳洲华商，2000年

造、商业贸易、城市建设等各种行业的工作，尽管遭受到排华运动和“白澳”政策的苛待与歧视，但他们不屈不挠，顽强奋斗，为澳洲的经济发展和现代化作出了重要贡献。而澳洲洪门在这一过程中，在团结华人、实行互助以及推进与澳人社会融合等方面，起到了不可磨灭的作用。我的文章受到了与会学者的一致好评，文章的英文稿收集在会议的论文集内，中文稿发表在《江海学刊》2001年第1期。

会后，我参与了拉筹伯大学费约翰教授主持的“华人对澳洲联邦的贡献”合作项目的研究，帮助整理从清光绪二十八年(1902年)至民国三十二年(1943年)澳洲新南威尔士中华商务总会(The New South Wales Chinese Chamber of Commerce)的档案，为学者们使用提供方便。我还到悉尼访问，与悉尼华商侨领代表座谈，调查了解悉尼中华总商会发展史的具体情况，获得了许多鲜活的口碑资料。其中特别是遇到悉尼华商在上海创办的四大百货公司(先施、永安、新新、大新)之一新新公司的老板李承基先生，他向我讲述了其父亲李敏周，原在悉尼从事杂货批发生意，很有成就，于1926年到上海创办新新百货公司。李承基在上海圣约翰大学毕业后，就直接承担新新公司的经营业务，1949年后离开上海，现在在悉尼，子孙三代已有90多人。他还提供给我《上海四大百货公司》

自立快報
THE INDEPENDENCE DAILY
對中華總商會二次大戰經歷感興趣
蔡少卿訪雪梨研究華人歷史
台北市士林高商樂儀旗隊
墨爾本歡迎奧運聖火演出

澳洲新報 AUSTRALIAN CHINESE DAILY
南京大學蔡少卿教授
抵雪梨研究華商會歷史
搜得三條小鱷魚捕一漢

访问、调研悉尼华商，当地报纸的报道

等多种资料。我在掌握档案史料和实际调查所得资料的基础上，撰写了一篇《澳洲鸟修威悉尼中华商会研究（1903—1943）》论文，提交给徐州师范大学2004年举办的“澳大利亚国际学术研讨会”，收入会议出版的论文集，并刊载于《江苏社会科学》2005年第4期。在墨尔本，我还收集到1900—1901年梁启超访问澳洲时，《东华新报》系统报道梁氏活动的资料，并在四邑会馆拍摄到梁启超所写的对联。迄今为止，有关梁启超访问澳洲的情况，研究文章几乎完全阙如，《梁启超年谱长编》也只是寥寥数语提到他的澳洲之行。我所收集到的资料，可以写出一篇有分量的评述梁氏访问澳洲的文章。另外，我还专程去本迪戈参观。看到太平军平南王黄德滋（广东新会人）起义失败后逃往澳洲淘金，在新金山创立洪门“义兴公司”，今日本迪戈义兴公司会所（旧关帝庙）就是黄德滋所创。我们在华人墓碑纪念馆内还见到黄德滋的碑。在本迪戈华人会馆“龙宫”内，我看到了该馆收藏的洪门会簿的原件，还拍摄了馆内展出的洪门会规36条。这次的合作研究，对我来说，收获是很大的。

在“华人对澳洲联邦的贡献”合作研究项目我所承担的任务基本完成后，9月初我就去新西兰访问。首先去新西兰最大的城市奥克兰，在奥克兰大学历史系作了一次学术讲演。然后去首都惠灵顿访问，分别在维多利亚大学历史系和国家图书馆作了《澳大利亚和新西兰的华人秘密社会》讲演。我的这篇讲演稿经维多利亚大学历史系主任邓肯（Duncan Campbell）教授修饰补充，发表在该校的学报上。在惠灵顿，我参观了国会大厦、历史博物馆、毛利人纪念馆。奈杰尔·莫菲（Nigel Murphy）带我参观国家图书馆，在馆内收集和复印了一批新西兰华人洪门的资料。邓肯教授还带我到他的家乡参观畜牧农场，游览了风景名胜。10月初，我离开新西兰回国。此次出访澳、新两国，历时两个半月。

与邓肯教授合影，2000年

五、苏联解体前夕见闻

1990年,我访问澳大利亚回国之后,仅休息了两周,应苏联科学院亚洲研究所科斯加耶娃教授的邀请,又赴苏联进行学术访问。往返都是乘坐火车,主要在莫斯科和列宁格勒(今圣彼得堡)参观,并去几所大学和研究所讲学交流,历时45天。这是我第四次出国学术交流。

8月15日上午,我从北京站乘坐由北京经过乌兰巴托开往莫斯科的3号国际列车。由于我购买的是一级包厢,房间比较舒适,同室的是个波兰人,会说几句英语,所以我们之间还能交谈。当晚8点半,列车到达二连浩特。因中蒙两国铁轨宽窄不同,换车花了3小时。午夜12时进入蒙古国境内,经一天一夜行程到达苏联边境,又换车进入苏联的西伯利亚。沿铁路线的两边都是树木森林,偶尔见到一些村舍民房,大多是木结构的小屋。第二天,火车绕贝加尔湖奔驰了六七个小时,这是世界上最大的湖泊,湖水呈蔚蓝色,波光粼粼,一望无际。周边的居民与别处相比,显得富裕一些,住房也好得多,偶尔还可见到有人在湖边垂钓,真是别有乐趣。列车行至伊尔库茨克,我下站休息片刻。这段行程已使我深深感到苏联(俄罗斯)幅员之辽阔,世界仅见。在伊尔库茨克,那位同室的波兰人下车与我告别,从他大小箱子包装的全是各色服装来看,可以判断他是到北京等地贩卖衣服的"倒爷"。从伊尔库茨克站出发,我就单人一个房间,坐卧自由,再经过三天多的行程,于20日下午6点到达莫斯科车站。科斯加耶娃教授和她的好友连娜,以及北京大学俄语系的雷秀英老师已经在站台迎接。在车站上,科斯加耶娃很直率地跟我说:"由于目前苏联的改革出现严重问题,市场食品奇缺,有时莫斯科几天买不到面包,如果你住旅馆,饮食没有保障,还是请你到我家里吃饭和住宿。"客随主便,我乐意接受她的安排。

当晚,科斯加耶娃在家设便宴招待我。席间朋友们交谈的大多是苏联的改革问题。从他们的交谈中得知,苏联当时的情况是:虽然处于改革之中,但中央领导层不团结,已分裂为戈尔巴乔夫主权派、叶利钦激进派、利加乔夫保守派。由于戈尔巴乔夫对国情分析的错误,他只看到从斯大林以来,苏联政治上不民主,冤案很多,因此他首先从政治上改革,表面上民主了,但造成内部分裂,意见分歧,如此大国,不能统一指挥,各行其是,改革纲领就很难实现。在经济上,尚未建立起改革的体制,市场混乱,投机倒把严重,经济下滑。经济上搞不上去,政治改革就缺乏物质基础,人民群众得不到实惠,不满情绪日益严重,有时买不到食品,就集队游行抗议。苏共党内思想也产生混乱,退党现象不断发生,并且已经出现近10个不同的党派。各加盟共和国也有分离之势,有人预计,过两三年,说不定它们将各自独立出去。在座的朋友对这种局势非常担忧,也使我这个从小仰慕苏联社会主义国家的人大失所望。

在莫斯科的头十天,主要由俄罗斯的学者朋友带我参观。首先去克里姆林宫。在宫门口,先经警卫检查所带提包。进入宫内,我们参观了三四个教堂,其中有沙皇加冕的教堂,有皇帝亲族举行宗教仪式的教堂,有皇帝存放灵柩的教堂。这些都是16世纪的建筑,十月革命后仍保存了下来,作为历史文物参观,但已不作宗教场所。教堂的外表顶层都是金色的圆顶,显示出俄国东正教教堂的特色。教堂内有各种壁画。我们参观了卫国战争时期牺牲的无名英雄的陵墓,地面上刻写着:“你们的名字虽不清楚,但你们的功绩却永远记在人们的心中。”我们参观了红场,它在克里姆林宫的一侧,地面全用砖铺成,检阅台相当高大,气势雄伟。红场前还有一所全俄罗斯最特殊的教堂,是15世纪建成的,在大教堂中设有小教堂,来参观的

克里姆林宫前,1990年

人络绎不绝。我还特意去参观了列宁墓，我们由警卫人员带领，列队绕列宁遗体一周。列宁遗体存放在水晶棺内，保存完好，从列宁的形象看，身材比较矮小，不像在电影上看到的和自己想象中的列宁。在列宁墓旁边还有苏联其他领导人的墓和雕像，有伏龙芝、伏罗希洛夫、斯维尔德洛夫、捷尔任斯基、日丹诺夫、斯大林、契尔年科、勃列日涅夫等，但没有赫鲁晓夫。总之，莫斯科的名胜、文化艺术展览、风景地带，我基本都已看过。在参观过程中，我还留意莫斯科的市场情况，所见食品商店、酒吧、饭馆门前总是排着长队。人们喝啤酒也要排队，黑市啤酒卖到10卢布一瓶。

9月初，我开始进入正规的学术交流活动。我分别访问了苏联科学院的亚洲研究所和远东研究所，访问了莫斯科大学和莫斯科亚非学院。在亚洲所、远东所和莫大各做了一次讲演。我的讲演稿《当代中国的黑社会问题》（俄文），刊载于苏联《远东问题》1991年第3期；《近代中国的秘密社会》（英文），刊载于《远东事务》1991年第4期。

在苏联科学院亚洲所讲演，1990年

在座谈交流过程中，一些教授反映，目前苏联的青年学生不想认真学习，大学的马列主义理论课、国际共产主义运动史课以及苏联历史课都讲不下去了。学生不愿进研究所和大学工作，只想到与外国有联系的公司工作。苏联科学院有4万研究人员，戈尔巴乔夫发布命令，要科学院独立，自谋财源。东方研究所约有1000人，可能要裁减一半，老人退休，但退休待遇未解决之前多不愿退。而且科研院所没有青年人来充实研究队伍，很难办下去。他们还提到苏联的科技专家外流日趋严重，青年盲目崇拜西方，希望去美国、日本留学打工，虽然签证部门刹车，但趋势难以阻挡。研究中国的学者大多想到中国来访问研究，但外汇紧张，难以实现。他们说：“苏联已成了一个贫穷国家！”

莫斯科大学，1990年

应列宁格勒大学（今圣彼得堡大学）诺维科夫教授的邀请，9月8日晚由别列柳勃斯基教授送我至车站，去列宁格勒（即圣彼得堡市）访问。早上7点32分到达列宁格勒，诺维科夫准时上车迎接。我们已27年没有见面，看上去已有些陌生。他扑上来拥抱我，致以亲切的问候。诺维科夫安排我在他家住宿，用完早餐，他即带我到基洛夫大剧院看《唐·吉诃德》芭蕾舞剧的表演。全剧分四场，表演十分精彩，尤其是一位女演员，舞姿动作如轻云在空中飘动，使人观之欲醉，这是我平生所见最好的一次芭蕾舞表演。剧院是彼得大帝时期所造，有皇帝的包厢，诺维科夫说现在是戈尔巴乔夫的专座。我与诺维科夫谈起苏联的改革，他是列宁格勒大学党委委员，是个很正直的人，他对改革的前景很是担心。我们在市中心一处，见到贴有许多大字报，颇有中国“文革”时期的迹象，有些青年在列宁的塑像上贴大字报、吐痰，亵渎列宁。诺维科夫对这种现象极为不满。

9月10日上午，诺维科夫带我去涅瓦河边的苏联东方研究所看白莲教宝卷。先由所长孟希科夫接待，他是敦煌学专家，世界有名的学者。他向我介绍，东方所图书馆收藏了约有10万件各种手抄本、稿本，有中国的敦煌卷子，有西夏的抄本四五千件，有蒙文本约五千件，还有各种东方文本，如波斯文、阿拉伯文的科技著作，有古兰经，有犹太文，有印度文、印地语、乌尔多语、古埃及文抄本，还有日文、满文、藏文本，真是个宝库。大约看了一小时的收藏目录，管白莲教宝卷的管理员已到，我就查看了此处的宝卷，比较有价值的不过十种。中华书局有意与他们合作出版。我认为单独出版此处收藏的宝卷，似乎分量不够。中午12点看完宝卷，我们与孟希科夫去亚历山大第一个儿子的亲王宫吃饭。此处在十月革命后，由高尔基将它改为科学家、作家、艺术家的俱乐部，白天对外开放，晚上仍由科学家俱乐部成员专用。饭后，诺维科夫带我去冬宫一带参观。冬宫建筑雄伟、广场辽阔，我们绕广场一周，并合影留念。

圣彼得堡冬宫广场，左为诺维科夫教授，1990年

9月11日，诺维科夫带我继续参观列宁格勒的名胜。首先参观彼得堡要塞，周围全是红墙，与北京故宫相似。进入堡内，有一大教堂，高122米，堂内有彼得一世及其妻女的墓，另有沙皇亚历山大一世儿子的灵柩。接着参观彼得堡的监狱，这里都是十月革命前关押革命“罪犯”的，其中有高尔基、克鲁泡特金、列宁的哥哥乌里扬诺夫等。继而去涅瓦河边参观，从远处看，河岸两边都是宏伟的建筑，一边是冬宫和各种宫殿，一边是彼得堡教堂，有基洛夫桥横跨两岸。过涅瓦河，沿岸行走，可见对面的列宁格勒大学和列宁格勒美术学院。接着观看了彼得大帝的塑像、埃斯克大教堂，在市中心看喀山大教堂，此处是宗教史博物馆。参观列宁格勒后，我的印象是，它的建筑风格与莫斯科大不相同。此处的建筑大多是彼得大帝时期所建，彼得大

帝向西方学习，建筑大多仿照西方国家的模式，富有艺术性，精美大方；莫斯科的建筑大多建于十月革命之后，民房和政府办公楼很多是"火柴盒式样"的建筑，缺乏艺术性。

9月12日，诺维科夫带我去列宁格勒大学参观大学图书馆。在东方学部图书馆，查阅了许多木刻本的中国图书，发现了一本《北新关志》和一份光绪三年北京同文馆的课程表，这是难得见到的。下午，东方学系中国教研室专门为我举办了欢迎会和讲演会，由教研室主任斯莫林主持。诺维科夫回忆了在北大研究秘密社会史时得到我的帮助，并介绍了我在秘密社会史研究方面的成就。接着由我作学术讲演。教研室向我赠书5本。会上还与当年在北大留学的同班同学梅林会面，30年后重逢，格外亲切。13日，诺维科夫派两个学生带我去闻名遐迩的艾尔米塔什博物馆参观。这里是皇家收集的艺术品，从希腊罗马时代到意大利、法国文艺复兴以来的作品，以及俄罗斯和东方的艺术品，内容十分丰富，如果仔细观看，得花几天时间。两位学生带我绕馆一周，重点介绍最著名的展品，参观了一整天，看了世界各国的瑰宝，让我大开眼界。当晚，诺维科夫夫妇设家宴款待我，10点送我上车返回莫斯科。

回到莫斯科以后，我就抓紧时间，连续数天去列宁图书馆（苏联国家图书馆）查阅这里收藏的白莲教宝卷等资料，由莫罗多娃女士接待。她因月底即将赴南京访问，所以特别热情。我先后阅读并抄录了《破邪显证钥匙宝卷》、明万历甲申刊印《销释真空扫心宝卷》、康熙戊寅重刻《苦功悟道宝经》、万历二十三年重刻《发愿劝人文》等几个重要宝卷，并为中华书局抄录了该馆收藏的宝卷目录及其编号，以供他们准备合作出版时参考。我还查阅了斯卡夸克夫（1821—1883）收藏的1435种手稿本、抄本、木刻本的目录，其中尤以少数民族苗、藏、回疆资料以及地方志和地图为稀见。在馆内还巧遇苏联著名学者李福清，他是苏联科学院通讯院士、《红楼梦》石头记本的发现者、中国民俗学研究专家，曾多次到中国访问研究。他对中国民间宗教的宝卷也很熟悉。一天中午他请我在列宁图书馆的食堂吃饭，并作长时间交谈。从他的谈话中，我更清楚得知人民对苏联当前的改革极为不满，包括知识界的人士，报刊每日有公开批评政府的文章。他说,今日还有"苏联改革为什么要戈尔巴乔夫?"的评论,说明戈氏无能,人民不需要他。并且盛传:可能会发生政变!联想到前些日子,莫斯科因三天买不到面包,就有传言,苏联将发生政变。我想,如果真的发生政变,我回国就成了问题,因此,我决定尽早回国。

当时,购买从莫斯科开往北京的车票相当困难,通过多种渠道,我终于买到9月22日的车票。那天有几批朋友来道别送行,晚上11点半由科斯加耶娃和别列柳勃斯基教授叫了出租车,将我送到火车站。我向他们致谢道别后,列车很快就开动了。在车上遇到中科院南京地质古生物研究所的戎嘉余研究员、中国科技大学的郭教授,还有两位出差去苏联办事的工矿企业界人士。我们除了吃饭睡觉,大部分时间是聚在一起聊天,谈在苏联的所见所闻。谈得最多的是苏联的国情与改革问题。我们当时的共同看法是:地大物博、国力雄厚、思想混乱、前景未卜。

列车经过基洛夫、秋明(有著名油田)、鄂木茨克、伊尔库茨克,我们都下车观看。这些地方虽是著名,但城市都不大。从铁路沿线看,白桦林的叶子都已发黄,仅仅一个多月时间,自然界的变化如此之快。再过一个月,这些树叶全要掉光,来年春季再生长出来,时间又将过去一年。

这次行车的路线稍有不同,上次由内蒙二连出境,经乌兰巴托进入苏联,这次是在贝加尔湖车站经海关检查,改换车轮,由满洲里入境已是27日傍晚,再经一天一夜的行程,于9月29日早晨7点到达北京。

六、出席国际学术会议

1996年,应美国丹妮生大学秦博理教授的邀请,我于4月11日至14日在夏威夷参加美国亚洲研究年会,并担任"1898—1911年中国的地方精英与新团体"专题研讨组的主席和评议人,主要研讨1898—1911年间江苏地方精英与新县立学校、晚清中国的江苏省教育协会,以及1905—1911年宪政改革时期的地方议会等问题。与会学者对这个专题研讨会很感兴趣,所以参加讨论的人数比较多，讨论比较热烈，效果令人满意。

亚洲研究年会结束后，我去加州访问了几所大学。首先在加州大学伯克利分校参加魏斐德教授主持的"日本占领时期的上海"学术研讨会。会上有来自上海的留学生提出的论文认为，在日占时期，上海的生活安定、市场是繁荣的。我在会上，从作者引用资料存在的问题以及我的亲身经历两个方面驳斥了这个论调，受到与会者的肯定(详见本书第一章第三节)。接着，我应刘广京教授(K. C. Liu)的专门邀请，去加州大学戴维斯分校访问。广京先生是美国老一辈的著名学者，他亲自主持我的讲演会。他向听众介绍我的情况时，首先说我是北京大学邵循正教授的弟子，在邵先生指导下，写出《中国近代会党史研究》这本有名著作等等赞扬的话。同时，他还说，邵教授是他在西南联大时的老师，自己受过邵的教益。我讲演的内容是当

在夏威夷军舰参观，1996年

与刘广京(左二)、裴宜理(左一)在施坚雅(左三)教授家座谈，1996年

代中国的黑社会。研究中国的著名学者施坚雅(William Skinner)教授也到场听讲。我在演讲中曾提到四川省安岳县有40个黑帮组织,他在提问时说,1940年代他在四川做过调查,知道安岳县大概有40个乡,是不是每乡有一个黑帮组织?我回答说,看到的报道材料称,安岳有40个帮会,但没有说每乡有一个。这个回答引起了哄堂大笑。在访问期间,广京先生不仅盛宴招待,还陪我到施坚雅教授家喝咖啡和座谈,并派普莱士教授送我上飞机,去圣地亚哥访问。在圣地亚哥,我分别在加州大学圣地亚哥分校和圣地亚哥州立大学做了一次讲演。1996年4月25日,当地的《阿兹坦克日报》(*The Daily Aztec*)以"帮会不单是美国的问题"为标题,报道了我的讲演。

此后,我即往日本和韩国访问。在日本,我分别在东京大学和静冈文化艺术大学做一次讲演。特别有意思的是,我在东京期间,日本研究中国秘密社会的权威学者酒井忠夫教授得知我到访的消息后,不顾90岁高龄,且行走不便,特地来看我,与我长谈了5个小时。他坦率地说明,日本侵华时期,他受军方指派到上海利用过帮会,并与青帮头目白玉山结成密友,通过白玉山的介绍,到各地调查。日本投降后,他对中国的帮会、善书等做过深入研究,在国际中国学界有很高的地位。我比他小20多岁,但他对我的中国秘密社会研究表示钦佩。1998年酒井教授将他以往的研究成果汇集成多卷本《酒井忠夫著作集》出版时,还特意请我为他的著作写出版推荐书。

在东京与酒井忠夫(中)、渡边淳(左)、并木赖寿(后)教授会面,1996年

在韩国,我访问了国家档案馆、国立汉城大学和高丽大学。在国家档案馆,参观了该馆保管档案和利用档案的

在首尔大学与闵斗基(中)、金光亿(左)教授合影,1996年

先进设备,与馆长以及管理人员进行了座谈。在汉城大学,与著名的中国近现代史研究专家闵斗基教授、著名社会学研究专家金光亿教授一起座谈交流,并由他们陪同参观了奎章阁的藏书。在高丽大学,我见到了高丽大学东洋史系主任、中国明清史专家朴元镐教授以及中国近代史专家辛胜夏教授。辛胜夏教授请我做了一场学术讲演,并由他和建国大学的韩相祷博士分别陪我参观了博物馆、书法展览,以及一些风景名胜。5月26日,我从首尔回到南京。

2002年,应美国哈佛大学邀请,我于4月28日至29日出席了由哈佛大学与波士顿大学共同举办的"比较视野下的中国千年王国"国际学术研讨会。千年王国(Millennium, Millennialism)的思想

2002年4月与夫人潘爱珍参加"比较视角下的中国千年王国"国际学术研讨会,在哈佛大学校园哈佛塑像前合影。

属于革命的神学，出典于《圣经·启示录》第20章的“与基督共同统治一千年”的千年统治思想，蕴含着被压迫阶级将现世权力及政治体制视为恶魔，坚信受恶魔支配的当世必将终了，被压迫者在唯一绝对神的保佑下，杀尽当世恶魔，将迎来一个“至福之国”，即黄金般的光辉灿烂的巨大都市国家——耶路撒冷。这种思想和行动，并不仅局限于犹太教、基督教的国家，也存在于世界上的广泛角落。据学者们研究，在不具一神教传统的中国，也能找到欧美所见的千年王国的思想和行动。新的分析视角赋予运动新的意义，如果将中国历史上频发的农民起义，如黄巾起义、白莲教起义、太平天国起义、义和团起义等，从千年王国的观点重新来考察，也许会有与迄今为止的认识不同的新发现。在这样的背景下，哈佛大学费正清东亚研究中心和波士顿大学千年问题研究中心就联合召开一次千年问题的学术研讨会，集中用比较的视角来讨论中国的千年问题。我认为，太平天国起义符合千年王国思想，所以我提交这次会议的论文就是《太平天国起义与千年王国》。

参加这次会议的有来自美、英、法、乌克兰、日本、韩国以及中国大陆和中国香港台湾地区的学者约50人，会议于4月28日至29日举行两天，共有6场专题讨论。我的论文宣读与讨论，由美国著名学者柯保安(Paul Cohen)教授主持，通过讨论，与会学者对文章表示赞同。我这篇论文的中文稿刊载于《学术研究》2002年第8期。

柯保安教授主持论文宣读，2002年

七、推进中韩学术交流

1996年我顺访韩国，促成了中韩学术交流的一件喜事。中韩两国是友好邻邦，1993年建交后，两国之间的文化学术交流蓬勃开展。在著名友好人士、高丽大学前校长金俊烨先生的推动和帮助下，北京大学、杭州大学（后并入浙江大学）、复旦大学先后建立了韩国研究所，并由韩国外交部国际交流财团出资，资助研究韩国传统文化。这次出访，从辛胜夏教授那里得知，金先生是南京大学校友，抗日战争时期，他在日本庆应大学留学，被日本当局强迫作为侵略军进入中国。当部队到达徐州时，他就逃跑到当地的中国游击队，经过长途跋涉（他自称“长征”）到达重庆，与韩国独立运动领袖金九会面，并加入了韩国的光复军。日本投降以后，他在南京的中央大学历史系读研究生，1949年南京解放时回国，是韩国光复独立的有功之臣。据说，他早就想在自己的母校建立一个韩国研究所，但在中韩建交前，他曾私自到南京大学和原中央大学的校址（1952年后为南京工学院、现为东南大学）访问过，但他搞不清原中大的文科是在南京大学还是在东南大学。因此，究竟在南大还是在东大建立韩国研究所，他拿不定主意。经我的解释，以及我从南大档案馆复印了他当年读研究生的注册照片和记分册，连同新出版的《南京大学史》寄给了金俊烨先生，他才确信南京大学就是他的母校。于是，他于1997年春正式访问南京大学，帮助成立南京大学韩国研究所，由校长蒋树声、副校长张永桃出面接待，并举行仪式，授予金俊烨博士为南京大学名誉教授。后经校领导决定，由我担任韩国研究所所长，刘迎胜教授担任副所长。

韩国研究所成立以后，主要从事了以下几项学术交流活动。（一）由韩国设立的由泉奖学金，每年出资数千美元，资助南大文科研究生研究韩国历史文化以及中韩关系。在历年的研究成果中，选择一批优秀论文，汇集成《中韩历史文化交流论文集》（我与刘迎胜主编），2001年由南京大学出版社出版。（二）2003年主办了第五届韩国传统文化国际学术研讨会，与会中韩学者100多人，由南京大学出版社出版了《韩国传统文化国际学术研讨会论文集》。(三)由韩国外交部国际交流财团资助,每年聘请一位韩国教师,来南大韩国研究所开办的韩语班讲授韩语,直到南京大学成立韩语系为止。参加韩语班学习的有本校学生和青年教师,还有在南京的韩国企业工作的人员。(四)应韩国一些大学的邀请,南大中文系和历史系分别派出教师去韩国讲授汉语、古典文学和中国近代史,后来分别建立了固定的交流关系。(五)互派研究生和访问学者。我先后指导过3名韩国博士生获得博士学位,指导过3名访问学者,南大元史研究室曾派3位研究生去韩国进修。

在金俊烨先生办公室合影,2004年

2004年,应韩国外交部国际交流财团的邀请,我以南京大学韩国研究所所长的身份,于9月2日至9月30日携夫人在韩国访问一个月。这次访问带有休养的性质,因为考虑到我在担任韩国研究所所长期间,为推进中韩学术交流做了大量工作,即将从这个岗位上退下来,为此,国际交流财团和金俊烨特意请我去,除了与我商讨未来南京大学韩国研究所的工作以及在南大成立韩语系的事宜外,很少安排学术活动,大部分时间让我们住在高丽大学休息,并进行一些参观。在首尔,由尹恩子博士带我们参观中央博物馆、景福宫、昌德宫、民俗村等。此外,还带我们去庆州、浦项、济州岛等地参观游览。我的学术活动,主要是在高丽大学研究生院图书馆查阅《金泽荣全集》,研究金泽荣在中国从事拯救韩国文化的活动(他与严复、梁启超都有联系);在延世大学参加韩国的中国近现代史学会的学术研讨会。我在会上做了一次"研究中国秘密社会四十年"的讲演。讲演稿由尹恩子译成韩文,刊载于《中国近现代史研究》总24辑。此外,还与首尔大学、高丽大学、建国大学的学者进行个别交谈与交流，并与我培养的3位韩国博士和3位高级进修学者会面。我的这次访问，对我退休后南大韩国研究所的学术活动，以及筹备和建立南京大学韩语系，有重要的推动作用。

经金俊烨先生的多次提议和蒋树声校长的支持，2006年南京大学外国语学院建立了韩语系。我的一位韩国学生尹恩子在该系任韩语副教授，同时进行20世纪前半期南京韩人社会史研究，工作很出色。该系培养的学生韩语水平很高，多次在国内的韩语竞赛中名列前茅。现在韩语系成立了韩国学研究中心，与韩国研究所开展合作研究，由韩国中央研究院拨款资助。

从1980年9月至2004年9月的24年间，我应邀先后9次走出国门，赴十多个国家的60余所大学和科研机构讲学访问，以及参加国际学术会议，进行了广泛的学术交流。通过这些学术交流活动，不仅开阔了眼界，增长了知识，而且为南京大学人文社会科学的对外交流，以至中外文化学术交流作出了一定的贡献。我深切地感受到，在开放的形势下，中国学者应该而且必须走出去，走向世界，加强学术交流，加强对话，以提高我们的学术水平，同时也更有利于互相了解，消除隔阂和误解。

附　录

"爱"是吾师一以贯之的情怀

——为蔡少卿先生八十华诞而作①

◎徐小跃

一、爱的种子

爱是每个人的内在性德,然能否呈明则是需要后天的培植和善养。君子与一般人的不同亦是在于君子能存养这一爱心。2001年12月10日的《人物周报》曾记述过吾师蔡少卿先生的简单生平。吾师1933年出生于邻近上海的苏州地区的一户普通的农家,他自幼与镰刀和书本为伴,一边劳动一边念书。艰苦的生活让年幼的蔡师对当时的黑暗的社会和政府的腐朽有了深刻的认识,只有品尝过苦难的人才知晓幸福的甜美。新中国成立后的第七个年头,即1956年,在中共中央国务院"向科学进军"的号召下,吾师从一个理论教育岗位(江苏教育学院前身)考进了北京大学历史系。北京大学作为中国第一高等学府,那是多少学子梦寐以求的圣地。吾师靠着他非凡的力量实现了这一愿望,对于一个在旧社会饱受苦难的他来说,是怎样一种心情。感恩和报恩之心从那时起就深深扎根在吾师心田。

① 本文原载《多维视野下的中国社会历史变迁》,南京大学出版社,2012年,收入本书时个别文字略有改动。作者徐小跃博士,现任南京图书馆馆长,南京大学哲学系教授、博士生导师。

二、爱的熏陶

爱实际是一种感染的力量，爱意味着一种责任。吾师在北大时期亲身感受到诸多大师级的人物对教育事业的热忱和执着，正是从他们身上看到了责任和使命。吾师曾在《我研究中国近代史和秘密社会的历程》一文中这样写道："北大是我国的最高学府，有浓厚的学术空气和雄厚的师资力量，在历史系，每个专业都有一流的教授、学者。他们既从事研究工作，又承担基础课与专业课的教学。我们一进北大就受到良好的基础知识教育……校外的名流裴文中、夏鼐、林耀华、胡厚宣等也来授课。系主任翦伯赞还举办了一个不定期的'历史讲座'，请范文澜、郭沫若、吕振羽、吴晗、陈翰笙、杨东莼诸大师来讲演。在此同时，中文、哲学、经济等系也举办类似的讲座和研讨会，马寅初、冯友兰、郑昕、周扬、胡绳等都登台演讲和辩论。这些讲座具有很大的吸引力，我几乎逢场必到。听了这些名家大师的讲演，不仅大大开阔了我的视野，而且还不断引发我对许多问题的思考。"[①]在我看来，吾师幸遇这么多大师，从中汲取了太多的营养，这是一方面，更重要的是吾师感受到的是大师们的敬业爱岗的精神。这一爱的氛围对吾师的影响，应该说远远超过知识本身的获得。

最让吾师不能忘怀的当推他的恩师邵循正先生。吾师正是在邵先生的爱护下与他对邵先生的敬爱和追思中开始了自己的学术生涯以及不断地学术追求之路的。

吾师是1958年秋（读三年级时）接触邵先生的。吾师在他最先从事的关于"安源路矿工人运动史"的科学研究中就曾得到邵先生画龙点睛般的指导，这件事对吾师印象深刻并在不同场合下常常被提及。大学毕业后，吾师留校任教，系里派他做邵先生的助手，后又师从邵先生在职攻读硕士研究生，主攻中国近代史。

邵先生对吾师的爱表现在几个方面。一是严格，二是尊重，三是信任。这三点分别从三件事得到证明。第一，邵先生对吾师的指导是从做学问的态度

① 蔡少卿：《我研究中国近代史和秘密社会的历程》，见戴学稷、徐如编：《邵循正先生百年诞辰纪念文集——部分学生、友好、亲人的怀念与回忆》，福州，2009年，第153页。

开始的。他对吾师说:“要打好基础,根深才能叶茂,成为大树。”又说:“无论读书和写文章,都要有自己的见解,梁启超当年在清华执教,学生考试即使把笔记背得烂熟,若无见解,最多只给六十分。”[①]这番谈话和要求,不但成为吾师今后自身的学习与研究的准则,更是将其作为指导他的学生的准则。吾师治学的严谨从此时既已形成。第二,邵先生充分尊重了吾师自己选择的科研方向。邵先生曾先征求过吾师的意见,起先想让吾师进行孙中山研究,但当吾师阅读了大量的文献后发现,对孙中山的研究成果当时已经不少。在吾师看来,如没有新的资料,很难研究出创新的成果,吾师在他的一篇读书报告里表达了自己的意见。出乎吾师意料的是,邵师非常宽容地对待了此事,并尊重吾师的选择。要知道对待这类事那是需要胸怀的。我们说爱从来不是抽象的,而是要落实到具体的意识中和问题上。爱是一种宽广的胸怀,宽容的胸襟,是一种尊重和平等的意识。吾师从邵先生身上所体味到的这种爱,在以后吾师的教学和指导研究生中一再地表现出来。所有蔡门弟子对蔡师这一点感受的最为深切。第三,邵先生对当时还很年轻的吾师给予了充分的信任。这件事也被吾师在多种场合中提起。因为这件事和这种信任让吾师走上了他今后的为之奋斗并取得巨大成就的秘密社会史研究之道。那就是1962年春,有位名叫诺维科夫的苏联学者来华,师从邵先生研究中国秘密社会史。邵先生对吾师给予了很大的信任,让帮助他一道辅导这位外国学者。正是在以后相当长的辅导时间里,吾师开始就把注意力集中到秘密社会问题上。邵先生对吾师的信任还通过一件事体现出来。1962年秋冬之际,全国政协和中央统战部组织一批爱国民主人士到北京西山中央档案馆明清部(即今中国第一历史档案)参观,邵先生带上了吾师参加了这次非常重要的活动。要知道这种信任给吾师带来的是信心。一个人的信心对他的成长是至关重要的。后又经邵先生联系介绍,吾师有幸最早获准进馆利用该部的秘密结社档案。从1962年到1964年,吾师先后四次进馆,花了近两年时间,查阅了数千万字三百余种秘密结社的档案文献,抄录了几千张卡片,并拍摄了天地会、哥老会的会簿、盟书、文告

① 蔡少卿:《我研究中国近代史和秘密社会的历程》,第155页。

等数百张照片。由此可见,吾师将其导师对他的信任和关爱全化为刻苦钻研学问的力量。正是靠着这一段时间扎实的积累,奠定了以后吾师专业研究的坚实基础。这段经历亦成为我师为同行盛赞之处,例如称吾师"是最早利用我国的档案对秘密会党进行长期、系统研究的一位学者"[①];"首先利用第一历史档案馆的资料,把洪门史研究转到以档案史实为基础的轨道上,使得会党内部凑合附会之作黯然失色,从而洪门史研究才能摆脱主观猜测,真正成为科学。"[②]

三、爱的铭记

爱是一种感念的情怀,爱是一种铭记的情愫。对邵先生对自己的栽培和爱护吾师是感念不已,铭记在心。在吾师的文章中以及世界各地的访问游学中都能感受到吾师对邵先生的那份特殊感情。

对于邵先生知识学术方面的传授,吾师是这样记述的:"各行各业都必须有老师,做学问也是一样,虽然修行要靠自己,没有领进门的师父,也是不行的。我今天在研究秘密社会的领域能取得一点成绩,如果没有邵先生当年对我的指导和具体的安排引领,那是不可能的,成绩首先应归功于老师。所以,每逢领奖表彰之时,我对邵师感激之情,便在内心深处油然而生。2006年北大历史系1956级出版入学五十周年纪念册时,每个同学都要写一篇感言或纪念文章,我写的就是《邵循正先生带我走进研究秘密社会之门》。"[③]而在邵先生百年诞辰时,吾师又满怀感激之情撰写了《怀念恩师邵正循先生对我的指导和关爱》的长篇纪念文章。

对于邵先生生活方面的关照,吾师是这样记述的:"邵先生生平时虽少于言谈,但却是个很讲情感的长者,我投到他门下时,正值三年困难时期,食品供应非常紧张。北大按教师的级别实行营养补助,级别高的教授补助带鱼,中等的补助黄豆,青年教师开玩笑说'我们是酱油汤干部',什么补助都没有……后

① 戴逸:《序言》,见蔡少卿:《中国近代会党史研究》,北京:中华书局,1987。

② 胡珠生:《清代洪门史》,沈阳:辽宁人民出版社,1996年,第15页。

③ 蔡少卿:《我研究中国近代史和秘密社会的历程》,第159页。

来国家的经济和市场供应开始好转,邵先生和师母,就请我们到他们家里、科学院的'福利楼'和友谊宾馆吃饭,还带我们到政协礼堂看戏……在我跟随邵师的几年里,他对我的身体、家庭生活都很关心。当他看到我头上的白发逐渐增多,总是劝我说,读书固然要用功,但要当心身体。他和师母知道我在农村劳动时得了关节炎,常劝我去医院针灸。"①

对于邵先生政治方面的关心,吾师是这样记述的:"邵先生对政治也很关心,特别在广州会议之后,他的政治热情和工作积极性很高。平时我去他家,除了谈我的学习深造和他的研究设想外,也常议论国内外的大事和党的一些政策。在这方面邵师对我很信任也很器重,我想除了我认真求知诚恳请教的态度,还有一个原因是,当时我兼任着中国史教师党支部书记,政治比较可靠,所以他能与我倾心而谈。他常把政协、民盟中央和老教授'神仙会'上学习的心得和见闻,跟我说说,有时还征求我的意见和看法。我从来没有听到他说过牢骚怪话,我一直认为他真不愧为左派教授,党的亲密朋友。所以,我们之间的师生关系,相处得十分融洽。"②

四、爱的回报

爱从来是都是相互的和彼此感应的,邵先生以无私的爱给了吾师,吾师亦将无私的爱回报给邵先生。

在生活方面:吾师无论在任何条件下,只要有可能他对其恩师邵先生以及家属都竭尽孝敬和关爱之礼。吾师在他的纪念邵先生诞辰一百周年的文章中曾提到过这样一些事情。那是在三年自然困难时期,吾师曾在某山区劳动了一年,后得到了丰收后的生产队赠送给他的农产品。吾师觉得邵先生体弱多病,营养不够,于是就将分到的板栗一半送给了他。吾师还曾将从老家带回的虾籽、面条送给邵师以补充营养。邵先生患有过敏性的气喘病,每年老玉米开花时,他就气喘得很厉害。有一段时间都是由吾师亲自送邵先生去医院疗养,每次邵先生下课后也总是由吾师把他送到家。这种师生情谊是最为珍贵的,

① 蔡少卿:《我研究中国近代史和秘密社会的历程》,第161-162页。

② 蔡少卿:《我研究中国近代史和秘密社会的历程》,第163页。

也最值得珍惜的。吾师对邵先生的这种发自内心的爱给我们诠释了师生间最真诚的爱的真谛。

在学术方面:一般说来,一个学生对教师的培养和爱要给予回报的话,那么最好的方式莫过于他们在学术上有所成就。吾师正是通过这种方式来回报邵先生对他的那份厚爱。邵先生过世以后,吾师曾去邵先生家里慰问,临别时含泪对其师母说,请师母放心,我一定努力工作,做出成绩,来报答邵先生对我多年的教育和培养。吾师正是在这种弘愿下开始迈向他更加宽阔的学术研究和探索之路。

当然,如果要对吾师的学术研究之路进行一个过程式的探寻,那一定要追溯到他最初的研究上来,因为这也是吾师在学界奠定其地位的重要时期。

但凡谈到吾师的学术研究成就时,没有不首先和重点提到他刚毕业便发表的第一篇社会史论文——《关于天地会的起源问题》。这项研究成果的重要性在于作者第一提出了新见解;第二运用了新材料;第三创立了新方法。吾师首次提出天地会创立于乾隆二十六年(1761年),由福建漳州府漳浦县的洪二和尚万提喜(俗名郑开)首创。推翻了前人提出的天地会创立于康熙十三年(1674年),雍正十二年(1734年)等观点。吾师这一新说的提出是建立在可靠的史料基础之上的,而不是像先前的研究者多系根据天地会内流传的神话故事作出的推测。那是在1962年,吾师在清代镇压林爽文起义追查天地会根由的档案中,发现了关于天地会起源的档案史料,并经过认真考辨和多方查证才得出他与当时学界不同的观点的。关于历史问题的研究除了要解决时间的问题,还要解决历史对象(包括人和事)所由产生的原因问题。关于天地会的产生究竟是什么原因造成的?吾师在这篇论文中否定了先前的观点,即认为天地会组织的建立是由于清代的满汉民族矛盾引起的,而由明遗民创立的这一组织的目的是为了"反清复明"。吾师明确指出,该会兴起的原因是社会矛盾,这一组织的建立是为适应了广大破产劳动者互助的需要。这一新结论的得出是建立在一种新的方法论基础之上的。这是一种有别于先前的对历史的叙述方式,它是"把围绕天地会/秘密社会的诸话语放到具体的历史情境里来研究,从而把天地会/秘密社会的历史叙述建构在可以捕捉的历史时空上。”①如果我们把话说得再通俗易懂些，就是吾师遵循了实事求是的科学求证方法，跳出了简单地迎合某些政治需要的思维方式，还原了历史的客观性。因为我们知道，任何历史事件真实性的得出都是要建立在历史的客观性之上的。

我们评价一种学术研究成果是否有意义和价值，往往正是将是否有新见解，新材料，新方法几个方面作为标准的。而对一个学者的成果要做出更高的评价，往往要以是否构建了一个新的体系为标准。用中国古人的话说，做学问最可贵的就是“发前人所未发”。

吾师在天地会起源问题上的研究不正是具有了这样的特征吗？也正是因为如此，此篇论文在中国历史研究中，特别是在中国秘密社会史研究中产生了极大而又深远的影响。吾师的这篇论文在1963年北大五四科学讨论会上提出，经许多专家学者鉴定，认为文章“言之成理，持之有据”。当年7月，《光明日报》头版专门刊登报道：北大青年学者蔡某提出天地会创立于乾隆二十六年（1761年），推翻了以往成说。《北京大学学报》1964年第一期刊载了该文。此文一经刊出，在学术界引起了不小的轰动。此论的提出已近五十年了，现已得到更多的史料证明和国内外学者的广泛认可。

古人云“工欲善其事，必先利其器”。吾师在年青时期就既已锻铸成的利器，在以后的学术研究中一再发挥着重要任用。正如吾师自己所说的那样：“事实正是如此。我在搞清天地会、哥老会的起源之后，按照历史的顺序，围绕秘密社会与各个时期的重大事件和问题，逐篇写出论文。通过系统的考察，基本厘清了清代以来中国秘密社会发展演变的脉络。同时，对中国秘密社会的定义、分类、结构、功能、历史作用和历史分期等一系列理论问题，也提出了自己的看法，基本构筑起一个新的研究体系和框架。这些集中反映在我的这本

① 孙江：《蔡少卿先生与中国秘密社会研究》，见孔祥涛、刘平主编：《我看中国秘密社会》，南宁：广西人民出版社，2002年，第13页。

书中。”[①]蔡师这里提到的书，就是他的第一部学术专著——《中国近代会党史研究》。著名历史学家戴逸在1987年9月16日的《光明日报》上这样评价道：“蔡少卿对会党发展全过程进行比较深入的研究，对于许多重大问题做了分析阐述，不仅填补了许多空白点，而且将中国会党演变的过程勾画出一个比较完整清晰的脉络和轮廓。这是一项很有意义的开创性工作。”著名学人李侃在1988年7月19日的《大公报》上这样评价道：“蔡少卿先生的这部著作，是一部勇于探索、求是求真的承前启后之作。”

在这以后吾师陆续出版了多部有关社会史和秘密社会史等方面的学术研究专著，它们是：1988年浙江人民出版社出版的《再现过去：社会史的理论视野》（主编），1988年杜克大学亚太研究所出版的《秘密社会与工农运动》（英文版），1989年浙江人民出版社出版的《中国秘密社会》，1993年中国人民大学出版社出版的《民国时期的土匪》（合著），1998年江苏人民出版社出版的《中国秘密社会概观》（主编），2001年南京大学出版社出版的《中韩历史文化交流论文集》（主编），2002年福建人民出版社出版的《中国秘密社会》（7卷本，副主编），2004年吉林文史出版社出版的《薛福成日记》（点校、注释），1989—1996年浙江人民出版社出版的《中国社会史丛书》（20种，主编），1998—2000年江苏人民出版社出版的《中国秘密社会丛书》（9种，主编），最近又在三联书店出版了《中国近代社会史研究》。另外，吾师在包括一流期刊《历史研究》，一流报刊《光明日报》在内的国内许多重要刊物上发表学术论文一百多篇，并在国际性刊物上发表了不少论文。

即便从数量上来说，吾师的学术成果不可不谓丰硕，但更重要的是，在吾师的这些著作和文章中有许多都是带有开创和补白意义的。这个意义和价值就不是论著和论文的数量，或说发表杂志的档次所能衡量得了的。“第一”、“开创”、“最早”、“首次”等已成为评价吾师学术成果经常被用到的词汇。我认为这是吾师对学界贡献最大的地方，也是最为珍贵的地方，更是我们引为骄傲和

① 蔡少卿：《我与中国秘密社会史研究》（增订版自序），见蔡少卿：《中国近代会党史研究》，北京：中国人民大学出版社，2009年。

自豪的地方。例如,《中国近代会党史研究》是中国第一部系统研究秘密会党的专著,首先开辟了大量利用档案资料研究会党史的路径。《民国时期的土匪》是中国第一部有关民国时期土匪活动的综合性研究著作。1990年在成都一次中国社会史研讨会上吾师所作的《黑社会势力沉渣泛起威胁社会安全》报告,引起学界广泛关注。这是学术界最早对当代中国黑社会的问题作出的比较全面的阐述,由此也受到中央及地方政府的重视。1992在《南京大学学报》发表的《当代中国黑社会问题初探》一文是我国学术界第一次较为系统地探讨当代黑社会问题的学术论文。美国的《历史文摘》很快转载了该文。2000年9月在《中国新闻周刊》发表的《扫黑必先反腐》一文,首次提出中国黑社会已达百万之众,并鲜明提出扫黑必先打掉"保护伞"的观点。此观点受到中央领导同志的肯定,这也就为2000年12月至2003年11月的"打黑除恶"斗争起了舆论先导作用。2001年8月美国国家帮会犯罪研究中心给吾师颁发了"弗雷德里克·密尔顿·特雷什高级研究奖"也就是出于这个背景。该奖由美国于1992年创立,旨在表彰那些在防止和治理全球所共同面临的帮会犯罪问题方面做出卓越贡献的领导者和做出杰出学术成就的专家学者。吾师成为历年来获此殊荣的"中国第一人"。

在国际交流方面:称吾师是位国际性著名学者是恰当不过的。他的许多研究资料及其成果都与国际交流有着直接的关系。吾师自1973年春进入南京大学到2003年底退休这三十年间应邀先后赴美国、加拿大、日本、德国、意大利、法国、英国、苏联、澳大利亚、新西兰、韩国等十多个国家六十多所大学与科研机构讲学访问和参加国际学术会议。吾师第一次出国是在1980年,先后去加拿大、美国、日本,访问了16所大学。吾师利用去美国欧洲学术访问之机,研究了欧美社会史研究的新成果。回国后,通过举办社会史学术研讨会、翻译出版《再现过去:社会史的理论视野》等介绍西方学者有关社会史理论方法的著作。吾师正是通过这种与国际接轨的方式极大推动了1980年代的中国社会史研究。1985—1986年,吾师在美国西雅图华盛顿州立大学当客座教授,在美期间他几乎访遍了美国设有中国研究机构的著名大学。1986年8月在结束了华大访问研究后吾师随即前往欧洲，先后在德国汉堡、意大利都灵参加世界东方学会议和欧洲汉学会议。期间又到法国、英国进行访问，在档案馆、图书馆查找了不少天地会以及上海青红帮的资料。1990年吾师应苏联科学院科斯佳耶娃教授的邀请去苏联访问。在莫斯科，他先后访问了亚洲研究所、远东研究所和莫斯科大学。1995年，吾师第三次访问美国，先后在夏威夷参加美国的亚洲年会，然后到加州访问了几所大学。在美期间吾师数次举行有关当代中国黑社会问题的演讲会，美方学者深知吾师的实力和研究水平，并向美国同行大力宣传吾师的力作《中国近代会党史研究》。蔡师的学生孙江教授曾提到，他翻阅过英文、法文和日文绝大部分秘密社会研究论著，发现蔡先生的论著被引用率一直很高。1996年，在蔡先生访问日本的时候，已九十多岁高龄且行走不便的日本中国秘密社会研究名家酒井忠夫专程去看望蔡先生。中日两位秘密社会研究大家进行了历史性会晤。1998年酒井教授的论

2002年4月，徐小跃(左一)与蔡师夫妇、裴宜理教授(左三)在哈佛大学举办的“比较视野下的中国千年王国”国际学术研讨会招待会上

文集《酒井忠夫著作集》出版时，特地邀请蔡先生为其著作写出版推荐辞。这足以证明蔡先生在世界秘密社会研究领域的崇高地位。

五、爱的奉献

爱的真谛在于奉献和给予。构成中国传统文化的儒道佛三家思想的核心价值观都在强调这种爱的真谛。儒家通过己立立人，己达达人的仁爱之道；道家通过为人和与人的慈柔之道；佛家通过给人以乐，拔人以苦的慈悲之道来实践着一个共同的大道和精神——爱。吾师几十年的心路历程无不表征着这种崇高的爱的情怀。尤其作为一个师者，当他自己获得成功和显达以后，总是尽心尽力、全心全意、竭尽全力将这种成功和显达推及给他的学生。

吾师从教五十多年，所教本科生自然是不计其数，而就亲身指导的学生来说，也是相当可观。经吾师指导的外国高级进修生有75名、硕士研究生25名、博士研究生60多名，以及数名博士后。吾师在南京大学工作期间，先后为历史系的本科生、研究生、外国留学生，以及南京大学“中美文化研究中心”开设过八门课程，多次获得省、校颁发的教学优秀奖和优秀研究生导师教书育人奖。

吾师行师之道，不仅在于遵循古人所谓“师者传道、授业，解惑”，更重要的在于他所具有的“传授解”的胸怀和方法，而这恰恰是吾师作为师者最值得称道的地方。

无私的胸怀：无论是立人达人，为人与人，给人以乐，拔人以苦首先是要有宽广和无私的胸怀。因为道理很简单，我是把好处推及给别人，将利益奉献给他人，如若没有超越私利的胸怀是断断做不到的。我相信所有的蔡门弟子都会与我一样地深刻感受到并能有力地见证吾师这种对待他的所有学生的这份关爱。我曾在《道之所存，师之所存——蔡师德泽弟子》一文中这样写道：“作为师者，他的快乐是要使他的学生尽快成才。而在这一培育过程中，师者又多超越了属于功利的自我。他会无私地把自己所悟所得无保留地提供给学生。惟其具有这种‘超然’的德性，他才能获得快乐。关于这一点，蔡师给众弟子留下的印象是极其深刻的。可以毫不夸张地说，他的每一位弟子或多或少都得到过蔡师亲手提供的材料。”[①]其中一个例子我们所有蔡门弟子都知道的。有一年吾师出访美国，在一位传教士的家里无意中发现了一些极其珍贵的中国近代教案的资料，他当即以相当不菲的价格将这些材料复印后带回国。这些珍贵资料蔡师还没来得及使用，然而他指导的博士要做这方面的毕业论文时，吾师把这些资料毫无保留地提供给这位学生。当然这位弟子也没有辜负恩师这番深情厚谊，非常出色地完成了她的博士论文，并得到同行专家的高度评价。吾师的这位弟子，就是苏萍。这里要特别提及一下孙江教授。他是吾师指导的最早的研究生之一，也是先生非常欣赏的学生。为了让孙江做出高质量的论文，吾师将家里保存的所有可用的资料都找出来供他使用。正是有了这些宝贵的原始资料作为基础，再加之孙江自己的勤奋，终于在留学日本期间完成了一篇学术性、理论性、思想性都很强的博士论文。这篇论文也被吾师常常提及，认为是划时代的，并引以为豪。正是凭借这一扎实的基础，孙江在以后执教日本期间，学术不断精进，成果丰硕，影响很大，成为一位国际知名学者。近年他已回到母校，正在为南大文科的再续辉煌而贡献力量。

受惠于恩师无私、慷慨提供研究资料而得以出色完成毕业论文的学生中，感受极深的莫过于我本人。我在读博士以前，书架上没有关于中国社会史、中国秘密社会史、中国民间宗教史等方面的书籍。在我进入蔡门以后，吾师连续赠送了我几十本专业书籍。更让我永生不能忘怀的是，当恩师决定让我来做中国民间宗教最重要的教派之一罗教研究的时候，他把在英国复印来的和通过关系从公安部门弄来的罗教宝卷——《五部六册》以及《五部六册补注开心法要》（能装半麻袋）悉数送给我，以资研究之用。值得强调指出的是，上个世纪九十年代初，有关中国民间宗教的宝卷还没像今天这么开放，在南京大学及江苏地区也找不到多少宝卷，更不要说好的版本的《五部六册》和《开心法要》了。也就是说，如若没有蔡师的资料，我就无法进行研究，或者说就无法那么便利地展开研究。写到这里我突然想到了佛教的重要修行方式之一的“六度”

① 徐小跃：《道之所存 师之所存——蔡师德泽弟子》，见孔祥涛、刘平主编：《我看中国秘密社会》，第135页。

之首的“布施”。“布施”包括财布施、法布施以及无畏布施。吾师的行为无疑都包含着这几个方面。佛教强调的布施修行，是要将自己认为好的东西，甚至是舍不得的东西送给别人，那才称得上真正的修行。所以说，如果从佛教理论来说，吾师的慈悲之心，布施之行就是在实现般若般罗蜜了。

尊重的意识：爱是尊重，尊重体现对人平等，尊重意味给人自由，尊重表示发现他人特点，并尊重他的个性。爱亦是宽容，宽容即是不会把自己的意见强加给他人，宽容即是不会因为他人与自己想法不一样而产生怨恨。吾师在指导他的所有研究生过程始终贯穿着这一爱的精神实质。实际上我们常说的“因材施教”正是在具体的教育培养人才中对上述爱的精神的实际运用。吾师指导研究生有一个最突出的特色即在于他真正能够做到因材施教，在招收每位学生之前，实际上吾师对这位学生的知识背景和知识结构，研究专长和研究兴趣就非常地了解了。吾师也会根据学生的实际变化情况而做出适时的调整指导方案。这样的事例真是举不胜举。

例一，现任南京市公安局副局长的蒋平，他长期做公安工作，非常好学上进，经过自身的努力终于考上了蔡师的博士生。吾师考虑到蒋平同学以前是学世界历史的，对中国历史，尤其是中国秘密社会史不甚了解，基础相对薄弱，但他有长期的丰富的公安实践经验，又具体从事公安方面的信息工作。于是吾师经过慎重的判断，最后决定让他研究当时国内尚未有人涉足的计算机犯罪问题。为了保证蒋平同学能很好地完成这项研究，吾师还通过门下众多的外国留学生，在国外帮他查找许多计算机犯罪研究的最新资料。后来，蒋平通过分析、研究和吸收国外的研究成果，并结合国内的众多案例，写出了国内第一部关于计算机犯罪的博士论文，并且很快公开出版。

例二，现任南京大学社会学院院长，全国社会学研究的著名学者周晓虹教授，十几年前与我同时投入蔡师门下攻读博士。他之前不是从事人文学科研究的，现在来研究中国近现代史自然会有些隔膜之感。吾师根据晓虹的特点，一进师门就叮嘱他多读些中国历史、中国社会史、中国秘密社会史等方面的书籍，让其好好充实一下历史方面的知识。在确定晓虹毕业论文方向以后，吾师在一周内亲手给他列出一百多种参考书籍。当然,晓虹是位极其聪慧的人,本身又有丰富的学术研究经验,在进入蔡门之前就是全国他那个行当著名的教授了。他十分虔诚地遵照蔡师的要求,认真而又扎实地阅读完导师给开的所有书籍。这就为他做好论文打下了坚实的基础。值得一提的是,就是在读博期间,晓虹就在历史学领域最高的杂志《历史研究》上发了一篇学术论文。他的博士毕业论文更是出色地完成,得到包括历史学界许多大家的充分肯定。每当周晓虹谈到他的这一段经历的时候都满怀感激之情,对蔡师为他付出的这份特殊关爱感恩之至。

例三,前面已提到过的孙江教授,他现在已是蜚声海内外的著名社会史和秘密社会史的专家了。他是南京大学历史系的一名本科生,1985年投到蔡师门下。他原先是要跟蔡师做会党史、秘密社会史的,但他本人一直对文化问题感兴趣,在这个问题上孙江同学是很纠结的。但蔡师在这个问题上表现出极大的宽容性。孙江曾经在一篇文章中记述了这件事,他写道:“说实在,考上硕士研究生后,我对研究会党史、秘密社会史不但信心不足,而且心存偏见,认为研究精英社会文化更有价值。于是,在1986－1987年蔡先生去美国做访问学者期间,我擅自改动了硕士论文的题目,将本来预定要做的哥老会研究的题目改换为反映近代中西文化冲突的教案研究。一年后,蔡先生回国,我将写好的硕士论文呈在蔡先生的面前,等待蔡先生的批评,没有想到蔡先生对于我的‘越轨’行为十分宽容,他说教案是一个很重要的问题,既然你有心研究这个题目,不妨深入做下去。要做好这个题目,光看中文资料不行,还需要阅读大量的外文资料。这样,这篇论文略经修改,成了我的硕士研究生论文。蔡先生还允准我提前答辩和毕业,这在当时是很少见的事情。”[①]当然以后孙江又转向了秘密社会问题的研究,同时得到蔡师的大力鼓励和支持。正是吾师这种爱的宽容,并适时因材地给孙江指明了研究方向,才造就了孙江今天的辉煌。

例四,那就是本人了,“能近取譬”感受一定最为亲切,最为真实。我的本

---

① 孙江:《蔡少卿先生与中国秘密社会研究》,见孔祥涛、刘平主编:《我看中国秘密社会》,第8页。

科和硕士专业都是哲学,从1983年读硕士生起一直到1992年进入蔡门这十年里,我都是进行有关中国传统哲学和宗教方面的研究。我原先与吾师谈想从历史学的角度继续做我长期喜好的中国天人之学的研究,但蔡师立即否定了我的想法。一方面是因为吾师指导研究生选题的一贯的做法就是反对大而不当以及没有什么创新的炒冷饭。另一方面更是因为他要发挥我在思想性和理论性以及中国传统儒道佛等方面的优势和特长,决定让我对中国民间宗教的理论进行一番深入研究,并将博士论文具体定为"罗教与《五部六册》研究"。自吾师将我引入中国民间宗教的研究领域,使我的知识结构更加丰富,学术视野更加广阔,研究成果更加厚重。只要我们认真考量一下,以上所说的三个"更加",对于一个从事理论研究的人来说有多么重要。自跟随蔡师攻读博士以来的这二十年间,本人发表的专著与论文多数是关于佛道二教与中国民间宗教的研究,作为中国民间宗教研究的学者身份参加了多次海内外有关民间宗教、秘密社会等方面的学术研讨会,以"佛道二教与中国民间宗教关系研究"为题主持完成了一项国家社科基金课题。也因为本人在宗教学以及中国民间宗教方面的研究实力和影响,2008年入选中央"马克思主义理论研究与建设工程"宗教学教材编写的"首席专家",2009年又被中宣部和文化部选定为"四个一批"人才(理论界)。

长辈的情义:常言道,一日为师,终身为父。而"师"与"父"常用为"师父"。师父除了有辈份的意味,但更多的则应该体现在父亲般的慈爱。《大学》云:"为人父止于慈"。吾师之所以备受众弟子的爱戴,除了在学习上、研究上的指导帮助和无私奉献、平等尊重、严宽相济外,还有很重要的一点,就是吾师在生活上给予了学生太多太实际上的关心和体贴。在吾师的研究生中有不少来自经济欠发达地区,生活很是困难。吾师对待这些学生,除了自己拿出钱或东西救济外,还动员那些较为富裕的师兄弟们帮助他们,并组织筹款捐钱。一位博士生要购房,一时拿不出那么多钱,吾师就主动找来几位有工作的、条件相对好的同学,帮助这位博士筹到了急需支付的房款,解决了这位同学的实际困难。这种一人有难,众人帮扶的传统,一直在蔡门中传承。蔡门的师兄弟们在吾师爱的精神感召下，团结得都非常好，情如兄弟。吾师对每位学生的生活和身体状况都非常体贴，嘘寒问暖。吾师一位韩国的博士研究生有过这样一段深情记述："蔡少卿先生不仅是一个治学严谨的优秀学者，在日常生活中也是一个慈祥的父辈。留学生活是紧张繁忙的，当我感冒卧床，没有胃口的时候，先生就亲自给我熬米粥，勉励我早日康复；在我感到疲乏、孤独的时候，先生总是给我以关心指导，还常常亲自下厨，给我做可口的中国饭菜。师母也经常特地为我炒制我非常喜爱的美味可口的炒花生，另外还有那些应时的新鲜蔬菜。回想起来，所有这一切如在眼前。在先生家用餐之后，我们一边品尝先生亲手冲泡的中国名茶——西湖龙井、碧螺春，一边进行着题材多样的讨论……总之，如果没有先生这些无微不至的关怀与照顾，我真不知道要受多少挫折。"[①]读到这里，我们不能不被吾师的情义所感动，我们不能不对他的德行表示敬仰。"高山仰止，景行行止，虽不能至，心向往之"，这句话最能表达我们所有弟子对吾师的心声。

《论语·里仁》记载："子曰：'参乎！吾道一以贯之。'曾子曰：'唯。'子出，门人问曰：'何谓也？'曾子曰：'夫子之道，忠恕而已矣。'"也就是说，孔子学说贯穿着一个基本观念——那就是"爱"。具体体现在"忠恕"两个方面。"忠"就是"已欲立而立人，已欲达而达人"。"恕"就是"己所不欲，勿施于人"。每当我读到《论语》此段时候，总是联想到我敬爱的蔡师，也时常想学习曾子能够把自己的老师一以贯之之道概括出来。这也许算是"见贤思齐"吧！

综上所述，我欲以《"爱"是吾师一以贯之的情怀》为总题来记述吾师的几十年的心路历程以及抒发蔡门所有弟子对恩师的一片真挚之情。也想通过我这篇有着几分思想性的纪念文章，来将吾师的嘉言善行，为人为学，做个比较全面和系统的展现。我以"爱的种子"为题是要阐述这样一个理念：爱是每个人的内在性德，然能否呈明则是需要后天的培植和善养。君子与一般人的不同亦是在于君子能存养这一爱心。通过对吾师出生时代的简单陈述以此表明

① 朴宣泠：《蔡先生少卿恩师荣退纪念》，见孔祥涛、刘平主编：《我看中国秘密社会》，第52页。

吾师的爱心是有社会和心理基础的。我以“爱的熏陶”为题是要表达这样一个理念:爱实际是一种感染的力量,爱意味着是一种责任。在这里要见证的是吾师在北大时期的学术氛围以及诸大师亲身感受到诸多大师级的敬业爱岗的精神。这一爱的氛围对吾师的影响,应该说远远超过知识本身的获得。当然这里最重要的部分是记述吾师与他的导师邵先生的那份特殊师生情义,同时介绍吾师开始他的学术研究的一些情况。在这里,你也能感知吾师在与邵先生的交往中所领悟到的指导学生以及学术研究的心得和方法。这在以后吾师的教学和科研当中不断地被运用。我以“爱的铭记”为题是要传达这样一个理念:爱是一种感念的情怀,爱是一种铭记的情愫。这里主要是记述吾师对邵先生对自己的栽培和爱护感念之情,与此同时介绍吾师在北大的一些情况。我以“爱的回报”为题是要强化这样一个理念:爱从来都是相互的和彼此感应的。在这里我除了交待了一下吾师对邵先生在生活方面的照顾以外,重点对吾师的学术研究和国际交流情况做了介绍和评价。因为我们都知道,一般说来,一个学生对教师的培养和爱要给予回报的话,那么最好的方式莫过于他们在学术上有所成就。最后我以“爱的奉献”为题是要揭示这样一个理念:爱的真谛在于奉献和给予。在这里从无私的胸怀,尊重的意识,长辈的情义三个层面,并通过许多实际的事例展现了吾师在培养人才,指导研究生等方面的突出成就及其特征。

如果要问世界上什么东西最可贵,答案是亲情、友情和师生情。因为但凡可贵的存在都有一些共同的特性,那就是它的纯洁性和神圣性。一句话,在于它的超越性。唯有发乎本心的,超越了一切功利的关系才是“至善”的。为庆祝吾师八十华诞,蔡门众弟子想通过一定的方式来表达我们对蔡师的敬仰和爱戴之情。写一篇纪念文章自然是方式之一。师兄弟们认为我比较适合来写这篇文章,我想这是对我的信任。大家都想通过这一方式,能进入到吾师的内心世界,分享他给我们带来的一切。我试图理解师兄弟们的心意,我也极其用心,想很好地完成这项任务,以无愧于师兄弟们对我的信任,更无愧于吾师对我的栽培和期许。但愿我做到了。当然,对吾师之道的体悟,对于不同的人来说，惟有存乎一心矣。

亲爱的蔡老师，我们深深沐浴着您的爱，所以我们真的很爱您。在您老八十华诞之际，蔡门众弟子向您叩首，祝您六时吉祥，诸事圆满，健康长寿！

蔡师七十寿辰与家人合影

蔡师与夫人合影于八十寿庆会场，2012年

与家人合影于八十大寿暨从教六十周年庆祝会会场,2012年

与小孙子合影,1995年

后 记

2014年初夏,南大历史系学生会主席黄柘淞带着两位同学,来我家要我写南京大学名家“口述历史”。当时我毫无思想准备,就回答他们,我不是什么名家,而且身体多病,不能承担这个任务。他们说,我们了解到您的人生经历和学术成就,认为如果以回忆录或者口述史方式整理出来,对青年学子很有启示价值。在这样的情况下,我不便推辞,只得答应试试看。最初,他们搞了两次录音,整理出来的文字材料不太理想。因为我的一生经历过抗日战争、国共内战和建国后的各种运动,时过境迁已久,许多事情需要仔细回想,用精确的语言文字才能表达清楚。有些事情,对90后的大学生来说,不但生疏,而且不易理解。于是我就决定,按照提纲,一段一段地手写出来,由黄柘淞打印成稿。我带着病痛,经过一年的努力,终于写出了这部20余万字的回忆录。在写作的过程中,黄柘淞不仅及时将我写成的材料打印出来,而且帮我搜寻了不少数据资料。由于他被保送至清华大学历史系读硕士研究生,匆匆将我的回忆录作了初步整理,去年6月底就离开了南大。此后,这部初稿由我的三位博士弟子李恭忠、李里峰、王运来进一步加以整理修改。首先由李恭忠对全稿的章节目作了大幅度调整,并在文字上作了一些修改,再由我与他们三位一起讨论定稿。然后打印成册,分送校、系领导和部分学者征求意见。校、系领导不仅对文稿的内容表示肯定,而且为它的出版提供了资助。哈佛大学的裴宜理教授在百忙中为本书撰写了序言。南京大学出版社的同志,为本书的编辑出版付出了辛勤的劳动，尤其是责任编辑胡豪同志。在此，一并向他们表示衷心的感谢！

蔡少卿

2016年5月于南京大学南秀村

图书在版编目(CIP)数据

社会史家的学术春秋 / 蔡少卿自述, -- 南京 : 南京大学出版社, 2016.6

(南京大学名家传记丛书 / 张异宾主编)

ISBN 978-7-305-17065-2

Ⅰ. ①社… Ⅱ. ①蔡… Ⅲ. ①蔡少卿－自传 Ⅳ. ①K825.1

中国版本图书馆CIP数据核字(2016)第122925号

出版发行 南京大学出版社
社　　址 南京市汉口路22号　　邮编 210093
出 版 人 金鑫荣

丛 书 名 **南京大学名家传记丛书**
书　　名 **社会史家的学术春秋**
自 述 者 蔡少卿
责任编辑 胡　豪　　编辑热线 025-83594071

照　　排 南京紫藤制版印务中心
印　　刷 南京凯德印刷有限公司
开　　本 787×960 1/16 印张 23 字数 243千
版　　次 2016年6月第1版 2016年6月第1次印刷
ISBN 978-7-305-17065-2
定　　价 60.00元

网　　址 http://www.NjupCo.com
新浪微博 http://e.weibo.com/njuyzxz
官方微信号 njupress
销售咨询热线 025-83594756
